Retail Marketing
and Innovation

小売マーケティングと
イノベーション

著
渦原実男
Uzuhara Jitsuo

同文舘出版

はしがき

　近年の小売業を取り巻く環境は，グローバル化，情報化によるイノベーションの進展とともに，消費者行動に適合する新業態やビジネスモデル開発競争が激化し，厳しいサバイバル競争と流通再編が進められ，内外ともに構造的変化の渦中にある。こうした厳しい経営環境の下では，ピーター・ドラッカーがいうように，小売のマネジメントにおいてもマーケティングとイノベーションが重要になっている。そこで本書では，マーケティングとイノベーションの視点から，小売経営を捉え直して研究を深化させている。本書の目的と構成は，次のようになっている。

　本書では，小売マーケティングとイノベーションについて，専門店型小売業のユニクロ，ニトリ，無印良品，総合小売業のイオンとウォルマートを事例に，現状を分析し，今後の持続的成長に向け，さらに国際競争力のある小売ビジネスモデル構築への課題を考察することを目的としている。ここで総合小売業とは，衣食住にわたる総合的な品揃えを行う業態（総合スーパーまたはスーパーセンター）を中核に，いくつかの業態と合わせて事業展開する小売業を意味しており，日米の売上高トップ企業としてイオンとウォルマートを取り上げている。

　本書は2部構成になっており，第1部は理論編，第2部は実践編になっている。第1部の理論編は第1章と第2章から，第2部の実践編は，専門店型小売業の事例を扱った第3章・第4章・第5章と，総合小売業の事例を扱った第6章・第7章，これからの総合小売業のグローバル戦略ということで，イオンとウォルマートの両社を扱った第8章から構成されている。

　第1部の第1章では，小売業の経営革新を考察するにあたり，基盤となる小売マーケティングの理論研究から紐解いている。20世紀初頭に，米国で寡

占メーカーの市場支配行動として生成したマーケティングが，徐々に洗練され，技術の進歩により，有効性が認知されるに従い，多様な分野へ適用拡大し，著しく発達してきた。マーケティングの実務での発達により，知識が蓄積されて研究水準も向上し，社会科学としてのマーケティングという学問も発展していった。そして，マーケティングが小売業にも適用拡大されて，小売マーケティングが生成していった歴史的経緯を踏まえて，マーケティングの概念の変遷や小売マーケティング概念の主要先行研究をレビューした。

　小売マーケティングと製造業のマーケティングの相違から，小売マーケティングの特質を明示し，とりわけ小売マーケティング・ミックスや小売業態が重要である点を強調している。その結果，小売マーケティングでは，小売マーケティング・ミックスと小売業態研究に焦点が当てられ，理論的体系化が必要であることを論じた。さらに，近年の消費者起点の流通システム化の流れから，新たな取り組みとして顕著になりつつある実態を反映して，消費者とのコラボレーションによる「価値共創のマーケティング」を提唱した。

　第2章では，小売マーケティング研究のなかで，重要な研究テーマの1つである小売業態展開の理論について，主要な先行研究の仮説と問題点を検討した。最初に，業種や業態の捉え方自体に曖昧性・多義性があり，全世界的にも統一化・標準化されていない問題があること，タイプによる業態にしても日本と米国では異なること，フォーマットによる業態においても戦略・政策または革新を重視する説と消費者ニーズへの対応する説などいくつかに分かれ，概念の合意がされているとはいえない状況にあることを指摘した。さらに業態の位置づけにしても，広義に上位概念の小売形態と捉えるか，狭義に下位概念の営業形態と捉えるかに分かれていることから，業態の捉え方自体や定義の問題，分類基準の取り方など類型学上の問題があることを批判した。

　次に，小売業態発展の主要先行研究を，サイクル（循環）理論と環境理論，コンフリクト（衝突）理論に分類し，それぞれの理論の代表的仮説をレビューしたうえで，それぞれの仮説の個別の問題点，共通した基本的問題点を指

摘した。そして，小売ミックス・アプローチの先行研究の限界とイノベーション視点の研究の必要性を主張したうえで，近年の小売業態についてのイノベーション研究の動向を踏まえ，業態ライフサイクル論と小売イノベーション論を結合した試案を提示した。

　第2部は，小売業での実践編である。第3章・第4章・第5章は専門店型小売業，第6章・第7章は総合小売業，第8章は日米両国での総合小売業のグローバル戦略である。

　第2部の第3章では，ユニクロを事例に，先行研究をレビューしたうえで，製造小売業（SPA）のビジネスモデルによる競争力の源泉を明らかにした。現在のユニクロは，高品質な商品開発を可能にするイノベーション力溢れるSPAビジネスモデルをさらに進化させており，生産拠点を中国から東南アジア諸国へ拡大し，グローバル・サプライチェーンマネジメントの構築やグローバル・ブランド戦略の強化により，グローバル・ファッション小売業を目指して，東レとコラボレーションした「グローバル・パートナーシップ経営」に取り組んでいる。こうした世界戦略を推進していくうえで，グローバル人材の育成や新市場の開発とネットを含めた販路の開拓，ソーシャル・ネットワーキング・サービス（SNS）への取り組み，後継者の養成など，小売マーケティングとイノベーションを持続するための今後の課題を論じている。

　第4章では，ニトリを事例に，伝統的な家具・インテリア業界のなかで，日本で最初の「ホームファッションストア」というフォーマット（業態）の構築を図り，イノベーションで先導的役割を果たしているその独自のビジネスモデルの全容を解明し，今後の発展に向けた課題を考察した。ニトリでは，製造部門の統合化を進めるため，旭川の家具製造卸のマルミツを100％子会社化したが，海外生産を開始してからは，インドネシアとベトナム工場も子会社化し，国際的な生産・物流・販売のパートナーシップやネットワーク関係を強化してきた。このようにニトリ独特の自前主義のSPAビジネスモデ

ル「製造・物流・小売業」の構築にこだわって，マーケティング力とイノベーション力を内部蓄積することの強みによって成功してきた。海外市場では台湾にチェーン店舗しているだけであるが，海外での販売を増加させるには，海外生産から海外販売のビジネスモデルを構築することや，イケア（IKEA）をはじめ競合他社との差別化競争への取り組み，新業態の開発，インターネット通販との融合，後継者の養成など，小売マーケティングとイノベーションを持続するための多くの課題を論じている。

　第5章では，無印良品を事例に，かつての企業提案型ライフスタイル・マーケティングでの成功と失敗，再生に向けた価値共創のマーケティングとイノベーション戦略，そして今後の取り組み課題と方向性について論じている。無印良品は生活雑貨の専門店ではあるが，衣食住と多岐にわたるカテゴリーを品揃えしているために，衣料品はユニクロ，しまむら，家具はニトリ，化粧小物はドラッグストア，生活雑貨は100円ショップなど，カテゴリーごとにみるとライバルは多く，それぞれ厳しい競争を強いられている。店舗全体でみれば，イオンやイトーヨーカ堂などの総合スーパーもライバルになっている。こうしたことから低価格訴求のＳＰＡビジネスモデルということよりも，「わけあって安い。」のコンセプトで象徴されるように，デザイン性や機能性で根強いファンを獲得してきた強みを活かして，「ユーザー・イノベーション」と呼ばれる顧客と共同して価値創造を行い，マーケティングからイノベーションまで行う仕組みを構築している。インターネットの活用や新規事業の開発，海外出店展開，ＣＳＲ活動の強化など，マーケティングとイノベーションを持続するうえでの今後の課題を論じている。

　第6章は，日本の総合小売業イオンの小売業態の開発と経営革新への取り組みを明らかにしている。日本の総合小売業は，業界再編の結果，総合スーパーのイトーヨーカ堂を擁するセブン＆アイグループとジャスコを中核とするイオングループの2強の時代となっている。コンビニエンスストア事業が売上高および利益で過半を占めるセブン＆アイグループに対して，イオング

ループは，総合スーパーや食品スーパー，モール型ショッピングセンター（SC）事業が主力で総合小売業をグループ経営している。

　長年，総合スーパー業界で4番手ぐらいであったイオン（ジャスコ）が，最大手であったダイエーや西友，マイカルなどが経営不振に陥ったのに対して勝ち残ったのは，郊外型ショッピングセンターづくりで強力なビジネスモデルを構築でき，新業態開発に成功したことが挙げられる。さらに，現在では，英国のテスコなどの事例を参考に，プライベート・ブランド開発に積極的に取り組んでいる。実践的には，トップバリュを上位ブランドとし，中核ＰＢに位置づけ，サブブランドとして低価格層にはベストプライスを，高質ＰＢとしてはセレクトやグリーンアイ，ヘルシーアイ，共環宣言，レディーミールを配置する3層構造とっている。イオンのトップバリュは，価格の安さや品揃えの豊富さなどの指標で，他の競合ＰＢを凌駕して消費者の支持を得て，急成長している。このＰＢの品揃えを強化した新業態の開発への取り組みを明らかにしている。

　第7章は，近年のウォルマートの経営戦略転換への取り組みの実態を明らかにしている。これまで順調に成長してきたウォルマートであったが，現在では多様な利害関係者達から激しい批判を受けている。近隣のあらゆる小売業を閉店・撤退に追い込み，地域社会を根こそぎ破壊するとして，中小商店や自治体，地域住民から出店反対運動が激化しており，ウォルマートにとって，米国内でのスーパーセンター業態での出店展開が厳しくなっている。さらに労働組合結成への妨害問題や，同業他社と比べて従業員の極端な低賃金による搾取問題，女性従業員の待遇差別問題などで幾多の訴訟を抱え，悪徳企業のレッテルを貼られており，イメージも悪化している。そこで，企業の社会的責任（CSR）を果たすために，店内に安いクリニックを併設したり，環境にやさしい店舗づくりを始めたり，従業員の待遇改善を図ったり，地域社会への貢献をするなど，経営戦略を方向転換し始めており，これが今後のウォルマートにとって，持続的成長経営へのカギとなることを論じている。

第8章は，ウォルマートとイオンの立地戦略を中心に，総合小売業のグローバル戦略を解明している。小売業は立地産業といわれるように，小売マーケティングでは，立地戦略が重要である。そこで小売立地の先行研究をレビューして，工業立地との相違を指摘したうえで，「費用削減のチカラ」「収入増大のチカラ」に加えて，「付加価値増大のチカラ」が「場所が有するチカラ」として経営戦略上，重要視されていることを明らかにした。

　さらに，近年，立地選択，立地適応に加えて，立地創造が注目されており，従来では小売立地として注目されてこなかった農村地域を開発して，立地創造で成長してきた代表的な事例が，米国ではウォルマートであり，日本ではイオンであるといわれる。前者のウォルマートは，米国南部の農村地域へドミナント出店して地域のニーズを総取りする形で，低価格訴求の業態を開発し，スーパーセンターやサムズ，スーパーマーケットの店舗ミックスで全米の覇者となった。一方，後者のイオンも，農村部や郊外にモール型ショッピングセンター（SC）業態を開発し，核店舗として総合スーパーのジャスコ，テナントでモールを形成する独特のビジネスモデルを構築した。両社とも，国内で開発した競争力のあるビジネスモデルを携えて海外出店し，小売の国際化を推進していることを明らかにした。

　結章では，総括として，小売イノベーションにおける専門店型小売業のユニクロ，ニトリ，無印良品，総合小売業のイオン，ウォルマートそれぞれの共通点と相違点を整理している。そして，国際競争力のある小売ビジネスモデル開発に向けた各社の経営課題を挙げ，最後に今後の研究課題を整理し，まとめた。

　筆者が流通・マーケティングの研究に興味を惹き起こし，その手ほどきをしていただいたのは，横浜国立大学の学長，日本商業学会の会長などを歴任された，故久保村隆祐先生であった。以来，40年間にわたり，同じ門下生の関根孝，住谷宏，嶋正，東徹先生らには今もご指導を仰いでいる。
　大学院時代には，風巻義孝，風呂勉，小西一彦先生らにご指導を賜わった。

はしがき

　筆者が研究者への道を歩むに至ったことも，上記の先生方によるところが大きい。これら多くの先生方のご指導のもと，学部時代はピーター・ドラッカーのマネジメントを学び，大学院時代は筆者の原点である，フィリップ・コトラーのマーケティング概念拡張論研究を深めることができた。マーケティング，マネジメントの両巨匠の文献を拝読したことは，本書のマーケティングとイノベーションの理論研究の土台となっている。

　九州に赴任してからも，日本商業学会や日本流通学会，日本消費経済学会，日本産業科学学会などの場で，多くの先生方に鍛えられ，研鑽を積むことができた。各学会関係の先生方に感謝する次第である。また特に九州部会では，岩永忠康，飯盛信男，安部文彦，阿部真也，山本久義，宇野史郎，出家健治，那須幸雄先生など，諸先生方のご指導をいただいた。

　最後に，本書の出版にあたり，何かとご配慮いただいた同文舘出版の角田貴信氏，青柳裕之氏に謝意を表したい。前著（2007）『日米流通業のマーケティング革新』は，2008年に日本流通学会賞ならびに日本消費経済学会優秀賞を受賞できたが，同文舘出版の後押しの賜物と感謝している。

　なお，本書は西南学院大学2009年度特別研究C「小売マーケティングと流通革新研究」の成果の一部であるとともに，発刊にあたっては，西南学院大学より「2011年度の出版助成」での給付を受けている。

　末筆ながら，G. W. バークレー学長をはじめ，西南学院大学の関係者の方々に，心より感謝申し上げたい。

2012年1月15日

渦原実男

目　次

第1部　理論編

第1章　小売マーケティングの研究 …………………………………… 3

 Ⅰ　はじめに ………………………………………………………………… 3
 Ⅱ　小売マーケティングの概念 …………………………………………… 3
  ❶　マーケティングの実務および研究での発展 ……………………… 3
  ❷　マーケティング概念 ………………………………………………… 5
  ❸　小売マーケティングの概念の主要先行研究 ……………………… 8
  ❹　小売マーケティングに影響を与える関連研究の発展 …………… 9
 Ⅲ　小売マーケティングの特質 …………………………………………… 10
  ❶　小売マーケティングと製造業のマーケティング ………………… 10
  ❷　販売コンセプトとマーティング・コンセプト …………………… 11
  ❸　小売マーケティングと小売業態 …………………………………… 12
  ❹　小売マーケティング・ミックス …………………………………… 13
 Ⅳ　小売マーケティングと消費者起点 …………………………………… 15
  ❶　マーケティングと消費者 …………………………………………… 15
  ❷　消費市場環境変化と消費者起点の流通 …………………………… 18
 Ⅴ　おわりに ………………………………………………………………… 21

第2章　小売業態展開とイノベーションの理論的研究 ……… 27

 Ⅰ　はじめに ………………………………………………………………… 27
 Ⅱ　小売業態の概念の主な先行研究のレビュー ………………………… 27
 Ⅲ　小売業態発展の主要な先行研究と問題点 …………………………… 33
  ❶　主要な先行研究 ……………………………………………………… 33

❷　主要な先行研究の基本的な問題点 ················· 42
　Ⅳ　先行研究の限界と小売イノベーション研究 ················· 42
　　❶　先行研究の限界とイノベーション視点研究の必要性 ········· 42
　　❷　小売イノベーションの概念と主要なモデル ················· 44
　　❸　業態ライフサイクルと小売イノベーション論の私案の提示 ··· 47
　Ⅴ　おわりに ················· 52

第2部　実践編

第3章　小売マーケティングと流通イノベーション
　　　　　―ユニクロのＳＰＡビジネスモデルの事例― ················· 59

　Ⅰ　はじめに ················· 59
　Ⅱ　ユニクロの先行研究と製造小売業のビジネスモデル ················· 59
　　❶　ユニクロの先行研究のレビュー ················· 59
　　❷　製造小売業のビジネスモデル ················· 60
　Ⅲ　ユニクロの事業概要と成長戦略 ················· 62
　　❶　ユニクロの事業革新と成長の歩み ················· 62
　　❷　これまでのユニクロの事業戦略展開と問題点 ················· 65
　Ⅳ　グローバル・パートナーシップ経営への進化 ················· 67
　　❶　グローバル・サプライチェーン・マネジメントの構築 ················· 67
　　❷　中国から東南アジア諸国へグローバルに生産拠点を拡大 ················· 68
　　❸　高品質な商品開発を可能にするＳＰＡビジネスモデルの進化 ················· 69
　　❹　東レとのグローバル戦略的パートナーシップの強化 ················· 70
　　❺　グローバル・ブランド戦略 ················· 70
　　❻　グローバル・ファッション小売業へ進化 ················· 72
　　❼　海外出店強化による世界戦略 ················· 73
　Ⅴ　おわりに ················· 75
　　❶　新市場の開発とネットを含めた販路の開拓 ················· 75

❷ 世界戦略 ··· 75
　❸ ソーシャル・ネットワーキング・サービス（ＳＮＳ）への取り組み ····· 76
　❹ 後継者など人材育成 ·· 76

第4章　ニトリのビジネスモデルの研究 ································ 79

　Ⅰ　はじめに ··· 79
　Ⅱ　ホームファッション業界の概要 ·· 79
　　❶ ホームファッション業界の現状 ·· 79
　　❷ ホームセンターの定義と特徴 ·· 81
　　❸ ホームファッションストアとホームファニシングストアの概念 ······· 81
　Ⅲ　先行研究のレビュー ··· 83
　Ⅳ　ニトリの事例研究 ··· 84
　　❶ 沿革と企業概要 ·· 84
　　❷ ニトリの成功要因の分析 ·· 86
　Ⅴ　今後の課題 ··· 92
　　❶ 海外市場の開拓と海外ビジネスモデルの確立 ························ 92
　　❷ イケアや国内ホームセンターとの差別化競争への取り組み ········· 93
　　❸ 新業態の開発 ··· 93
　　❹ 経営トップの後継者問題 ·· 94

第5章　無印良品のマーケティングとイノベーション ·········· 97

　Ⅰ　はじめに ··· 97
　Ⅱ　ライフスタイル・マーケティングと無印良品の生成過程 ················ 98
　　❶ ライフスタイル提案型ビジネス ·· 98
　　❷ プライベート・ブランドの誕生 ·· 100
　　❸ 無印良品の誕生 ·· 101
　　❹ 商品開発のコンセプト ·· 103
　　❺ 株式会社良品計画の成立過程 ·· 104

Ⅲ　ライフスタイル・マーケティングの限界と不振の要因 ················ 106
　❶　消費者のライフスタイル・マーケティング離れへの認識不足 ·········· 106
　❷　商品開発やコンセプト戦略の失敗 ······························ 107
　❸　ブランド戦略の失敗 ·· 107
　❹　店舗開発戦略の失敗 ·· 108
　❺　ユニクロやニトリ，ダイソーなど強力なライバルの出現 ············ 108
Ⅳ　価値共創マーケティングとイノベーション戦略 ···················· 109
　❶　ＳＰＡ上での組織やシステム改革 ······························ 110
　❷　価値共創マーケティングとイノベーション戦略による新しいモノづくり
　　 ··· 112
Ⅴ　今後の取り組み課題と方向性 ···································· 117
　❶　現在の取り組み事業 ·· 117
　❷　海外出店戦略 ··· 121
　❸　ターゲット戦略の転換 ·· 122
　❹　ＣＳＲ活動への取り組み ······································ 122
Ⅵ　おわりに ·· 124

第6章　イオンの小売業態の展開とイノベーション
　　　―新業態開発とプライベート・ブランド戦略を中心に― ····· 127

Ⅰ　はじめに ·· 127
Ⅱ　イオン（ジャスコ）の経営戦略の変遷と特質 ······················ 128
　❶　ジャスコの経営戦略の変遷 ···································· 129
　❷　イオンの経営戦略の特質 ······································ 131
　❸　マーケティング戦略 ·· 133
Ⅲ　イオンの業態展開とイノベーション ······························ 134
　❶　スクラップ・アンド・ビルドの出店戦略とイノベーション ·········· 134
　❷　イオンの業態展開の現状とマルチフォーマット戦略 ················ 138
Ⅳ　ＰＢ開発の先行研究のレビュー ·································· 139

❶ ＰＢの概念と分類 ……………………………………………………… 139
　❷ ＰＢの発展段階の研究 ………………………………………………… 140
　❸ 英国でのＰＢの成長要因 ……………………………………………… 141
Ⅴ　日本のＰＢの現状とイオンの取り組み ………………………………… 142
　❶ 日本でのＰＢの発展過程 ……………………………………………… 142
　❷ イオンのＰＢ戦略 ……………………………………………………… 143
Ⅵ　イオンの新たな取り組みと経営課題 …………………………………… 148
　❶ ＰＢ強化による収益性の改善 ………………………………………… 148
　❷ ＰＢを中核にした新業態の開発 ……………………………………… 149
Ⅶ　おわりに …………………………………………………………………… 150

第7章　米国ウォルマートの経営戦略転換 …………………… 153

Ⅰ　はじめに …………………………………………………………………… 153
Ⅱ　先行研究と経営上での問題点 …………………………………………… 153
　❶ 先行研究での成功要因分析レビュー ………………………………… 153
　❷ 拙稿（2002）の先行研究で指摘した問題点 ………………………… 155
Ⅲ　経営の現状と問題解決の状況 …………………………………………… 157
　❶ 経営の現状 ……………………………………………………………… 157
　❷ 拙稿で指摘した問題の解決状況 ……………………………………… 159
Ⅳ　経営改革への取り組み …………………………………………………… 163
　❶ スコットＣＥＯの経営改革方針表明 ………………………………… 163
　❷ 経営戦略転換とマーケティング実践 ………………………………… 165
Ⅴ　ＣＳＲ経営への転換と今後の方向性 …………………………………… 168
　❶ ＣＳＲ経営に対する世界的な重要性の高まり ……………………… 168
　❷ ウォルマートへのＣＳＲ経営への要請 ……………………………… 169
　❸ 地球環境対策への取り組み事例 ……………………………………… 169
　❹ 社会環境対策への取り組み事例 ……………………………………… 172
Ⅵ　おわりに …………………………………………………………………… 173

第8章　総合小売業のグローバル戦略
　　　―ウォルマートとイオンの立地戦略を中心に― ················ 177

- Ⅰ　はじめに ··· 177
- Ⅱ　小売マーケティングにおける立地戦略の重要性と先行研究 ········ 177
  - ❶　小売マーケティングの概念と特性 ································· 177
  - ❷　小売企業の立地戦略の重要性 ······································ 179
  - ❸　小売立地の先行研究と工場立地との相違 ························· 180
- Ⅲ　ウォルマートの立地戦略 ··· 181
  - ❶　ウォルマートに関する先行研究での成功要因分析レビュー ····· 181
  - ❷　立地戦略と業態開発 ·· 182
  - ❸　多様な店舗形態の組み合わせによるドミナント戦略 ············ 184
  - ❹　国際立地戦略 ·· 184
- Ⅳ　イオンの立地戦略 ··· 187
  - ❶　総合スーパーの特性 ·· 187
  - ❷　当初の都市型立地戦略 ··· 188
  - ❸　郊外立地戦略への転換 ··· 189
  - ❹　郊外ショッピングセンター立地戦略 ······························ 191
  - ❺　イオンの国際立地戦略 ··· 192
- Ⅴ　法的規制と小売企業の対応 ·· 194
  - ❶　米国での法的規制 ·· 194
  - ❷　日本での法的規制 ·· 195
  - ❸　小売企業の対応 ··· 195
- Ⅵ　おわりに ··· 196

結章　総括と今後の研究課題
　　　―国際競争力のある小売ビジネスモデル開発に向けて― ········ 199

- Ⅰ　専門店型小売業のマーケティングとイノベーション ················ 199
  - ❶　ユニクロとニトリ，無印良品のイノベーションの特徴 ·········· 199

❷ ユニクロとニトリ，無印良品の経営課題 …………………………………… 202
　Ⅱ　総合小売業のマーケティングとイノベーション ……………………………… 204
　　❶ ウォルマートとイオンのイノベーションの特徴 …………………………… 204
　　❷ ウォルマートとイオンの経営課題 …………………………………………… 205
　Ⅲ　今後の研究課題 ………………………………………………………………… 207

参考文献　209
各章の研究報告リスト　221
視察調査リスト　222
事項索引　223
人名索引　229

第1部

理 論 編

第1章

小売マーケティングの研究

I はじめに

　20世紀初頭に寡占メーカーの市場支配行動として誕生したマーケティングであるが，1970年代以降は，様々な分野に拡大適用されてきている。それらの実務を理論化する形で，コトラー（P. Kotler）らによってその概念も拡張されてきた。その結果，ソーシャル・マーケティングや，さらにサービス・マーケティングなどの一分野として，小売マーケティングが実務と研究の両面で進化してきている。

　そこで本章では，歴史的発展経緯やメーカーのマーケティングとの相違などの先行研究を踏まえて，小売マーケティングの概念や特質，小売マーケティング・ミックス（小売ミックス）など枠組みを考察し，学問体系の私論を試みる。

II 小売マーケティングの概念

1 マーケティングの実務および研究での発展

　周知のようにマーケティングは，20世紀初頭に米国の製造業者，特に大規模メーカーによって遂行される市場に対する支配行動として生成し，洗練され，なおかつ体系化されて，マーケティング・マネジメント論が発展してきた。その後，マーケティングの有効性が広く認識されるに従い，世界の様々な地域や分野での実務に拡大適応されてきた。あらゆる事業運営の中で，マ

ーケティングは，主力となるビジネス戦略の柱としての地位を確立してきている。

　例えば，加藤勇夫のマーケティング発展論によれば，事業の中心となる経営理念（考え方，コンセプト）が，生産志向から販売志向，マーケティング志向，マーケティングの社会的志向へ発展してきている[1]。

　また，近年，コトラーが，1967年『マーケティング・マネジメント』第1版発行以来，過去40年間のマーケティングの変遷から，マーケティング自体が4つのステージを経て進化してきたことを指摘している。彼によれば，マーケティングが「販売」と同義であった第1のステージから，「4P」などマーケティング理論の導入初期の第2ステージ，顧客満足を最大化する長期的関係構築の第3ステージを経て，現在は顧客とともに製品やサービスを創造する第4ステージへ進化している。そして，コトラー自身は，第1ステージ，第2ステージを，「モノローグ（一人芝居）」の時代と呼び，現代では「モノローグ」では不十分とされ，顧客との「共創」の時代であることを強調している。さらにコトラーは，2010年の『コトラーのマーケティング3.0』で，マーケティングが「製品中心のマーケティング1.0」から「消費者志向のマーケティング2.0」へ，「価値主導のマーケティング3.0」へと進化を遂げていると主張している。今やケータイやインターネットにより協働化，参加の時代を迎え，多様な文化が生まれる創造的社会の時代が到来していると認識している[2]。

　このように，マーケティングが実務において社会的志向へ発展するとともに共創のステージに進化しており，顧客戦略，流通戦略，企業の社会的責任（CSR）などでパラダイム・チェンジが起きている。嶋口充輝のマーケティングのパラダイム・チェンジ論によれば，第1に，顧客戦略が刺激・反応型から交換型，さらに関係型へチェンジしている。第2に，流通戦略も業種型から業態型，さらに統合型へパラダイム・チェンジしている。第3に，企業の社会的責任についても，基本責任から業務責任，さらに支援責任へとチェンジしている[3]。

　こうしたマーケティングの発展に伴う変化とともに，マーケティングが広

く様々な分野に適応拡大されてきており，1980年代以降は，サービス・マーケティング，関係性マーケティング，ソーシャル・マーケティング，小売マーケティングなどにも関心が高まっている。堀越比呂志の1980年以降の研究動向の報告によると，従来のマーケティング・マネジメント論に加えて，近年，産業財マーケティングやサービス・マーケティングに関心が高まり，関係性マーケティング，ソーシャル・マーケティング，さらにインターネットを活用した共創的チーム，ワン・トゥ・ワン・マーケティングが盛んとなっている[4]。

② マーケティング概念

　マーケティングの考え方や活動の実情を踏まえて，マーケティング概念も変化がみられる。マーケティングの研究の権威ある機関として著名なアメリカ・マーケティング協会（American Marketing Association，以下，ＡＭＡと略称する）でなされた主な定義の変更で，歴史的にその変遷をみていくと次のようになる。

　戦後，ＡＭＡによるマーケティングの定義の第1回変更は，1960年にされている。これによれば，Marketing is the performance of business activities that direct the flow of goods and services from producer to consumer or user.（日本語訳，マーケティングとは，生産者から消費者あるいは利用者に，商品およびサービスの流れを方向づける種々の企業活動の遂行である）と規定されていた。那須幸雄によると，当時のマーケティングは，商品やサービスを提供する営利追求の企業活動と認識されていた[5]。

　その後，1970年代から80年代にかけて，マーケティングが企業以外のあらゆる組織や団体，個人にも応用されるようになり，適用拡大が顕著になったことを受け，さらに学会でもコトラーを中心に多くの研究者がマーケティング拡張論を展開していった。こうしたことを受けて，ＡＭＡでは，1985年にマーケティングの定義を，Marketing is the process of planning and executing the conception, pricing, promotion, and distribution of ideas, goods and services to create exchanges that satisfy individual and organizational objectives.（日本語訳，マーケティングとは，個人と組織の目標を満足させる交換を創造するために，アイデア，財，サービスの概念形成，価格，プロモーション，流通を計画・実行する工程（方式）である）と改訂した。黒田重雄らも述べているように，この時の改訂では，明らかに主体が個人や非営利組織に拡大され，提供物にアイデアが含められるなど，大幅な変更であった(6)。

　この定義は長らく使用されてきたが，21世紀になって，リレーションシップ・マーケティングが重要性をもってきたことを踏まえて，AMAでは2004年に，Marketing is an organizational function and a set of processes for creating, communicating, and delivering value to customers and for managing customer relationships in ways that benefit the organization and its stakeholders.（日本語訳，マーケティングとは，組織とその利害関係者の利益となるように，顧客にとっての価値の創造・伝達・流通を行い，そして顧客との関係を管理するための組織的な機能や一連の過程である）とマーケティングの定義変更を行った。高嶋克義や那須幸雄らの解釈では，マーケティングの目的が顧客価値の創造にあるとし，すべての利害関係者との関係管理（リレーションシップ・マネジメント）を重視した形での定義変更といえる(7)。インターネットの実用化やワン・トゥ・ワン・マーケティングの登場，IT技術を駆使したCRMの出現などにより，「個」を重視したマーケティング管理を反映している。

　しかし，この時のAMAの定義変更に関しては，一企業の管理的な視点にあまりにも傾斜した定義との多くの批判が寄せられ，わずか3年にして改めてAMAは，2007年に，Marketing is the activity, set of institutions, and processes for creating, communicating, delivering, and exchanging offerings that have value for customers, clients, partners, and society at large.（日本語訳，マーケティングとは，顧客，依頼人，パートナー，社会全体にとって価値のある提供物を創造・伝達・配達・交換するための活動であり，一連の制度，そしてプロセスである）と本来あるべき視点にスタンスを戻して，マーケティングの定義変更を行っている。今回の改定は，高橋郁夫や那

須幸雄によれば，集計レベルの概念および交換と社会の視点を加味した形で批判的見解にも対応することで，微調整したといえる[8]。前回のマーケティング管理から交換や社会全体へ拡大し，より大きなマーケティングの役割を重視した概念に戻している。

　一方，日本マーケティング協会（Japan Marketing Association，以下，JMAと略称する）の定義をみていくと，1990年に「マーケティングとは，企業および他の組織がグローバルな視野に立ち，顧客との相互理解を得ながら，公正な競争を通じて行う市場創造のための総合的活動である」と規定されている[9]。なお，このJMA定義には補足説明が加えられており，それぞれについてみると，(1)教育・医療・行政等の機関，団体を含む，(2)国内外の社会，文化，自然環境の重視，(3)一般消費者，取引先，関係する機関，個人および地域住民を含む，(4)組織の内外に向けて統合・調整されたリサーチ，製品，価格，プロモーション・流通および顧客，環境関係などに関わる諸活動をいうと具体的にその内容を示している。このJMAによる定義は，ほぼ1985年のAMAの定義を踏襲した形で，マーケティング活動主体を企業に加えてそれ以外の組織へ拡張している。そして，製品の直接の購入者だけでなく，組織の活動に関係したり，影響を受ける関係者との間で，相互理解と信頼を築く必要があることを示している（ここでは企業外部の関係者だけではなく，企業内部の関係者も含まれる）。これは，マーケティングが社会に対して果たしている積極的な役割や意義を述べたものである。

　以上のように，マーケティングの実務および研究での発展，進化，それに呼応する形でのマーケティング概念の変遷を概観した。こうした発展を持続させ，研究水準を高めていくために，高橋郁夫は，マクロ的研究の再認識として，社会的経済的機能や制度の問題や流通システム，流通政策，消費者政策を，ミクロ的研究における社会性の認識として，社会貢献マーケティングやソーシャル・マーケティング，消費者の社会的責任研究の重要性を指摘している[10]。筆者も同じ見解であり，流通システム，特に小売マーケティングに関して，独自の理論体系化と実務での社会的評価の高い応用が必要であ

ると認識している。

③ 小売マーケティングの概念の主要先行研究

　周知のように，元来，マーケティングは，大手生産者（製造業者）を主体として，20世紀初頭に米国において生成した。生産技術革新による供給の急増という需給状況で，その市場問題を解決する技術としてマーケティングが生み出され，1930年代に確立した。消費者の位置づけは，販売対象そのものであった。

　これに対して，小売マーケティングの生成は，かなり遅れていた。製造業者の製品政策に匹敵する形で，小売業者ではマーチャンダイジング政策への関心は高かったが，科学的技術的水準は必ずしも高いとはいえなかった。それでも，シアーズなどの大手小売業者を主体として，拙い方法であったが，1960年代に萌芽がみられた。消費者需要の多様化，急減という需給状況で，消費者情報をより的確に把握する情報技術革新に支えられて，小売マーケティングは，1970年代に成長し，1980年代に形が整ってきた[11]。

　D. ウォルターズらの小売マーケティングの研究では，マーケティングが1980年代に小売業分野へ持ち込まれたこと，商圏内での消費者への販売する時や場面の明確化や自己の小売業態とイメージ確定，業態に適合する価格での適切な品揃えの提供に，小売マーケティングの特徴があると論じている。小売マーケティングでは，消費者の位置づけは，価値享受者であり，消費者とともに消費者満足の極大化を図る技術として発展していった。

　そして，小売マーケティングと小売マーケティング戦略の操作的な定義を，次のように規定した。彼らによれば，「マーケティングとは誰に向けて販売しようと思うかを決定することであり，彼らが，何を，いかに，いつ，どこで買いたいと思っているかを明確にすることであり，この標的市場を引きつけるために，小売業者としての自己の業態とイメージを確定することであり，選択された業態に『適合する』価格で，適切な商品を提供することであり，提供物に人々を気づかせ，人々が購買したいと思うような商品を提供することであり，その結果として，受け入れられる適正な利益を獲得することをい

う」としている[12]。

わが国では小売マーケティングの研究書として，小売経営をシステムとして認識する必要性を主張して，先駆的研究をした三浦信（1976）『小売マーケティングの展開』（千倉書房）をはじめ，三浦一（1995）『現代小売マーケティング論』（千倉書房）や大橋正彦（1995）『小売業のマーケティング』（中央経済社），清水滋（1988）『大型店のマーケティング』（同文舘出版）などが挙げられるが，まだまだこれからの研究領域であるといえる[13]。

④ 小売マーケティングに影響を与える関連研究の発展

近年，小売マーケティングに影響を与える関連研究が目覚ましく発展している。その代表として，リレーションシップ・マーケティングの台頭とマーケティング（サービス）・ドミナント・ロジックの進化を挙げることができる。

(1) リレーションシップ・マーケティングの台頭

高嶋克義によれば，リレーションシップ・マーケティング（関係性マーケティング）とは，特定顧客との継続的な関係のもとで，顧客との情報交換を行いながら展開するマーケティング活動である[14]。顧客や流通業者，供給業者などの関係者と長期的かつ信頼的，もしくはそのどちらかの関係性を開発し，管理することを意識的に達成しようとするマーケティングである。

前述の嶋口光輝のマーケティングのパラダイム・チェンジ論に関していえば，顧客戦略が刺激・反応型から交換型，さらに関係型へチェンジしたことにより，特定性，継続性，相互作用性のある関係が重要視され，関係性管理のためのコミュニケーションベース・マーケティングモデルも開発されている。1990年代以降，リレーションシップ・マーケティング研究が，一層活発になり，著しく進化している。

(2) マーケティング（サービス）・ドミナント・ロジックの進化

伝統的なマーケティングは，有形の生産物と不連続の取引が中心であるモノ支配的な視点であったのが，無形，取引プロセス，そして関係性が中心で

あるサービス支配的な視点へと移行し始めている。こうしたマーケティング（サービス）・ドミナント・ロジックの先端的な研究を展開しているのが，Stephen L. VargoやRobert F. Luschであり，国内では，藤川佳則，吉川恵美子，井上崇通，村松潤一，菊池一夫，上原征彦らであろう。特に，Stephen L. VargoとRobert F. Lusch（2004）" Evolving to a New Dominant Logic for Marketing" Journal of Marketing, Vol.68, pp.84-102が，わが国にも翻訳，紹介され，注目を集めている[15]。このサービス・ドミナント・ロジックでは，モノではなく，その提供の仕方やプロセス，その経験価値への関心が高まり，企業と顧客がともに価値を創造していくという考え方が根底にある。こうした発想を同じくする藤川佳則らは，藤川（2007）「サービス・ドミナント・ロジック――「価値共創」の視点からみた日本企業の機会と課題――」『日本マーケティングジャーナル』第107号，32-43頁で，ブックオフを具体的事例として研究している[16]。

さらに，類似の発想で上原征彦も，共創マーケティング，売り手と買い手の共創（コラボレーション）する協働型マーケティングとして，消費者が企業の市場適応活動に積極的に参加するマーケティングを提唱している[17]。

III 小売マーケティングの特質

1 小売マーケティングと製造業のマーケティング

かつては中小零細小売業が大半を占め，主体的な市場創造活動を行うことが不可能であったが，大規模小売業が誕生し，強力な市場創造活動を実践して地位が向上するにつれて，現在では小売業までマーケティング概念が拡張されている。小売マーケティングは製造業のマーケティングとは全く同じではなく，マーケティング・コンセプトを基礎において，小売業に適応するよう再定義され，小売業独自のものとなっている。これは，小売業は流通過程で活動し，最終消費者を対象に消費財のみを取り扱うため，そのマーケティングにも独特の性質が付与されるからである。消費財は，すなわち商品の種

類は多岐にわたり，仕入れ活動への関心が高くなるため，品揃え（Assortment）が重要視されることから，小売マーケティングでは，第1にマーチャンダイジングが主要な内容となる。第2に店舗やサービスを含めた全体的な雰囲気が重要となる点も，製造業のマーケティングとは異なる点である[18]。

② 販売コンセプトとマーティング・コンセプト

　小売業の内部の活動において，特質が見受けられる。マーケティングでは，顧客や市場に関する計画および分析が強調されるため，特に販売と識別は重要である。

　販売コンセプトは，売上高を通じた利益を獲得する目的で，短期的な計画に基づき手段として販売やプロモーションを実行していくが，顧客ニーズの充足を図る点が弱い。これに対して，マーケティング・コンセプトは，顧客満足を通じた利益を獲得する目的で，顧客ニーズに焦点を当てて，統合的なマーケティング活動が実践されるため，顧客ニーズの充足を図る点が強調される。よって，小売マーケティングでは，顧客志向および対市場活動としての特質が鮮明になっている。

　ここには，小売マーケティングが要請された歴史的背景がある。資本主義の発展や生産力の拡大により，大量生産体制が様々な産業分野で確立し，製造業のマーケティング活動が活発化するもとで，生産と消費の矛盾が激化していった。小売業においても市場問題が意識され，大量生産された商品を大量販売することが必然的に求められていった。そのため，小売段階でも体系的な対市場活動としての小売マーケティングが要請されたのである。

　すなわち，小売業は歴史的に大規模経営やチェーンストア方式の採用，新業態の開発などで対応してきている。このように小売マーケティングとは，資本主義が高度化するに従い，大規模化や小売業態の発展が一定段階に達した時に，市場問題への対応上，小売業がマーケティング・コンセプトを採用して，商品の品揃え，価格，プロモーション，店舗立地などのマーケティング諸政策，行動を体系的，組織的に展開するものであるといえる。

　こうした小売マーケティングは，戦後，大量生産体制とマネジリアル・マ

ーケティングが大手製造業で確立する状況下で，大規模小売業を主体として1960年代以降に認識される事象ないし概念であり，小売マーケティングが発展したのは70年代後半以降で，80年代に確立している[19]。

③ 小売マーケティングと小売業態

　小売マーケティングは，標的顧客のニーズに合った品揃えと販売方法の選定が重要な意思決定であるため，小売業態と密接不可分の関係にあって展開されるという特色をもっている。そのため，小売業態の決定や開発が，小売業にとって固有のマネジメント課題となる。近代小売マーケティングは小売業態革新の歴史であるといえ，小売業態が小売業に歴史的，戦略的特徴を与えている。

　商業論からのアプローチにおいても，小売業態と小売マーケティングは不可分の関係にある。石原武政らによれば，小売業が消費者に提供する流通サービスとその提供条件の組み合わせは小売ミックスと呼ばれ，小売業態は小売ミックスの分類パターンである[20]。また，矢作敏行によれば，小売業態は商業者の営業形態上の特徴であり，対象顧客，商品構成，価格設定，立地条件，販売促進方法，営業時間などのマーケティング・ミックス戦略から決定されると説明される[21]。

　小売マーケティングは，標的市場および消費者ニーズの識別と小売ミックスからなっており，レビュー（M. Levy）によれば，小売マーケティング戦略では，標的市場，小売業態（フォーマット），持続的な競争優位確立する計画の3つに関する意思決定が重要である[22]。

　そして，コトラーは，小売マーケティングでは，標的市場に関する意思決定が最も重要であり，これをベースにして品揃えや店舗装飾，広告，価格設定などを決定できるとしている[23]。

　この設定された標的市場に対して，小売マーケティングは小売業態と連動した諸政策，諸活動を適用している。

④ 小売マーケティング・ミックス

(1) 小売業におけるマーケティング・ミックスの概念

　小売マーケティングでは，それぞれの店舗が競争優位を確立するために，小売ミックスの要素を組み合わせて戦略を練り上げるため，小売ミックスの店舗における組み合わせが重要となる。そして，マーケティング・ミックスは，企業が標的市場において，マーケティング目的を達成する際のマーケティング・ツールの組み合わせである。このマーケティング・ミックスは，周知のとおり，一般的にはマッカーシー（E. J. McCarthy）によって提示されたProduct, Price, Place, Promotionの4Pに集約される。ただし，小売業におけるマーケティング・ミックスに関しては，その概念や内容は論者により諸説がある[24]。例えば，保田芳昭は，小売マーケティングの手段を，Merchandise（マーチャンダイズ），Price（価格），Promotion（プロモーション），Service（サービス），Store（店舗），Development（開発）の6つの要素から把握している[25]。また，小売マーケティング・ミックスの内，製品に関して，店舗を小売業が提供する製品ととらえる齋藤雅通は，オルダーソン（W. Alderson）や池尾恭一の議論を検討し，「小売業態が『サービスの束』であり，小売マーケティング論における「製品」概念の内容であるとみなすことができよう」と述べて，店舗を小売業態成立要件として論を進めている[26]。

　そこで，小売マーケティング・ミックスの諸要素を列挙すると，ロケーション，イメージ，ストア・デザイン，品揃え，価格，プロモーション，顧客サービスなどが提示され，これらの諸要素をいかなる枠組みで分類し，把握するかが問題となる。コトラーはサービス・マーケティングでは，伝統的なメーカーのマーケティング・ミックスの4Pだけでは不十分として，People（従業員の教育や顧客管理など），Process（プロセス，提供方法），Physical evidence（物理的環境，空間）の7Pの最適化を重視する考え方を示している[27]。ここでは，一般的な4Pにそって分類し，それぞれの政策の特質を挙げてみる。

(2) 小売業のProduct（製品）政策の特質

　第1に，Productに分類される項目は，品揃え形成（マーチャンダイジング），品質，ブランド，独自企画商品（ＰＢ）の開発，仕入れ，サービス，特質・便益，保証，ストア・レイアウト，店舗などである。この製品政策の主な活動は，品揃え形成（Assortment）で，マーチャンダイジングを中心に，ブランドの選定やＰＢ商品の開発も含まれる。重要なことは，小売業の提供する「製品」は，物財としての商品だけに限定されるのではなく，サービスや店舗の雰囲気（Store's Atomosphere）も包含していることである。そして，小売マーケティングを発展させてきた小売業にとって，品揃えの拡大と店舗の態様は，密接な関係がある。石原武政が主張するように，「商業者が商品を取り扱うという意味は，単に価値物としての諸品を買っては売るというのではなく，一定の物理的属性をもった商品を売買するのであり，それゆえ商品そのものに対して積極的に働きかけるという側面も含めて理解されるべき」であり，この商品に対する積極的な働きかけが，店舗やサービスの要素と認識できる[28]。

(3) 小売業のPrice（価格）政策の特質

　第2に，小売業の価格政策では，価格設定，マーク・ダウン，割引，ロス・リーダー，ＥＤＬＰ，価格変更，コスト，クレジット，リベート，協賛金などの手法がとられる。現代小売業の価格政策は，大手メーカーによる価格支配への対抗策という側面があるため，大手メーカーとの対立と協調の関係において捉える必要がある。大手メーカーと小売業の間には，衝突を内在させる売買関係と同時に，機能的な相互依存性が存在する。そのため，大手メーカーとの対立と協調関係を内包しつつ設定される現実の小売業の価格設定は，現場での消費者や競争業者との市場関係の中で，大手メーカーからの割引やリベート，協賛金，ディラー・ヘルプスなどの原資によって支えられている。

(4) 小売業のPromotion（プロモーション）政策の特質

　第3に，小売業のプロモーション政策では，広告，販売促進，人的販売，

パブリック・リレーションズ，ダイレクト・マーケティング，リレーションシップ・マーケティング，店内コミュニケーションなどの手法がとられる。小売業のプロモーション政策では，商品の特性に関する点だけでなく，値引きなど価格情報が積極的に提示されることや，短期的な広告が中心であること，ウインドウ・ディスプレイが効果を発揮すること，店内コミュニケーションが有効な点に特長がみられる。

(5) 小売業のPlace（プレイス）政策の特質

第4に，小売業のプレイス政策では，ロケーション，供給チャネル，利便性，チャネル・リレーションシップ，駐車場，ロジスティクス，輸送，保管などの手法がとられる。なかでも，小売業のロケーション（Location），すなわち立地政策が大きな位置を占める。小売業は立地産業ともいわれ，店舗立地によって市場環境が変わるために，ビジネスモデルや小売業態が規定される。そのため，小売業は交通量や消費者の購買行動，競合業者，賃貸料などを勘案して立地政策を決定する。立地の選択肢は，中心市街地，郊外地，ショッピングセンター内の他，インターネットを利用したオンラインショップ，電子商取引も拡がりをみせている。立地政策は，店舗と密接な関係にあって，店舗のデザインやレイアウトが工夫される。

さらに，市場支配を目的に情報ネットワークの構築により，チャネル主導権確立行動といわれる物流活動は，プレイスに関わるため，小売マーケティングに包摂される。物流センターや倉庫，ロジスティクス，サプライチェーン・マネジメントも，立地政策を遂行する重要な要素となっている。

小売マーケティングと消費者起点

1 マーケティングと消費者

(1) 消費者志向のマーケティング

近年，事業者側が消費者利益に焦点を当てて発想する消費者志向のマーケ

ティングが台頭している。かつては企業経営の考え方,すなわち経営理念は生産活動を中心とするものであったが,経営学者のドラッカー(P. F. Drucker)が,事業の目的は顧客の創造にあるとして,顧客の欲求を満足させるマーケティングの重要性を強調したことや,マーケティング研究者のコトラーがマーケティングを「個人や集団が,製品および価値の創造と交換を通じて,そのニーズや欲求を満たす社会的,管理的プロセスである」と提唱したことから,その経営思想の影響を受けて,全世界的にマーケティング活動を中心とする企業が多くなってきている[29]。そのため,顧客である消費者や取引先の欲求をより良く満足させる視点から意思決定を行っており,消費者志向のマーケティングをとる企業が増えている。最終消費者と直接接する小売業においては,消費者志向のマーケティングが当然視されている。

(2) 消費者利益のテーマ

　消費者利益の課題として取り上げられるテーマは,時代とともに変化してきた。かつて高度成長時代においては,物価騰貴から国民生活を守るという経済性の視点から消費者利益の問題がクローズアップされ,中産階級が中心となって消費者運動を生み出してきた。しかし,1970年代に入ると,量的拡大(量的な豊かさ)志向への反省から,新たに質的充実(質的豊かさ)へ強い関心が向けられ,商品の安全性や環境汚染問題といった人間として健康に生きるためのテーマが取り上げられるようになった。1960年代の消費者運動とは異なり,消費者福祉社会の実現に向けた主張が強調され,その結果,生きる哲学としてコンシューマリズムを生み出したのである。これ以降は,安全・安心・健康で豊かな生活の維持と環境保全という問題がメインテーマとなっている。特に地域密着型ビジネスを行う小売業では,消費者のライフスタイル(生活)研究を強化し,消費者利益の向上を図るだけではなく,自然環境や地域社会への貢献など社会利益も重要視している。

(3) マーケティング概念の拡張と進化

　1960年代までは,営利部門である企業経営の枠組みの中で,マネジリアル・

マーケティング，すなわちマーケティング・マネジメントが実践されてきた。しかし，1970年代初頭から，コンシューマリズムの高まりとともに企業を取り巻く多様な社会問題への適応が要請されるようになり，マネジリアル・マーケティングを修正し，企業の社会的責任（CSR）を重視したソーシャル・マーケティングがレイザー（W. Lazer）やケリー（E. J. Kelley）を中心に議論された[30]。ソーシャル・マーケティングは，社会的目的に資するためのマーケティングであり，コトラーによれば，社会的責任を果たすために，顧客の満足ならびに長期的な消費者および公衆の厚生を生み出すことを目指す経営者の志向と捉えている[31]。

その後，地球環境問題へ焦点が当てられることが多くなり，グリーン・マーケティングやエコロジカル・マーケティング，エンバイロンメンタル・マーケティング，サスティナブル・マーケティングなど環境保全を重視したマーケティングが強調された[32]。近年では，地球環境は当然のこととして，さらに社会的環境に対する責任も重要視され，企業の倫理や人権，雇用など地域社会の課題解決へ取り組むCSRに基づいたマーケティングが再評価されている[33]。地域コミュニティの抱える広範かつ多様な課題の解決のために，企業のマーケティング力を活用し，売上げやブランドの向上も同時に目指す方法として，社会的に意義のある活動を支援するマーケティングは，一般的なソーシャル・マーケティングと区別して，欧米ではコーズ・マーケティングあるいはコーズ・リレイティッド・マーケティングとも呼ばれている[34]。

(4) 企業をみる目の変化と企業の役割モデル

消費者利益の問題の今日的拡がりと深さは，企業行動に対する目を，これまで以上に厳しいものとしてきている。企業をみる目の変化の第1は，ステークホルダー（利害関係者）の数の増大である。ステークホルダーには，消費者だけではなく，従業員，株主・投資家，取引先，競争企業，地域住民，官公庁・地方自治体，各種団体，など多様化している。企業活動のグローバル化により，全世界にステークホルダーが存在する時代となっている[35]。

第2は，企業をみる基準の変化である。従来の投資家は，主として企業の

収益性や財務体質の健全性という視点での評価が中心であったが，今日では法令遵守は当然のこととして，地球環境保全性や消費者利益の達成度，顧客満足度，従業員満足度，地域社会貢献度，国際貢献度など，多様で多元的な評価基準でみるようになっている[36]。

第3は，参加の思想の浸透である。この参加の思想とは，ある決定が下される場合，この決定によって影響を受けるすべての人々が決定に参加すべきであるという考え方である。すなわち，代表デモクラシーから参加デモクラシーへの移行であり，この動きは米国から全世界に拡がっている。

こうした企業をみる目の変化は，当然のことながら企業の生き方に変化を求めることになる。これまでの企業は，ゴーイングコンサーンとして存続していくために，なによりも株主，従業員のことを考えた企業利益指標を第1に優先して，あらゆる経営努力を傾けてきたといえる。しかし，今日の企業の存在は，消費者利益の今日的問題からも明らかなように，個人・企業・社会の三者利益がウェルバランスに保たれるところに認められるものである。すなわち，消費者利益・企業利益・社会的利益の共存調整が重要である。個人・企業・社会の三者利益共存の考え方をベースとして消費者利益向上を目指す企業の役割発揮に関しては，メーカーよりも流通業，とりわけ小売業が積極的に地域と密着してリーダーシップを発揮していくことが強く望まれている。

② 消費市場環境変化と消費者起点の流通

(1) 消費市場環境の変化

小売業の発展の歴史は，消費社会の変化に対応して自らを変化させる自己革新の歴史であった。米国小売業の歴史をみても，新たなイノベーションは，その時々の消費者ニーズや社会変化に戦略的に対応した革新的小売業者によって開発されてきており，小売業は消費ニーズ，社会変化の反射鏡としての性格と役割をもっているといえる。そういう視点で今日の小売業をみてみると，市場経済が成熟時代を迎え，小売環境が変化している。

サービス中心の成熟した消費社会へ進化するにつれて，消費者は単なる「モ

ノ」消費では満足せず，快適さや楽しさ，生き甲斐の実現といったソフトの価値を求めるようになっている。また，インターネット販売の拡大やWeb2.0の浸透による消費者のプロシューマー化，商品の個性化による脱価格志向，安全・安心・健康への意識の高まりを背景に，小売業に対する消費者の期待も変化している[37][38]。

消費市場の変化には，社会構造の変化と個人消費の質的変化がみられる。前者の社会構造的な要因に起因する変化としては，少子高齢化などを背景とした人口減少の進展に伴い，今後，消費市場の量的縮小が想定されている。小売業は販売額が減少する中で生き残るため，収益性向上に取り組む必要がある。また，高齢化，女性の社会進出が併せて進展する中，小売業にとっては，施設配置面，商品・サービス面に係わる戦略の見直しが求められている。

後者の個人消費の質的要因に起因する変化としては，①モノ消費の飽和やライフスタイルに応じた消費行動を背景としたサービス消費へのシフト，②インターネットを使った情報収集やポイントなど，ＩＴを活用した企業の販売促進ツールの利用を背景とした消費選択の高度化，③値ごろ感，感覚，個人のこだわりを重視した脱価格消費への変化，がみられる。このため，物販を中心とした従来のマスマーケティングやセグメンテーションでは不十分であり，ＩＴを活用しつつサービスも含めて顧客１人ひとりの嗜好，属性，ニーズからなるライフスタイルに合わせたマーケティングへの取り組みが重要になる。

こうした環境変化に対応し，消費者利益の向上に結びつけて，小売業は様々な経営努力をしてきている。そこで，消費者利益の向上に貢献していくうえで，小売業として認識しておかなければならない視点をいくつか示したい。

(2) 消費者起点流通の牽引者としての自己認識

消費者の生活観や産業観，企業観は大きく変化しており，それに応えていく企業こそが，成長し発展していくのである。今日の小売業は，消費者の生活場面に最も近くに位置するため，消費者の立場から思考・行動を起こして，消費者利益向上への役割発揮が大いに期待されている。そこで，消費者起点

の流通を牽引するために，小売業は自らを単なる物販業として規定するのではなく，生活文化創造サービス業として存在証明を明らかにしなければならない。すなわち，情報，文化，生活の知恵などを総括して提供し，新しい価値ある生活創造に貢献する産業として自らを規定していくところに，発展していく礎石があることを認識すべきである。したがって，小売業に携わる者も，自らを人間の生き方，生活の在り方の機微に触れ，1人ひとりの生き方を発見し，そこに起こる変化を成長への機会におきかえていくクリエーターとして，自己認識すべきである。

(3) 新しい取引と競争秩序の確立

　小売業においては，取引と競争の秩序が問題となっている。前者は，大規模小売業者の納入業者に対する「公正な取引」の問題である。大規模小売業者の優越的地位の濫用により，納入原価や協賛金，リベート，PB商品などに関して，納入業者に不当に不利な条件を強いることから発生する問題である。取引とは，それに携わるすべての人々の人格の絆によって行われるものであり，根底に双方の信頼感があってはじめて成立する。よって不公正な取引が行われると，一時的に企業利益を上げたとしても，個人・企業・社会の三者利益の共存にはつながらず，結局は消費者利益向上への貢献のレベルを低下させてしまう。

　また，公正な競争に関しては，かつての大規模小売店舗法，現在の改正まちづくり三法（大規模小売店舗立地法・改正中心市街地活性化法・改正都市計画法）による大規模小売業の郊外出店規制の問題がある[39]。大規模小売業の論理と中小小売業の論理とは，おのずと異なるものであり，消費者利益の向上という共通の究極的目標に向けて，お互いに相手の持ち味を認め合うことによって機能分化を果たしていく「競争的協調と補完」の考え方が必要である。この競争的協調と補完の考え方は，メーカーと大規模小売業との関係においても重要であり，メーカーと大規模小売業の双方が，自らの役割，機能を優れて発揮していけば，消費者利益の向上に貢献できる流通システムが構築できよう。

Ⅴ おわりに

　本章では，小売マーケティングとイノベーションを考察するに当たり，基盤となる小売マーケティングの理論研究から紐解いていった。20世紀初頭に，米国で寡占メーカーの市場支配行動として生成したマーケティングが，徐々に洗練され，技術の進歩により，有効性が認知されるに従い，多様な分野へ適用拡大し，著しく発達してきた。マーケティングの実務での発達により，知識が蓄積されて研究水準も向上し，社会科学としてのマーケティングという学問も発展していった。そして，マーケティングが小売業にも適用拡大されて，小売マーケティングが生成していった歴史的経緯を踏まえて，マーケティングの概念の変遷や小売マーケティング概念の主要先行研究をレビューした。

　小売マーケティングと製造業のマーケティングの相違から，小売マーケティングの特質を明示し，とりわけ小売マーケティング・ミックスや小売業態が重要である点を強調した。その結果，小売マーケティングでは，小売マーケティング・ミックスと小売業態研究に焦点を当てて，さらなる理論的体系化が必要であることを指摘した。

　さらに，近年の消費者起点の流通システム化の流れから，新たな取り組みとして顕著になりつつある実情を踏まえて，消費者とのコラボレーションによる価値共創の小売マーケティングを提唱した。今日のわが国の消費者は，単に低価格商品の提供だけではなく，品質やサービス，情報，デザインなどで何らかの付加価値を求める傾向が強まっている。そのため，企業とりわけ消費者と対面する小売業においては，生活づくりの提案が重要なマーケティング活動となっており，ライフスタイル分析と具体的な商品・サービスの開発を重視している。消費者ニーズの把握のために，情報通信技術（ＩＣＴ）を活用して，密接なコミュニケーションを強め，これを新たな小売業態やビジネスモデルの開発に生かしている。情報流・商流・物流・資金流の効率的・効果的統合を図り，消費者に新たな生活提案や利便性を提供している。

第 1 部　理論編

　戦後，米国からマーケティングや新しい小売業態を導入してきたが，わが国の消費者の価値観や行動，市場特性，風土，文化などの消費市場環境に適応する形で，日本型にアレンジさせて発展してきた。その結果，米国型とは異なる日本独特の小売業態が開発されている。例えば，コンビニエンスストアは，世界で初めて開発された米国よりも，日本型ビジネスモデルの方が優れたシステムであり，今日では米国やアジア各国に技術移転されている。

　このように消費社会が急速に変化していく中で，今後の小売業は，消費者の立場から思考し，生活様式の提案や商品企画・品揃え，小売業態開発やビジネスモデル構築を行うなど，小売マーケティングや消費者起点の流通への取り組みが重要な課題となっている。

注

（1）　加藤勇夫（1982）『マーケティング・アプローチ論』（増補版）白桃書房，11頁によると，マーケティングは，生産志向→販売志向→マーケティング志向→マーケティングの社会的志向へ発展している。
（2）　P. コトラー（2008）「碩学の慧眼」『日経ビジネスマネジメント』2008年12月1日号，18-23頁を参照した。さらにコトラー，カルタジャヤ，セティアワン共著，恩蔵直人監訳，藤井清美訳（2010）『コトラーのマーケティング3.0』朝日新聞社も参照した。
（3）　嶋口充輝（2000）『マーケティング・パラダイム』有斐閣，74頁によると，顧客戦略のパラダイムは，刺激・反応型から交換型，さらに関係型へチェンジし，流通戦略のパラダイムも，業種型から業態型，さらに統合型へチェンジしてきた。さらに企業の社会的責任も，基本責任から業務責任へ，支援責任へとチェンジした。
（4）　堀越比呂志（2008）「マーケティング研究における『理論化への関心』と『歴史的個別性への関心』」『日本商業学会第58回全国大会報告要旨集』18-19頁を参照した。
（5）　日本語訳ならびに解釈は，那須幸雄（2005）「マーケティングの新定義（2004年）について」『文教大学国際学部紀要』第16巻第1号，75-79頁を参照した。
（6）　日本語訳ならびに解釈は，黒田重雄（2007）「マーケティング研究における最近の一つの論争──ＡＭＡによる2004年定義をめぐって──」『北海学園大学経営論集』第5巻第2号，2007年9月，37-58頁を参照した。
（7）　日本語訳ならびに解釈は，高嶋克義（2008）「第1章　マーケティングの考え方　マーケティングの定義」高嶋克義・桑原秀史『現代マーケティング論』有斐閣，2008年3月，5-6頁を参照した。また那須幸雄（2005）「マーケティングの新定義

第 1 章　小売マーケティングの研究

（2004年）について」『文教大学国際学部紀要』第16巻第 1 号，75-79頁も参照した。
（ 8 ）　日本語訳ならびに解釈は，高橋郁夫（2008）「国際化時代の我が国のマーケティング研究——その現状と課題——」慶応義塾大学『三田商学研究』第51巻第 4 号，81-91頁および高橋郁夫（2008）「マーケティング研究の今とこれから」『日本商業学会第58回全国大会報告要旨集』10-11頁を参照した。また那須幸雄（2009）「ＡＭＡによるマーケティングの新定義（2007年）についての一考察」『文教大学国際学部紀要』第19巻第 2 号，93-99頁も参照した。
（ 9 ）　社団法人日本マーケティング協会のWebサイト「マーケティング定義」（1990年）を引用した。
（10）　高橋郁夫（2008）「マーケティング研究の今とこれから」『日本商業学会第58回全国大会報告要旨集』10-11頁を参照した。
（11）　D. ウォルターズ，D. ホワイト著，市川貢・来住元朗・増田大三監訳（1992）『小売マーケティング——管理と戦略——』中央経済社，33-111頁を参照した。
（12）　同上書，27-28頁を参照した。
（13）　三浦信（1976）『小売マーケティングの展開』千倉書房，3頁。小売経営をシステムとして認識する必要性を主張している。清水滋（1988）『大型店のマーケティング』同文舘出版では，有形価値を無形価値によって付加価値をつける点に特徴がある。
（14）　高嶋克義（2008）「第10章　マーケティングにおける関係の理論」高嶋克義・桑原秀史『現代マーケティング論』有斐閣，256-274頁，特に256頁を引用した。リレーションシップ・マーケティングに関しては，南知恵子（2005）『リレーションシップ・マーケティング』千倉書房および和田充夫（1998）『関係性マーケティングの構図』有斐閣なども参照した。
（15）　Stephen L. Vargo & Robert F. Lusch（2004）"*Evolving to a New Dominant Logic for Marketing*" Journal of Marketing, Vol.68, pp.84-102を参照した。
（16）　藤川佳則（2007）「サービス・ドミナント・ロジック——「価値共創」の視点からみた日本企業の機会と課題——」『日本マーケティングジャーナル』第107号，32-43頁の具体的事例（ブックオフ）と藤川佳則・吉川恵美子（2007）「顧客との価値共創によるサービス・イノベーション」『日本マーケティングジャーナル』第105号，69-83頁を参照した。さらに井上崇通・村松潤一編著（2010）『サービス・ドミナント・ロジック——マーケティング研究への新たな視座——』同文舘出版も参照した。
（17）　上原征彦（2000）『マーケティング戦略論』有斐閣，279-291頁。上原によれば，共創マーケティングとほぼ同意で，売り手と買い手の共創（コラボレーション）する協働型マーケティング，すなわち，消費者が企業の市場適応活動に積極的に参加するマーケティングを提唱している。
（18）　D. ウォルターズ・D. ホワイト著，市川貢・来住元朗・増田大三監訳（1992）『小売マーケティング——管理と戦略——』中央経済社，26-31頁を参照した。

第1部　理論編

(19)　D. Gilbert（2003）*Retail Marketing Management*, Second Edition, Prentice Hall, p.35およびTony Kent and Ogenyi Omar（2003）, Retailing, Palgrave Macmillan, p.155を参照した。
(20)　石原武政・池尾恭一・佐藤善信（1989）『商業学』有斐閣，97頁を参照した。
(21)　矢作敏行（1996）『現代流通』有斐閣，144頁を参照した。
(22)　M. Levy and B. A. Weitz（2001）, *Retail Management*, Fourth Edition, McGraw—Hill Irwin, p.171.を参照した。
(23)　P. Kotler（1991）*Marketing Management*, Seventh Edition, Prentice Hall, p.543を参照した。
(24)　大橋正彦（1995）『小売業のマーケティング』中央経済社，63-83頁を参照した。さらに佐々木保幸（2004）「小売マーケティング概念に関する考察」『大阪商業大学論集』第133号，125-148頁を参照した。
(25)　保田芳昭（1995）「流通問題・大店立地法とマーケティング」保田芳昭編『マーケティング論』（第2版）大月書店，221-223頁を参照した。
(26)　齋藤雅通（2003）「小売業における「製品」概念と小売業態論」『立命館経営学』第41巻第5号，36頁を参照した。さらに佐々木保幸（2004）「小売マーケティング概念にかんする一考察」『大阪商業大学論集』第133号，2004年6月，125-148頁も参照した。
(27)　P. コトラー・T. ヘイズ・P. ブルーム著，白井義男監修，平林祥訳（2002）『コトラーのプロフェショナル・サービス・マーケティング』ピアソン・エデュケーション，7-9頁ならびにP. コトラー・J. ボーエン・J. マーキンズ著，白井義男監訳，平林祥訳（2003）『コトラーのホスピタリティ&ツーリズム・マーケティング』（第3版）ピアソン・エデュケーション，4-46頁で，サービス業では4Pの他に，People（従業員，人的サービス），Process（プロセス，提供方法），Physical evidence（物理的環境，空間）を加えた7Pを提唱している。また，P. コトラー著，木村達也訳（2002）『コトラーの戦略的マーケティング』ダイヤモンド社，150-154頁ならびに片山又一郎（2003）『コトラー入門』日本実業出版社，74-75頁では，4Pの他に，Politics（政治）とPublic opinion（世論）を加えた6Pを挙げている。
(28)　石原武政（1999）「小売業における業種と業態」『流通研究』第2巻第2号，7-8頁を参照した。
(29)　P. F. ドラッカー著，上田惇生編訳（2001）『マネジメント』ダイヤモンド社ならびに片山又一郎（2003）『コトラー入門』日本実業出版社，20-25頁のマーケティングの定義と関連コンセプトを参照した。
(30)　W. Lazer and E. J. Kelley（1973）"*Marketing's Changing Social Role*: *Conceptual Foundations*," in Lazer. W. Kelley, E. J. andD. Richard, eds. SocialMarketing Perspectives and Viewpoints, Irwin, pp.3-12.
(31)　P. コトラー・E. L. ロベルト著，井関利明監訳（1995）『ソーシャル・マーケテ

ィング』ダイヤモンド社，3-70頁と上原征彦（1998）「ソーシャル・マーケティングの論拠について」『日本マーケティングジャーナル』70号，16-23頁を参照。
(32) 大橋照枝（2002）『環境マーケティング大全』麗澤大学出版会，34-84頁や齋藤實男（1997）『グリーン・マーケティングⅡ』同文舘出版，71-97頁，西尾チヅル（2000）『エコロジカル・マーケティングの構図』有斐閣，15-30頁などを参照。
(33) 高巖（2004）「企業の社会的責任の新展開」セゾン総合研究所『生活起点』2004年1月号，15-22頁。
(34) P. コトラー・N. リー著，恩蔵直人監訳（2007）『社会的責任のマーケティング』東洋経済新報社，93-129頁ならびに谷本寛治（2004）「得意領域を活かす新しい社会貢献　コーズ・マーケティングのすすめ」『宣伝会議』2004年1月号，71-75頁。岡本亨二（2004）『ＣＳＲ入門』日本経済新聞社，13-77頁を参照。
(35) 水尾順一（2000）『マーケティング倫理』中央経済社，90-257頁を参照。
(36) 高岡伸行（2004）「ＣＳＲマネジメントシステムの設計思想」長崎大学『経営と経済』第84巻第3号，253-282頁を参照。
(37) Web2.0は，ティム・オライリーによって提唱された概念。送り手と受け手が流動化し，誰もがウェブを通して情報を発信できるように変化したWebをWeb2.0とした。梅田望夫（2006）『ウェブ進化論』ちくま文庫，112-120頁を参照。
(38) プロシューマー（Prosumer）とは，アルビン・トフラー（Alvin Toffler）が1980年に，著書『第三の波』の中で示した概念である。生産者（Producer）と消費者（Consumer）とを組み合わせた造語である。生産活動を行う消費者を意味する。
(39) 改正まちづくり三法の内容と問題点に関しては，渦原実男（2007）「第3章 まちづくりと小売商業政策」『日米流通業のマーケティング革新』同文舘出版，43-74頁を参照。

第2章 小売業態展開とイノベーションの理論的研究

I はじめに

　本章では，小売マーケティング研究の中で，重要な研究テーマの1つである小売業態展開の理論について，主要な先行研究の仮説と問題点を検討する。そして，近年の小売業態についてのイノベーション研究動向をみたうえで，業態ライフサイクル論と小売イノベーション論の結合を検討する。

II 小売業態の概念の主な先行研究のレビュー

(1) 小売業態の概念の曖昧性

　小売とは，大量仕入れされた商品（消費財）を最終消費者である一般家庭へ小口に分割して販売することであり，これを営む小売取引を小売業と呼んでいる。この小売取引は，1980年代の小売業の構造変化により，「業種」から「業態」への移行が叫ばれたことから，業種との関係によって認識されたことが基点となっている。一般的には図表2-1で整理しているとおり，「何を売るか」で分類するものを「業種」といい，「どんな売り方をするか」で分類するものを「業態」として捉えられている。その結果，売上高の過半を占める品目で分類する小売業を「業種」（Type of BusinessまたはKind of Business）とし，販売方法や経営方法の違いで分類する小売業を「業態」（Type of OperationまたはType of Management）と規定されている。

■図表2-1　業種と業態の区分

業種 Kind of Business	商品の作り方を 基準とした分類 製造業側の立場から特定商品 を取り扱うビジネスの種類	商品特性による分類 （何を売るか）
	薬屋，酒屋，靴屋，肉屋，時計屋，洋服屋など 取り扱う商品で表せるビジネス→○○屋	
業態 Type of Management	商品の使い方を 基準とした分類 生活者のライフスタイルの変 化に対応した売り方のタイプ	売り方，経営方法の 違いによる分類 （どのように売るか）
	取り扱う商品では表せないビジネス→売り方で表す	
業態類型 Formats	スーパーマーケット，コンビニエンス・ストア，ホームセンター，ドラッグストアなど業態間の分類をいう	

（出所）鈴木豊（1992）「日本における新小売業態成立の可能性」『RIRI流通産業』流通産業研究所，第24巻第6号，25頁。

　こうした業態という考え方が必要になった理由としては，取扱商品の幅を広げた総合的な小売業が成長し，大きな地位を占めるようになったことが挙げられる。従来の食料品店や衣料品店といった業種店中心から，総合スーパーやコンビニエンスストア，スーパーマーケットなど業態店中心に構造転換が起こり，事業の多面性を総称する業態という分類が必要になったため，国の商業統計調査でも業態別統計として取り組まれるようになった。さらにそれだけではなく，新しく業態として認識された小売業は，販売方法や経営方法でのOperationの面で，流通近代化の牽引車として，発展のシンボル（象徴）的評価と意味付けが与えられたのである。

　こうしたことから，業態の解釈に際して，「どのような分類基準で認識すべきか」という議論と，「どのような意味付けで解釈すべきか」という議論は異なっており，別に考える必要がある。前者のTypeによる議論は，統計的な分類基準でもって定義することで，タイプによる業態となる。後者のOperationによる議論は，経営やマーケティング的な意味づけでもって定義することで，フォーマットによる業態となる。

(2) タイプによる業態

　上記の理由などにより，業種や業態という区分は，世界的に必ずしも統一された認識とはなっていないのが実態である。大橋正彦の研究によると，例えば，米国では，小売業態に関する分類用語として，一般的にTypes of RetailersまたはTypes of Establishmentsが用いられている[1]。そして，米国の商業統計でも，Type of Retail（or Retailing）Establishmentsが使用されており，業種と業態という区分はなく，業種分類をベースに，幾つかの店舗形態を加えて分類している。ちなみに米国マーケティングの第一人者コトラー（P. Kotler）も，著書"Marketing Management"で，Types of Retailersの用語を使用している[2]。

　また，米国のビジネススクールにおいて，小売経営論や小売マーケティング論の領域の代表的なテキストであるレビーとワイツ（M. Levy & B. A. Weitz）の"*Retailing Management*"でも，Types of Retailersの用語が使用されている[3]。そして，「小売ミックスの中で主にthe type of merchandise sold, the variety and assortment of merchandise sold, the level of customer service, the price of the merchandiseで分類」を意味するとしている。このように，米国では単なる小売業の分類概念で用いられるのが一般的な捉え方である。

　これに対して，日本では業態を，Type of Operationのような特別の意味で使用している。日本の商業統計では，1985年に業態別統計が集計・公表されている。業態は，百貨店，総合スーパー，専門スーパー，コンビニエンスストア，ドラッグストア，その他のスーパー，専門店，中心店，その他の小売店の9つの業態に分類されている（現在は，専門スーパーの中の，住関連スーパーから，ホームセンターが新業態として区分されている）。そして，分類基準として，セルフサービス方式，取扱商品，売場面積，営業時間の4つの基準で分類されており，営業側面から定量的に分類されているのが，日本の分類の特徴である[4]。

(3) フォーマットによる業態

フォーマットによる業態では，業態を定性的な立場から概念化して捉えている。大橋正彦の研究によれば，1980年代の業態概念を，幾つかのパターンに分けている[5]。大橋は，主に戦略・政策または革新を重視する説と消費者ニーズへの対応を重視する説，その他の説に大別している。

第1に，戦略・政策または革新を重視する説としては，例えば，鈴木安昭は，「具体的な小売経営の場である店舗において，小売業の経営者が採用し，実行する経営戦略を総合したものに付した名称」と規定し，経営者は標的市場を対象に，立地や規模，販売方法などの意思決定を行い，その結果として小売店舗の形態が成立するとしている[6]。

同じく，矢作敏行も，「小売業態とは経営管理や経営組織といった企業の舞台裏ではなく，直接消費者と触れる店舗・販売という表舞台に立脚した革新であり，小売市場において店舗・販売形態の類型として識別される」としている。そして，「小売形態とは経営形態や小売業態を含む小売業全般にわたる分類の概念である」と明確に区別している[7]。

第2に，消費者ニーズへの対応を重視する説としては，例えば，鈴木孝は，「消費者ニーズ，購買便宜，購買動機を探索し，それを具体的にさまざまな経営政策で提示していく主体的な営業方法・経営方法，またはかかる方法による分類（方法），あるいは，かかる方法をもつ小売形態」と認識している[8]。同じく，中田信哉は，「小売業のあるべき方向，つまり，経営方向としてのターゲットという考え方が前面に出ているもの」と捉えている[9]。

第3に，その他の諸説としては，例えば，向山雅夫は，「業態」＝「小売商業形態」として規定したうえで，「経営方式およびそこで用いられる経営上での技術・操作方式等に関して共通性をもった小売商業機関の集合概念であり，具体的には百貨店・スーパーマーケット・コンビニエンスストアなどを意味する」と捉えている[10]。

これらの業態概念をまとめると，営業（販売）政策，経営戦略，革新，経営上の技術・操作方式が共通して含まれるコンセプトであるといえる。

次に、業態の位置づけに関しても、広義と狭義の説がある。狭義には、業態は店舗や販売に関する営業形態レベルでの捉え方であるが、広義には、小売形態を上位概念として小売業の事業全般を包括的に捉え、下位分類として営業形態、組織形態、企業形態の3つのレベルで捉える。一般的には、小売形態とは、小売ビジネスを営むための事業パターンと定義され、内容的には、営業・組織・企業という3つのタイプに分類される。すなわち、小売形態は小売事業パターンの総称（包括概念）であり、上位概念と位置づけられ、この基での下位概念は、営業形態（業態）と組織形態、企業形態である。そして、営業形態の省略形が業態であり、業種に対応する用語である。業種とは提供する商品の種類による分類であり、業態とは営業の方法を分類する時の総称である。

ここで組織形態とは、店舗の統制・管理方式による分類であり、本店・支店経営、チェーンストア経営に分類され、他企業との関係でボランタリーチェーンやフランチャイズチェーンに分類される。企業形態は出資の方式や目的を基準に、個人組織か、法人組織か、協同組合組織かに分類される[11]。

(4) 業態の捉え方の問題点

タイプによる業態の問題点としては、第1に、商業統計における分類定義上での問題がある。各小売業態の実情や政策、法令の改正などにより、分類定義がしばしば変更されてきた。例えば、売場面積による分類基準では、大店法の規制緩和により百貨店と総合スーパーの基準が、1994年に2倍に変更された。また実情を鑑み、1997年にコンビニエンスストアは30㎡以上250㎡未満、営業時間が14時間以上へ、専門スーパーは250㎡以上と変更された。こうしたことから、統計データの連続性が犠牲になっている。

さらに、業態定義の問題も見受けられる。例えば、2002年より、新業態として、ドラッグストアとホームセンターが設けられたが、統計上での分類と実態とが一致していないケースがある。産業分類で医薬品小売業・医薬品に格付けされていない小売業はドラッグストアに分類されない。また、売場面積250㎡以上の100円ショップやカー用品店は、取扱商品でみるとホームセン

ターに分類されている。逆に業界最大手のコメリは，売場面積1,000㎡で，取扱商品をＤＩＹと園芸商品に特化して70％を超えているため，住関連スーパーになりホームセンターに分類されない恐れがある。

　第2に，類型学（タイポロジー）上の面から，業態分類基準の取り方によって，データが左右される問題がある。類型学のこうした性格面の問題から，どうしても国レベルでの商業統計では，実態の把握には限界が生じてしまう。そのため，むしろ民間の各種調査機関の調査の方が優れていることもあり，補完的に併用することも必要である。例えば，コンビニエンスストアの場合は，日本フランチャイズチェーン協会の「コンビニエンスストア調査」や日本経済新聞社の「コンビニエンスストア・ミニスーパー調査」の方が，精度は高くなる。

(5) 新たな業態概念

　1980年代頃から，「業態」という概念が多用され，「業種から業態へ」の掛け声が大きくなった。従来から，業態を流通サービス水準ないし小売ミックスとの関連で把握されてきたが，石原武政は，「売買集中の原理は商品取扱い技術の面からの制約を受ける。基本的には技術の類似性に対応して，階層的な業種分類が成立し，そのある階層で業種店が成立する。その意味で，業種店は一定の技術水準を反映する。この業種は，同時に商業者と消費者との間に共有されたコードとなる。しかし，商品取扱い技術は不断に変化する。そして，多くの新技術の芽が新しいコンセプトのもとに総合されるとき，ひとつの新しい業態が生まれる。新業態はしばしば既存の業種の壁を超えた商品を取り扱う。このとき，新業態が既存の業種から乖離する」と論じて，商品取扱い技術を中心とした小売経営技術の革新に求めている[12]。

　よって，業態概念には，商品の取り扱い技術や小売業の経営技術まで及ぶ故，取扱商品のひろがり，設定する商圏のひろがり，多店舗展開についての姿勢，生産機能とのかかわりという4つの側面から展開する必要性がある。換言すれば，新しいコンセプトと技術の総体が業態であり，それを具体的な小売業として体現するのが業態店であるといえる[13]。

Ⅲ 小売業態発展の主要な先行研究と問題点

1 主要な先行研究

　1980年代までの小売業態発展に関する主要な先行研究については，ブラウン（S.Brown）が試みたように，そのアプローチの違いによって，サイクル（循環）理論・環境理論・コンフリクト（衝突）理論に分類している[14]。ブラウンの分類に基づき，先行研究それぞれの理論の代表的仮説と問題点を挙げて批判していく[15]。

(1) サイクル（循環）理論
　業態変化は周期的に起こり，最初のパターンが繰り返されると説明する理論を総称して，「サイクル（循環）理論」と呼ばれている。この代表である小売の輪仮説から順に，仮説の特徴と問題点を挙げていく。

①小売の輪仮説
　サイクル理論の先駆者であるマクネア（M. P. McNair）は，図表2-2で図解しているように，「革新的小売業者は当初は，低い社会的地位（ステータス）や低サービス，低粗利益率により，低価格で市場に参入するが，やがてメジャーになるに従い格上げ（トレーディング・アップ）を行い，非価格訴求に戦略転換してしまい，そのことが新たなイノベーターの参入を招く」という「小売の輪仮説」を提唱した[16]。
　歴史的に小売業態の登場を日米で検証していくと，米国においては，デパートやチェーンストア，スーパーマーケット，ディスカウントストア，ホールセールクラブ，スーパーセンターなどの小売業態は，何らかの技術革新を武器に，低価格を強調して登場してきた。日本においても，スーパーマーケットやディスカウントストアは低価格で参入してきており，多くの事例がこの仮説で説明可能であるといえる。

■図表2-2　小売の輪仮説

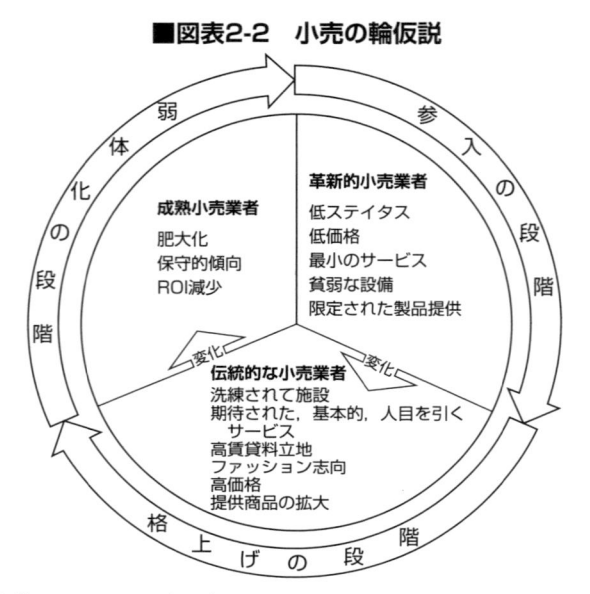

革新的小売業者
- 低ステイタス
- 低価格
- 最小のサービス
- 貧弱な設備
- 限定された製品提供

成熟小売業者
- 肥大化
- 保守的傾向
- ROI減少

伝統的な小売業者
- 洗練されて施設
- 期待された，基本的，人目を引くサービス
- 高賃貸料立地
- ファッション志向
- 高価格
- 提供商品の拡大

（弱体化の段階／参入の段階／格上げの段階／変化）

（出所）D. M. Lewison (1991) *Retailing*, 4th ed. Macmillan Publishing, p.73.

　しかし，小売の輪仮説では，ブティックやコンビニエンスストア，自動販売機など高価格型の小売業態の出現が考慮されていない（例えば，発展途上国ではスーパーマーケットが高価格で参入する事例もみられ，説明できないといえる）。また，低マージン・低価格を可能にする革新の源泉が明らかにされていないことや既存業態からの反応を無視・軽視していること，新規低価格業態の登場，格上げなどのプロセスについて，消費者の反応・愛顧が考慮されていないことなどが問題点である。

②真空地帯仮説

　ニールセン（O. Nielsen）は，図表2-3の図解のように，「消費者の選好分布曲線でみた場合，低価格・低サービスと高価格・高サービスの両端ゾーンに空白ができ，ここから革新者が参入する」という仮説を唱えた。すなわち，革新的な小売業態は，現在の小売業態がカバーしていない市場の真空部分に出現すると主張した。小売の輪仮説では，新規参入する革新者は，低価格・

第2章　小売業態展開とイノベーションの理論的研究

■図表2-3　真空地帯仮説

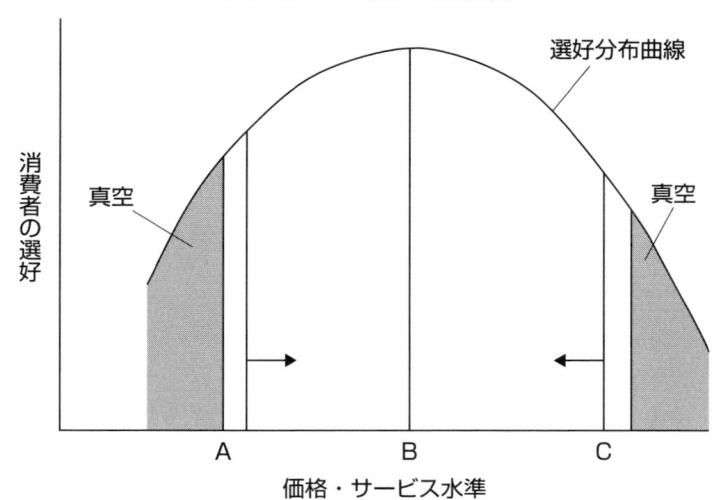

（縦軸）消費者の選好
（横軸）価格・サービス水準

選好分布曲線

真空　　　　　　　　　　　　　真空

A　　　　　B　　　　　C

（原資料）O. Nielsen（1966）"Developments in Retailing", in M.Kjaer―Hansen（ed.）*Reading in Danish Theory of Marketing*, North-Holland, p.113. figure 4 を修正。
（出所）青木均（2008）『小売業態の国際移転の研究』成文堂，19頁。

低サービスのゾーンだけであったが，真空地帯仮説では，高価格・高サービスのどちら側からでも登場することになり，小売の輪仮説で説明できなかった格下げ現象も説明できる[17]。また，選好分布曲線は消費者ニーズや可処分所得，商品およびサービスの価格などを反映しており，先進国では選好分布曲線の重心は右寄りであり，発展途上国では左寄りである。経済好景気の時は，右寄りであり，経済不況期には，左寄りである。

真空地帯仮説の問題点としては，小売サービス全体を消費者選好の対象としているため，消費者選好分布曲線が既知のものとされているが，実際には推定が困難である。

③小売アコーディオン仮説

ハウアー（R. M. Hower）は，アメリカの商業の発達の歴史的展開から，図表2-4のとおり，「ゼネラルストア（よろず屋）→専門店→百貨店→ブティック→ショッピングセンターというように，販売する商品ラインの総合化と

■図表2-4　小売アコーディオン仮説

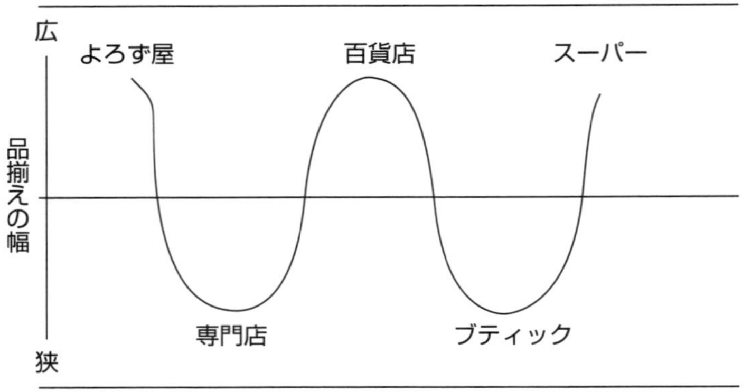

（出所）J. B. Mason, M.L.Mayer and J. B. Wilkinson（1993）*Modern Retailing : Theory and Practice*, 6th ed., Richard. Irwin, p.33.

専門化のサイクル現象が起きていること」に注目した。その後，ホーランダー（S. C. Hollander）がこれを理論仮説として精緻化させた。ホーランダーによれば，品揃えの拡大は，ワンストップ・ショッピングの便宜性の提供であるが，それは同時に専門性を訴求する小売商への事業機会を提供することになる[18]。

こうしたアコーディオン的な視角は，個々の業態が経時的に品揃えを広げたり狭めたりしていることにも，当てはめられる。しかし，品揃えの拡大・縮小が発生する理由の説明が不足しており，消費者の反応や愛顧も考慮されておらず，品揃えの幅の広狭だけで小売業の発展傾向を説明するには，あまりにも単純化し過ぎるといえる。

④小売３つの輪仮説

イズラエリ（D. Izraeli）は，上記の小売の輪仮説の不備を補うために，図表2-5のとおり，価格・サービスが高水準の新規参入者，既存小売業態の反応を取り入れた３つの輪をモデルに組み込んで，輪の仮説の一般化を試みた。イズラエリのモデルは，最初の状態として既存店の輪を中心に，低サービス低価格を特徴とする革新的業態の輪と，高サービス高価格を特徴とする

第2章　小売業態展開とイノベーションの理論的研究

■図表2-5　小売3つの輪仮説

①低水準の革新的業態Aと高水準の革新的業態Bの出現

②既存業態CとDの反応と革新的業態AとBの反作用

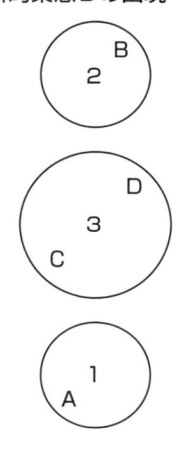

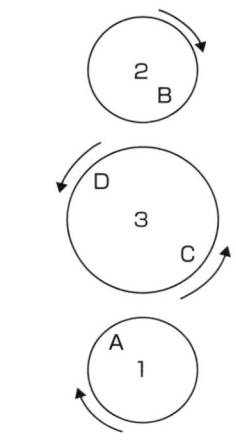

③既存業態の革新

④革新的業態EとFの参入によるサイクルの再出発

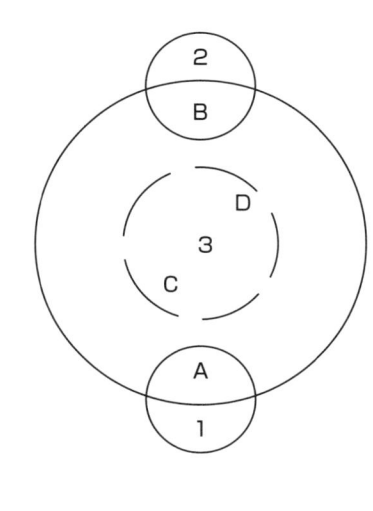

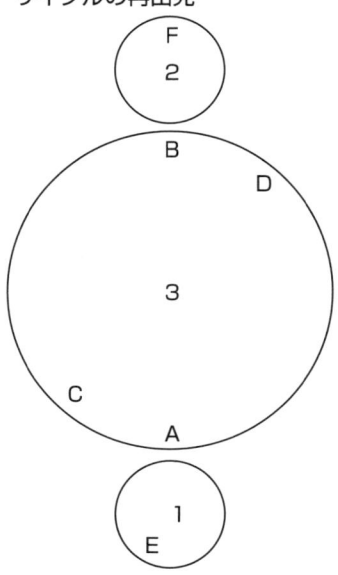

（出所）D. Izraeli（1963）"The Three Wheels of Retailing：A Theoretical Note", *European Journal of Marketing*, Vol.7, No.1, pp.71-72.

革新的業態の輪の3つの輪を想定する。そして,低サービス低価格および高サービス高価格の革新店の登場の段階,既存店との相互作用の段階,既存店の革新の段階,サイクルの再出発の段階での3つの輪の動きで説明している[19]。

3つの輪仮説は,低水準ばかりでなく,高水準の革新店を含んでいることや,格上げばかりでなく格下げも想定していることから,より一般化した仮説であるといえる。しかし,新規業態の登場,格上げ・格下げなどのプロセスについて,消費者の反応・愛顧が考慮されていないことや,格上げ・格下げの理由づけが十分でないといえる。

⑤小売業態ライフサイクル仮説

ダヴィッドソン(W. R. Davidson)は,プロダクト・ライフサイクル(Product Life Cycle)の概念を小売業態の展開プロセスに応用し,図表2-6のように,小売業態が登場してから衰退するまでの一連の発展プロセスを,初期成長期(導入期)→加速的成長期→成熟期→衰退期の過程を辿ることを説明した。初期成長期では,新しく登場してきた小売業態は,競争相手が存在せず,売上高は急速に伸びるが,マーケティング費用が多くなり,利益は

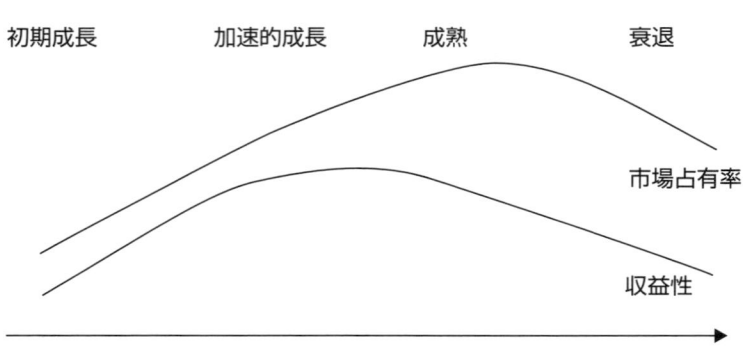

■図表2-6 小売業態ライフサイクル仮説

注:段階の持続期間(横軸)は状況によって可変的である。
　　4つの段階は,図示するために等間隔で表現してある。

(出所)Davidson, Bates and Bass(1976)"The Retail Life Cycle" *Harvard Business Review*, Vol.54, November-December, p.91.

少ない。加速的成長期では，新業態が消費者に受け入れられ，売上高と利益が急速に伸びる段階である。成熟期では，需要が横ばいとなり，競争が激化するため利益は減少傾向を続け，コスト削減が主要課題となる。このことが革新的な小売業態の登場の引き金となる。衰退期では，売上げが急速に減少し，市場からの撤退や他業態への転換が課題となる[20]。小売業態ライフサイクル仮説では，小売業態が発展し，ライフサイクルを辿っていく理由の説明が不足しており，消費者の反応や愛顧も考慮されていない点で問題が残っている。

(2) 環境理論

小売業態の変化を環境条件の変化（環境要因）で説明する理論を総称して，「環境理論」と呼ばれている。代表的な仮説を2つにまとめて，検討する。

①環境理論

ワディナンビアラッチ（G. H. Wadinambiaratchi）は，小売業態の変化を市場の経済的，人口統計的，社会的，文化的，法律的，技術的環境条件の変化で説明した。この説は，経済史的な長期的視野に立つもので，高度産業段階での業態の説明には不十分である。バックリン（L. P. Bucklin）は，特に経済的要因を重視して，経済発展と小売構造の関係を説明したが，単純な西欧的価値一元論に根ざしており，普遍性に欠ける点が問題である。

②適応行動理論

ドリースマン（A. C. R. Dressman）は，「生物と同様，種々の環境要因に最も効果的に適応できるモノが繁栄し，生き残る」とダーウィン（C. Darwin）の自然淘汰説に基づく適応行動理論で説明した。しかし，同じような環境条件や変化が与えられても，小売業態構造や変化の方向が同じになるとは限らない。環境理論全般の特徴として，環境への適応能力を業態の存続と成長に結びつけ，環境に対する受動的な側面が強調されて，業態の主体的な側面が軽視されている。環境は業態展開の可能性を作り出すだけで，それを

利用するかどうかは、小売業自体の問題である。よって、適応行動理論は、一般企業の環境対応を説明する理論として認められるが、革新的な小売機関の生成・発展のプロセスを直ちに説明するものではない。つまり、環境理論はその発展の法則性や小売企業戦略の説明の点で弱点がある。

(3) コンフリクト（衝突）理論

　小売業の変化を旧業態と新業態との衝突、ダイナミックな相互作用によって説明しようとする理論を総称して、「コンフリクト（衝突）理論」と呼ばれているが、代表的な仮説を2つ挙げて検討する。

①弁証法的発展論

　ジスト（R. R. Gist）は、図表2-7のように、「正（テーゼ）・反（アンチ・テーゼ）・合（ジン・テーゼ）という弁証法的進化論」で小売業態の発展過

■図表2-7　弁証法的発展論

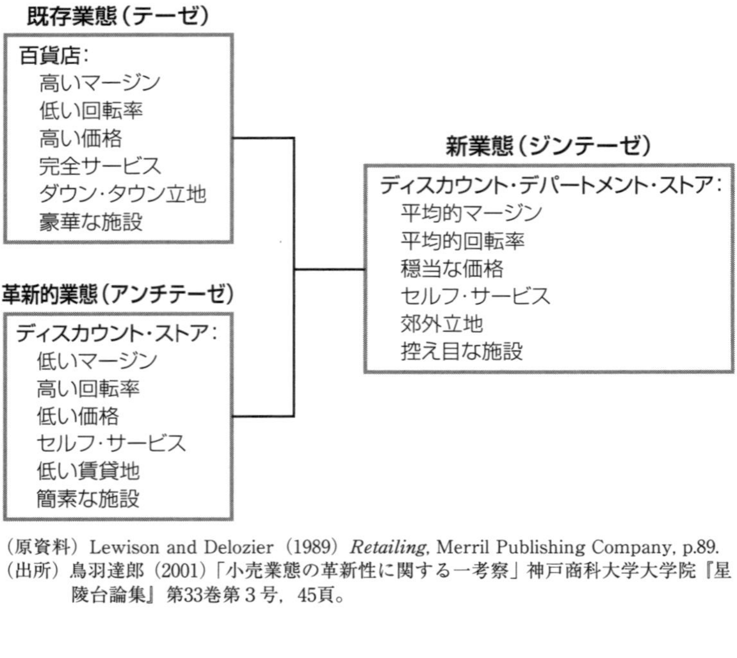

既存業態（テーゼ）
百貨店：
　高いマージン
　低い回転率
　高い価格
　完全サービス
　ダウン・タウン立地
　豪華な施設

革新的業態（アンチテーゼ）
ディスカウント・ストア：
　低いマージン
　高い回転率
　低い価格
　セルフ・サービス
　低い賃貸地
　簡素な施設

新業態（ジンテーゼ）
ディスカウント・デパートメント・ストア：
　平均的マージン
　平均的回転率
　穏当な価格
　セルフ・サービス
　郊外立地
　控え目な施設

（原資料）Lewison and Delozier（1989）*Retailing*, Merril Publishing Company, p.89.
（出所）鳥羽達郎（2001）「小売業態の革新性に関する一考察」神戸商科大学大学院『星陵台論集』第33巻第3号、45頁。

程を説明した。例えば，（正）バラエティストア――雑貨の安売り店，（反）ディスカウントハウス――家電やハードラインの商品の安売り店，（合）ディスカウントストア――ソフトライン商品も加えた総合的安売り店と弁証法的に進化過程を説明した[21]。しかし，弁証法的発展論には，テーゼとアンチ・テーゼの統合が起こる理由の説明が足りないことや，消費者の反応・愛顧が考慮されていないことが指摘される。

② 「衝撃―防衛的後退―認知―適応」モデル

スターンとエル・アンサリー（L. W. Stern and A. L. El-Ansary）は，組織論で開発されたモデルを，小売業態の発展の４つの局面に当てはめて説明した。すなわち，新業態の登場は既存小売業にとって「衝撃」の局面→挑戦者に対して中傷・妨害をする「防衛的後退」局面→相手が存続するのを認知し，前向きの反撃手段の必要性を感じる「認知」の局面→これまでの衝突を解決し，新たな均衡ができる「適応」の４つの局面で説明した[22]。このモデルは，競争関係のみで説明しようとしているために，その他の外部環境の影響を入れていない問題点がある。

(4) 統合理論

ブラウン（S. Brown）や田村正紀，関根孝らは，さらに上記の複数のアプローチを統合した理論を組み立てて，問題点の克服と小売業態発展の理論の精緻化を試みた。

①多次元対極原理――ブラウンは，業態革新の方向を，大型店⇔小型店，価格志向⇔サービス志向，狭い品揃え⇔広い品揃えなどのように，多次元対極モデルで説明した。田村正紀（2001）『流通原理』は，集積立地⇔孤立立地を追加して説明力を高めた。小売アコーディオン仮説や小売の輪仮説にも通じるものである[23]。

②関根孝（2000）『小売競争の視点』は，「業態ライフサイクル論」を再評価し，社会学者マートン（R. K. Merton）の「中範囲の理論」（社会現象の局限された側面を扱う）を応用して，小売競争の理論と業態発展の理

論の結合を図り，小売業態発展の理論の精緻化と実証研究に努めた[24]。

② 主要な先行研究の基本的な問題点

　主要な先行研究に関して，上記に掲げた個別的な批判や問題点だけではなく，基本的な共通した問題点も指摘したい。

　小売業態の展開については，サイクル理論や環境理論，コンフリクト理論，統合理論など様々な仮説が提起されてきたが，すべての仮説に共通した問題点がある。第1に，どの仮説も小売業態の生起・発展を説明しようとしているにもかかわらず，戦略タイプとしての小売業態と，企業である小売業者，事業所である小売店舗とを混同させている。第2に，小売業態に関する知識の国際的な移転が考慮されていないので，仮説として不十分である。第3に，業態認識が不明瞭であり，展開の因果関係についての検討が欠如している。

　こうした点は，先行の業態展開理論研究が，業態と環境の問題，および，その生起・発展の問題を主題とするマクロ理論の視点からの展開パターン分析に焦点設定されてきたためであり，これからは個別小売企業の経営戦略・戦術を課題とするミクロ理論の視点からの分析が必要といえる。今後の研究の方向性としては，後述するように，特にイノベーションの視点からの研究が重要になってくるものと考えている。

Ⅳ　先行研究の限界と小売イノベーション研究

① 先行研究の限界とイノベーション視点研究の必要性

　こうした小売業態展開を解析するうえで，既存の仮説では限界があるとして，近年，イノベーション（革新）の観点から小売業態の成長を説明する，いわゆる小売イノベーション論が注目されている。具体的には小売企業や小売業態にどのようなイノベーションがあったのか，また，そのイノベーションが小売の成長にどのような役割を果たしたのかを説明する理論である。伝統的に幾つかの社会科学分野で研究されてきたイノベーション研究の数々の

成果を，小売業態展開論への応用研究によって，説明力を高める発想である。

イノベーション研究は，経済学分野で先行した。経済学でイノベーションの概念の創始者である経済学者シュンペーター（J. A. Schumpeter）は，資本主義経済発展の原動力として「創造的破壊の絶えざる烈風」を挙げた。彼は，「イノベーションとは既存の体系とは根本的に異なる均衡点を作り出すことであり，新しい財貨の生産，新しい生産方法の導入，新しい販路の開拓，原料あるいは半製品の新しい供給源の獲得，新しい組織の実現という形をとり，企業のいろいろな経営資源の結合を変更すること，すなわち，新結合によってもたらされる。換言すれば，資金や立地，設備，人的資源，技術，スキル，ブランドなど有形・無形の経営資源有効活用能力が，イノベーション創出や企業成長のカギを握っている。」として，イノベーションの重要性を唱えた[25]。日本では技術革新と訳されることがあるが，本来，シュンペーターのいうイノベーションは技術の分野に留まらず，経済活動において旧方式から飛躍して新方式を導入する「新陳代謝のプロセス」を意味している。

また，経営学者ではドラッカー（P. F. Drucker）が，イノベーションを「より良くて，より経済的な商品ないしはサービスを提供すること」として定義し，製品（プロダクト）や工程（プロセス）だけではなくサービスのイノベーションも捉えている。ドラッカーによると，事業の目的を「顧客の創造」として捉え，そのためにはマーケティングと絶えざるイノベーションが必要である。それゆえに，企業経営において，体系的廃棄としてイノベーションは不可欠なものであると主張している[26]。

さらに，近年，経営学ではイノベーションの本質論議も盛んになっている。野中郁次郎・竹内弘高の「知識創造理論」の研究では，イノベーションの本質は，知識創造であるとの見解が主流となっている。野中は，「全ての事象を知識創造という観点から見直すことによって，イノベーションを天賦の才能に恵まれた個人の再現不可能な行為，あるいは偶然の積み重ねによって出現した一種の奇跡と把握することから決別し，複雑な関係性の網の目の中で営まれる，人間の相互作用的行為のプロセスとして認識し直すことができるようになる」と述べている。イノベーションは知識創造によって創出される

と認識することによって，あらゆる組織で体現可能な行為へと昇華できる。よって，イノベーションを「知識創造によって達成される技術革新や経営革新により，新しい価値を創出する行為」と認識している[27]。

これらの社会科学でのイノベーション研究の成果や発想を，小売業態展開論に応用する必要性を認識している。

② 小売イノベーションの概念と主要なモデル

(1) 小売イノベーションの概念

石井淳蔵によれば，イノベーションを取引制度とコミュニケーションの2つの側面で把握している。前者の取引制度のイノベーションとは，例えば，商取引における商人の登場や貨幣の出現，市の形成，メーカーが商人を介さずに自らの手で行うマーケティングを誕生させたこと，チェーン化や大規模化という経営技術革新，スーパーマーケットやコンビニエンスストアなどの新業態開発，小売業の産業化のためのイノベーションもこれに含まれる。後者のコミュニケーションのイノベーションとは，例えば，顧客対応（顧客満足概念の登場）やワン・トゥ・ワン・マーケティング，店頭マーケティング，ブランドや広告，市場調査技法などが該当する。こうした2つの面でのイノベーションの底流には，一方向関係の限界と対話的・相互的関係の評価という大きい流れがみえる[28]。

一方，小川進（2000）『イノベーションの発生論理』（千倉書房）は，情報の粘着性という新しい概念で，イノベーション関連で粘着性の高い情報があるところでイノベーションが発生し，情報のタイプとその分析がイノベーションの場所に影響を与えるとし，コンビニエンスストアを対象に，その急成長を説明している[29]。

(2) 小売イノベーション・モデル
①矢作敏行のモデル

さらに近年，小売イノベーション・モデルで最も注目されている研究が，

矢作敏行の研究である。矢作のモデルでは，図表2-8のように，機能と組織の２次元から小売経営革新行動を抽出している。すなわち，機能面では，顧客との対応関係で決まる小売業務システム（小売業態戦略と小売業態を運営・管理するマネジメント）と，商品・調達供給システムで構成され，組織面では，小売業務遂行主体としての単一組織問題と，商品調達・供給機能を担う取引関係（メーカーや卸売業者等）を扱う組織間関係で構成されている。これらは，次のように整理することができる[30]。

　第１に，顧客関係の面では，顧客との対応関係で決まる小売業務システムであり，その生み出す便益は通常，品揃え，ロット・サイズ，立地，時間といった小売サービス基準として測定される。小売サービス水準が高く，顧客の負担する費用水準が低いほど顧客価値は高くなるゆえ，小売イノベーションは顧客価値を創造する新機軸といえる。第２に，組織間関係の面では，メーカーや卸売業者などとの取引関係である。第３に，組織内関係の面では，

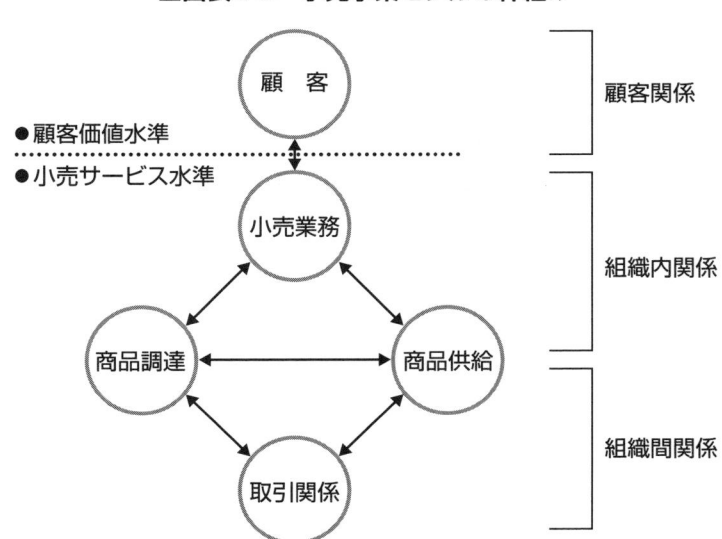

■図表2-8　小売事業モデルの枠組み

(出所) 矢作敏行 (2007)『小売国際化プロセス──理論とケースで考える──』有斐閣,34頁。

単一組織内での小売業務と商品調達，供給（物流）である。このように，矢作敏行は，小売システムのイノベーションを，小売業務の革新（流通サービス），商品供給システムの革新（商品開発と商品供給），組織構造の革新（組織内および組織間システム）の3つの次元の革新と捉えている。

② 中西正雄（1996）の新「小売の輪」仮説（イノベーションを業態変化の原動力）

中西正雄は「小売の輪」仮説の欠陥を示し，技術フロンティア（物流・情報技術および管理技術の水準に応じて，小売価格と小売サービス水準の組み合わせが達成し得る限度をプロットした線）という概念を導入することによって，真空地帯理論をも修正しようとした。この技術フロンティアを突き抜けるような技術革新（イノベーション）の必要性を主張した。このイノベーションには，「消費者の選好に直接影響する革新」と「流通費用の削減に貢献する革新」があり，両者が結びついて初めて技術フロンティアがシフトし，新業態が多くの顧客集めに成功する。以上の議論をもとに，新「小売の輪」仮説を提唱した[31]。

具体的には，以下のように，4つの段階で構成される。

　（第1段階）イノベーションによって技術のフロンティアが突破される。そのイノベーターは業態間競争で優位に立つ。

→（第2段階）他企業が模倣によって参入してくる。業態内競争が起こり，新たな技術フロンティアが形成される。

→（第3段階）新旧フロンティア間の不連続が解消され，業態間競争（企業間競争）が再燃する。

→（第4段階）新旧業態間の費用構造の差が消滅し，小売業全体の利益率の低下と平準化が生じ，新たなイノベーションの動機づけとなる。

→再び第1段階へ戻り，同じステップを繰り返す。

③中野安（1997）の小売企業の成長類型化（イノベーションのタイプを重視）

　小売企業の成長の類型を，成長規定要因という観点から，一段式ロケット型（画期的な新業態の開発・模倣によって急成長），ハイブリット型ないし多段式ロケット型（マイナーなイノベーションを次々と採用することによって成長），M＆A型（買収合併）の3つに分類した。したがって，イノベーションには大別してブレイクスルー型とインクレンタル型があり，その相違が成長のパターンを決定すると主張した[32]。

④尾崎久仁博（1998）の小売イノベーション論

　尾崎久仁博は矢作の所説の要点を，「イノベーションは店頭に端を発し，小売業務，商品供給，組織で連鎖的に起こるシステム革新である」と整理したうえで，部門間関係を「管理システム」に，組織間関係を「チャネル関係」に名称変更し，コンビニエンスストアや百貨店，チェーンストアにおけるイノベーションを説明している。そして，小売システム発展のロジックを解明するために，発展の原動力となる小売イノベーションの誘発と抑制のメカニズムと，それへの影響要因について検討している[33]。

（3）業態ライフサイクルと小売イノベーション論の私案の提示

　筆者はこれまでに，米国小売企業の適応行動実態調査研究として，トイザらスやシアーズ，さらに本研究に直接関連したディスカウントストア業界のウォルマートでの業態開発やリニューアル，再生，業態転換への取り組みを分析してきた[34]。

　拙著（2007）『日米流通業のマーケティング革新』（同文舘出版）の「第7章　米国での小売業態革新の研究」で，米国ディスカウント型小売業態の変遷を論じたように，多様な源流をもつディスカウントハウスから生起し，新たな業態として開発されたディスカウントストアであるが，「低価格セルフ販売」という共通特性はあるもののそのルーツによって多様であり，旧タイプと新タイプ，業態ライフサイクルでも様々な展開をみせている。業態内革

新が絶えず引き起こされており，単なる環境理論やサイクル理論，コンフリクト理論だけでは，今日（特に90年代以降）の展開を適切に説明することが不可能であるといえる。

拙著（2007）の「第8章　米国ウォルマート社の小売業態の展開」で取り上げたように，ウォルマートは，単なる低価格セルフ販売ではない。エブリディ・ロープライス（ＥＤＬＰ：常時低価格）政策や物流システム技術，情報通信システム技術，サプライチェーン・マネジメント，ベンダーとのマーチャンダイジング技術，メーカーとの協働（ＣＰＦＲ）への取り組み，プラ

■図表2-9　小売の技術ミックス（修正版）

項　目			小売の技術のメニューの例示
顧客に対する技術	BtoC		
		品揃え	総合化，専門化，コモディティ，ブランド品など
		ディスプレイ	部門化，カタログ，倉庫型・大型・小型・多層・平屋の店舗形態
		売価	定価，ディスカウント，エブリディロープライスなど
		立地	都心，郊外，農村，ＳＣ内，単独出店，駐車場，ＩＴ仮想空間など
		販売促進	マス広告，販売員，パブリシティ，プレミアム，ネット広告など
		販売方法	対面販売，セルフサービス，無店舗販売など
		サービス	接客，娯楽，相談，商品知識，配達，苦情，お買い得情報など
		アフターサービス	品質保証，返品，修理，メインテナンス，リサイクルなど
		決済方法	現金，小切手，クレジットカード，自社カード，プリペイドカードなど
店舗や取引関係の技術	組織内関係		
		販売管理	人件費，地代，在庫，販売管理費など特にコスト管理
		財務管理	資産の調達・運用，債権・債務など
		人的資源管理	人材育成，社内研修，教育訓練，マネージャー登用，動機づけなど
		システム管理	フランチャイズ・システム，チェーン・オペレーションなど
		情報管理	ＰＯＳ，ＩＴ，インターネット，人工衛星通信など
	BtoB		
		商品開発	新商品開発，商品改良，ブランド開発，海外工場での生産など
		調達方法	一括仕入れ，当用仕入れ，集中仕入れなど
		組織間関係	製販同盟，業務提携，パートナーシップ，水平統合，垂直統合など
		流通チャネル	生産者，卸売，仲介者，代理商などの利用
		ロジスティクス	自社物流，ＳＣＭ，物流業者，共同物流，多頻度小口配送など
		支援サービス	金融，保険，証券，広告，情報，不動産などの利用
		情報サービス	ＩＴ，インターネット関連，eマーケットプレイス，ＶＡＮ，ＥＤＩなど

（出所）筆者作成。

イベートブランド商品開発など，様々な小売技術のイノベーション経営の賜物であり，その成果として，ウォルマートはさらに強力な業態としてスーパーセンター業態を開発し，海外での店舗展開と国際経営を推進している。

　こうした実態分析の結果から，小売企業の市場適応や業態開発行動において，技術の重要性を改めて強調したい。田村正紀（2001）『流通原理』も業態変動の節で，小売ミックスの各領域とそれを背後で支える管理様式が重要な影響を与える旨を説明しているように，従来の小売ミックスやマクロ視点からのみの小売業態論では，説明が不十分の誹りは免れなく，その背後の店舗運営や取引間関係などの諸技術をも包括した「広義の小売経営技術の革新」という観点から考察する必要があるといえる(35)。そこで，図表2-9の「小売の技術ミックス」（修正版）という概念を提示する。

　ここでは，売り方を規定する「顧客に対する技術」と売り方の可能性を規定する「店舗や取引関係の技術」に分けて，広義の小売経営技術の組合せを整理している(36)。当然のことながら，顧客や組織内，組織間の両方にまたがる技術もあるが，ここでは小売企業にとって，より重視される方に分類して，作表している。

　「顧客に対する技術」は，「B to C」とも呼ばれる対顧客取引であって，具体的には，品揃えやディスプレイ，売価設定，立地選定，販売促進，販売方法，サービスなど，いわゆる小売のマーケティング・ミックスである。小売店舗は，主としてこのプレゼンス（表現）方法の特徴によって，消費者側から特定の小売業態として識別されてきた。

　これに対して，「店舗や取引関係の技術」は，小売店舗の運営やバックヤードなど経営管理的で後方（背後）支援の技術という性格を有し，消費者に対して表現されないため，直接的には消費者に認識されない。それゆえ，消費者側から特定の小売業態として識別されることは少ないが，小売店舗や企業経営上，競争力の源泉ともなるため，このビジネスモデル構築は重要な技術である。この「店舗や取引関係の技術」は，さらに「B to B」とも呼ばれる対組織間取引（商品調達やロジスティクス，情報サービスなどチャネル間関係）と組織内取引（販売管理や財務管理，人事管理，システム・組織管

理，情報管理などの内部管理）に分類される。実務的には，各項目レベルでの技術メニューから，小売企業は自社にとって最適な技術の組み合わせを行い，絶えずイノベーションを伴いながら，小売業態開発やビジネスモデルを構築し，柔軟に市場適応行動をとっている。これら総合的な小売経営技術でのイノベーションが，小売業態の生起・発展の原動力であるという考えである。

　また，これらの小売の技術ミックスは，価値を生み出し，提供する源泉でもある。「顧客に対する技術」は，顧客への魅力である顧客価値を提供する。例えば，新鮮で豊富な良い品物が選べる品揃え，洗練されたディスプレイ，いつでも安い売価，近くで行きやすい立地，よくわかる販売促進，買いやすい販売方法，親切で楽しいサービス，安心できるアフターサービス，便利な決済方法などにより，顧客満足向上させる仕組みとなる。「店舗や取引関係の技術」は，社会的価値も含む企業価値の源泉である。例えば，適切なビジネスモデルの構築により，流通の収益性や生産性，効率性，迅速性，取引の公正性，環境保全性など多様な価値の向上を実現させる仕組みともなる。

　これまでの研究成果から，広義のディスカウントストアの進化は，それぞ

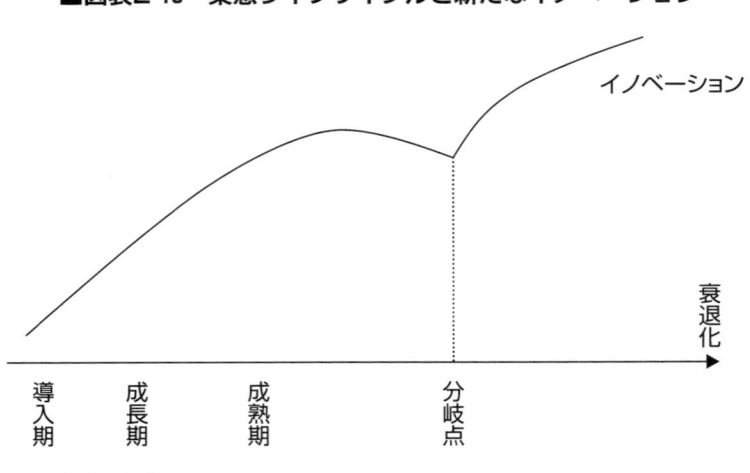

■図表2-10　業態ライフサイクルと新たなイノベーション

（導入期／成長期／成熟期／分岐点／イノベーション／衰退化）

（出所）筆者作成。

れの業態ライフサイクルに応じた小売技術（顧客に対する技術や店舗・組織の管理，取引関係などの様々なレベルでの技術の最適な組合せを図ること）のイノベーションによって，より適切に説明が可能であると考えられる。さらに一般的にいえば，基本的には小売業態論のなかで有用な概念とされる業態ライフサイクル論と，ここで提起した小売イノベーションの概念を結合させた概念により，小売業態展開の説明力が高まるものと考えられ，図表2-10で概念モデルを示している。

　現在，ほとんどの小売業態はライフサイクルが短縮化し，成熟化しており，何らかの小売技術を駆使したイノベーションを導入しなければ，早晩，衰退化の危機に直面している。

　現にデパート（百貨店）やＧＭＳ，バラエティストア，カタログ通販など一世を風靡した業態も，米国では業態の衰退や解体現象があったことは，歴史的事実である。日本でも類似の現象がみられ，デパートや総合スーパーの経営統合，再編の渦中にある。コンビニエンスストアでさえも飽和状態になっており，ローソン，ファミリーマートなど各社とも脱セブンイレブンを掲げ，マーケティングとイノベーション力を投入して，特色のあるビジネスモデル構築にしのぎを削っている。このように厳しい競争環境のなか，永続的に市場で生存できる小売業態はあり得ない状況であり，絶えざる経営革新能力が試される時代である。

　こうした小売業態展開の検証から，次のように整理できる。新規にイノベーションを生み出して市場に導入された小売技術ミックスのプレゼンス（表現）モデルは，市場で受容され成長していくに従い，追随する競争企業と収斂されて，消費者側に識別される特定の業態を形成するようになる。しかし，やがて市場で飽和状態になり，成熟段階を迎え，停滞や衰退の危機を迎える。ここで持続的成長を図るために，画一的な業態から脱して，各社が固有のマーケティングやイノベーション力を駆使して，独自のビジネスモデルを構築して延命と新たな飛躍を模索する。絶えざるイノベーション力により，企業としての競争力あるビジネスモデル構築が生存のカギとなると考えられる。

Ⅴ おわりに

　本章では，小売業態展開の理論について，主要な先行研究の仮説と問題点を検討した。最初に，業種や業態の捉え方自体に曖昧性・多義性があり，全世界的にも統一化・標準化されていない問題があること，タイプによる業態にしても日本と米国では異なること，フォーマットによる業態においても戦略・政策または革新を重視する説と消費者ニーズへの対応する説など幾つかに分かれ，概念の合意がされているとはいえない状況にあることを批判した。さらに業態の位置づけにしても，広義に上位概念の小売形態と捉えるか，狭義に下位概念の営業形態と捉えるかに分かれていることから，業態の捉え方自体や定義の問題，分類基準の取り方など類型学上の問題も指摘した。

　また，小売業態発展の主要先行研究を，サイクル（循環）理論と環境理論，コンフリクト（衝突）理論に分類し，それぞれの理論の代表的仮説をレビューしたうえで，それぞれの仮説の個別の問題点，共通した基本的問題点を指摘した。そして，小売ミックス・アプローチの先行研究の限界とイノベーション視点の研究の必要性を主張したうえで，近年の小売業態についてのイノベーション研究の動向を踏まえ，業態ライフサイクル論と小売イノベーション論の結合した試案を提示した。

　今後は，米国の価格訴求型業態の展開だけではなく，実証研究を蓄積したうえで，業態全般や各国での業態発展を説明しうるような理論の構築を研究課題としたい。

注
（1）　大橋正彦（1995）『小売業のマーケティング』中央経済社，6-16頁を参照。
（2）　P. Kotler（1999）"*Marketing Management*" Prentice-Hall the Millennium ed., p.520.
（3）　M. Levy and B. A. Weitz（2009）"*Retailing Management*" McGraw Hill 7th ed., p.34.
（4）　経済産業省（2007）『商業統計』の「別表　業態分類表」を参照。
（5）　大橋正彦（1995）『小売業のマーケティング』中央経済社，10-13頁を参照。

（6） 鈴木安昭（1978）「小売形態の多様化」季刊『消費と流通』第2巻第1号，61-66頁。
（7） 矢作敏行（1981）『現代小売商業の革新』日本経済新聞社，83頁。
（8） 鈴木孝（1982）「小売業における業態概念」宇野マーケティング研究会編『現代マーケティング試論』実教出版社，136頁。
（9） 中田信哉（1984）「卸売業態論の展開」『神奈川大学商経論集』第19巻第13号，212頁。
（10） 向山雅夫（1985）「小売商業形態展開論の分析枠組（Ⅰ）――諸仮説の展望――」『武蔵大学論集』第33巻第2・3号合合併号，127頁，および向山雅夫（1986）「小売商業形態展開論の分析枠組（Ⅱ）――分析次元とその問題点――」『武蔵大学論集』第33巻第4号，19頁。
（11） 業態の位置づけに関しては，三家英治（1987）「小売形態と業種」『京都学園大学論集』第16巻第1号，1-17頁と，鈴木安昭（1967）「小売業構造における形態について」『青山経営論集』第2巻第2号，13-37頁と，鈴木安昭（1978）「小売形態の多様化」『季刊消費と流通』第2巻第1号，61-66頁を参照。
（12） 石原武政（1999）「小売業における業種と業態」日本商業学会『流通研究』第2巻第2号，1-14頁。
（13） 石原武政（2000）「第7章 小売業における業態革新」『商業組織の内部編成』千倉書房，183-214頁を参照。
（14） S. Brown（2003）"Institutional Change in Retailing: a Review and Synthesis" *European Journal of Marketing*, Vol.21, No.6. 1987, pp.5-36ならびに渦原実男（2003）「小売業態展開の理論的考察」日本流通学会『流通』第16号，87-93頁を参照。
（15） 渦原実男「小売業態展開の理論的考察」で参照した論文は，以下のとおりである。
　・白石善章（1977）「小売商業形態展開の理論――『小売の輪』論と『真空地帯』論――」『季刊消費と流通』第1巻第1号，88-93頁。
　・関根孝（1985）「小売営業形態展開の理論的考察」『東京都立商科短期大学研究論叢』第31号，15-47頁。
　・向山雅夫（1985）「小売商業形態展開論の分析枠組（Ⅰ）――諸仮説の展望――」『武蔵大学論集』第33巻第2・3号合合併号，127-144頁，および向山雅夫（1986）「小売商業形態展開論の分析枠組（Ⅱ）――分析次元とその問題点――」『武蔵大学論集』第33巻第4号，17-45頁。
　・兼村栄哲（1993）「小売業態の生起・発展に関する理論仮説の再検討――小売業態の類型化を前提として――」早稲田大学『商学研究科紀要』第36号，141-191頁。
　・小川進（1993）「小売商業形態変化研究の現状と課題」『経営・研究年報』第39号，神戸大学経営学部，219-245頁。

第 1 部　理論編

　　・笹川洋平（1994）「小売商業形態展開研究の再検討――一つの文献研究――」『福岡大学商学論集』第38巻第 4 号，479-499頁。
　　・坂川裕司（1997）「小売機関開発展論の体系的研究枠組み――文献展望を通じて」神戸大学大学院経営研究会『六甲台論集』第43巻第 3 号，37-57頁。
　　・近藤公彦（1998）「小売商業形態論の課題――業態変動のミクロ基礎――」日本商業学会『流通研究』第 1 巻第 2 号，44-56頁。
　　・青木均（1999）「小売業」兼村・青木・林・鈴木・小宮路『現代流通論』八千代出版，85-113頁。
　　・坂本秀夫（2001）『現代流通の解読』同友館，107-138頁。
　　・竹内慶司（2001）『商店経営学の分析枠組』同友館。
　　・鳥羽達郎（2001）「小売業態の革新性に関する一考察」神戸商科大学大学院『星陵台論集』第33巻第 3 号，35-57頁。

(16)　M. P. McNair（1958）"Significant Trends and Developments in the Postwar Period" in A. B. Smith (ed.) *Competitive Distribution in a Free High-Level Economy and its Implications for the University*, p.17.およびM. P. マクネア・E. C. メイ著，清水猛訳（1982）『小売の輪は回る』有斐閣を参照。
(17)　O. Nielsen（1966）"Developments in Retailing" in M. Kjaer-Hansen (ed.), *Reading in Danish Theory of Marketing*, pp.101-15.
(18)　S. C. ホーランダー著，嶋口充輝訳（1979）「小売の輪仮説について」『季刊消費と流通』第 3 巻第 1 号，99-104頁。
(19)　D. Izraeli（1973）"The Three Wheel of Retailing," *European Journal of Marketing*, Vol.7, No.1, pp.70-74.
(20)　W. R. Davidson, A. D. Bates and S. J. Bass（1976）"The Retail Life Cycle", *Harvard Business Review*, Vol.54, November-December, pp.89-96.
(21)　R. R. Gist（1968）"*Retailing : Concepts and Decisions*" John Wiley & Sons, pp.106-109.
(22)　L. W. Stern and A. I El-Ansary（1977）"*Merketing Channels*", Prentice-Hall, pp.26-48.
(23)　S. Brown（1987）"Institutional Change in Retailing: a Review and Synthesis" *European Journal of Marketing*, Vol.21, No.6, p.15.と田村正紀（2001）『流通原理』千倉書房，229頁の多極化原理を参照。
(24)　関根孝（2000）『小売競争の視点』同文舘出版，51-59頁。
(25)　J. A. シュンペーター著，塩野谷祐一・中山伊知郎・東畑精一訳（1977）『経済発展の理論』（上）岩波書店，180頁。
(26)　P. F. ドラッカー著，現代経営研究会訳（1987）『現代の経営（上）』ダイヤモンド社，43-65頁を参照。
(27)　野中郁次郎・竹内弘高（1996）『知識創造企業』東洋経済新報社および野中郁次郎・勝見明（2004）『イノベーションの本質』日経ＢＰ社を参照。

(28) 石井淳蔵（1997）「マーケティングにおけるイノベーション研究の課題と展望」『ビジネス・レビュー』第45巻第1号，70-77頁を参照。
(29) 小川進（2000）『イノベーションの発生論理』千倉書房を参照。
(30) 矢作敏行（2000）『欧州の小売りイノベーション』白桃書房，12-17頁と矢作敏行（1994）『コンビニエンス・ストア・システムの革新性』日本経済新聞社，13-36頁を参照。
(31) 中西正雄（1996）「小売の輪は本当に回るのか」関西学院大学『商学論究』第43巻第2・3・4合併号，21-41頁を参照。
(32) 中野安（1997）「巨大小売業の発展と流通革新：日米比較」近藤文男・中野安『日米の流通イノベーション』中央経済社，1-23頁を参照。
(33) 尾崎久仁博（1998）「小売システムの発展に関する分析枠組み――イノベーションと影響要因を中心に」大阪市立大学経済研究所『季刊経済研究』第21巻第3号，3-21頁を参照。
(34) 渦原実男（1999）「米国でのマーケティング環境の変化と小売業の対応――小売環境の現状分析とトイザラスを中心に――」『西南学院大学商学論集』第46巻第2号ならびに渦原実男（2007）『日米流通業のマーケティング革新』同文舘出版を参照。
(35) 田村正紀（2001）『流通原理』千倉書房を参照。
(36) 渦原実男（2001）「米国におけるＧＭＳ小売業態の衰退化と新たな取り組み――シアーズ（Sears）社での小売技術開発の試みを中心に――」西南学院大学『商学論集』第47巻第3号，および渦原実男（2002）「米国ウォルマート社の小売業態開発の展開」『西南学院大学商学論集』第48巻第3・4合併号を参照。

第2部

実践編

第3章 小売マーケティングと流通イノベーション
―ユニクロのＳＰＡビジネスモデルの事例―

Ⅰ はじめに

　わが国の流通革新をリードしてきた総合スーパーや百貨店が押し並べて衰退化現象が顕著であるのに対して，ユニクロやニトリなどＳＰＡと呼ばれる製造小売業が急速に成長している。低価格で品質，ファッション性を兼ね備えたビジネスモデルは俗にユニクロ方式とも呼ばれ，関心が高まっている。

　そこで本章ではユニクロの事例を中心に，先行研究をレビューし製造小売業（ＳＰＡ）のビジネスモデルを明らかにしたうえで，2010年10月に行われた決算説明会や東レとの「ヒートテック」共同記者会見を踏まえて，新たな発想でグローバル・パートナーシップ経営論を提起し，今後の課題を論じていきたい[1]。

Ⅱ ユニクロの先行研究と製造小売業のビジネスモデル

(1) ユニクロの先行研究のレビュー

　ユニクロに関しては，2000年～2001年のフリースブームでの成長を基礎にして，多くの先行研究が存在する[2]。これらの先行研究を集約すると，ユニクロの成功要因は，①単品の強み（フリースに代表されるように，ベーシックカジュアルの単品を中心に扱っており，生産ラインの共通化も多く，生産に無駄が出ない），②店舗のフォーマット化（ユニクロの店舗は郊外型の売場面積500㎡と，ほぼフォーマット化されており，同じ看板，什機，内装な

ど建設コストの低下に繋がる），③大幅な値下げ（シーズン中から大胆な値下げで需要を喚起する。期間限定でフリース1,900円を900円など大胆な値下げを戦略的に行っている），④売り切る力（商品を売り切る力は圧倒的に強い。企画から広告宣伝，生産，販売の現場に至るまで，従業員のモチベーションが高い）と整理される。こうした先行研究の成果は，現在でも基本的に妥当性を有しているのであるが，ユニクロはさらに飛躍しており，ここ数年のユニクロのビジネスモデルの進化を適正に表現していないのではないかというのが，本章の研究目的である。

② 製造小売業のビジネスモデル

そこで，ユニクロの基盤となる成功要因である製造小売業（ＳＰＡ）から検討する。ＳＰＡとは，米国のファッション専門店ＧＡＰのフィッシャー（D. Fisher）会長が1986年に発表した「Speciality store retailer of Private label Apparel」の頭文字を組み合わせた略称からの造語で，日本では「製造小売業」と呼ばれている。フィッシャー会長は，ＳＰＡの条件として，①創造性とデザイン性に富む商品を開発し，②それらを自らのリスクで生産し，③価格設定権をもち，④店頭ではコーディネートされた演出と，⑤知識ある販売員の第一級のサービスで提供すること，と述べている[3]。自主企画ブランドを中心に展開するアパレル製造直売専門店のチェーンを指している。90年代に入って，その概念も広くなっており，現在では，図表3-1のように，素材調達，企画，開発，製造，物流，販売，在庫管理，店舗企画などすべての工程を1つの流れとして捉え，これらの機能を垂直統合し，サプライチェーン全体のコストの極小化とハイクオリティを実現するビジネスモデルを意味している。

ＧＡＰのほか，スペインのインディテックス（Inditex）社のザラ（ＺＡＲＡ），スウェーデンのヘネス・アンド・モーリッツ（Hennes & Mauritz）社のＨ＆Ｍなど1兆円を超える売上高のアパレル企業は，製造部門と小売部門とを垂直統合したＳＰＡモデルを戦略的に採用している。ザラやＨ＆Ｍは市場需要に素早くレスポンスできるアパレル製造の仕組みを構築しており，

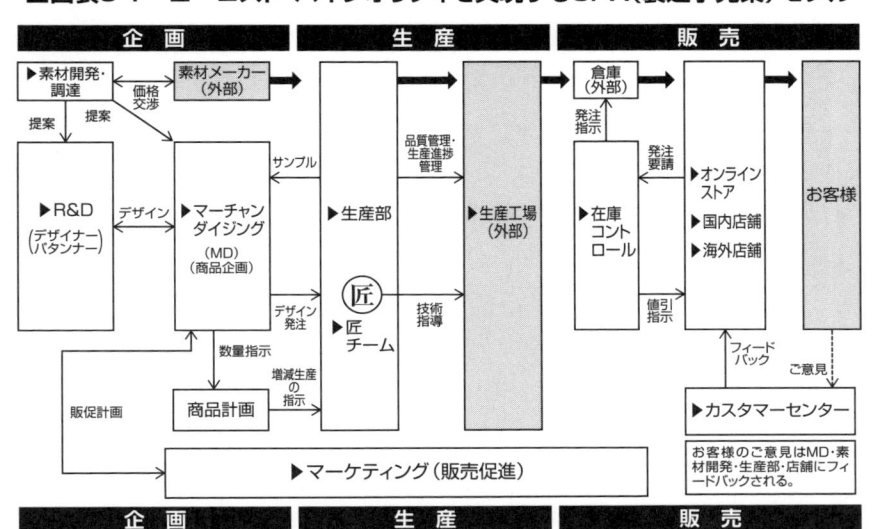

第3章　小売マーケティングと流通イノベーション

■図表3-1　ローコスト・ハイクオリティを実現するSPA（製造小売業）モデル

(出所) 株式会社ファーストリテイリング（ユニクロ）のWebサイト（ユニクロのビジネスモデル，2011年12月7日現在）。

　ベーシック中心のＧＡＰやユニクロを第一世代の「ファストファッション」と呼ぶのに対して，第二世代の「ファストファッション」と呼ばれている[4]。ＳＰＡのポイントは，企画から最後の消費者の手に渡るまで，自分たちで管理する。ファッションブランドのＳＰＡは，①流行を予測し，②シーズンの新商品を企画する，③原糸を調達，④テキスタイル（調達した原糸の織り方や染め方，色や柄などをデザインする作業のこと），⑤縫製，⑥アパレル（製品の卸や販売政策，物流まで限定された工程のこと），⑦小売販売，という作業のすべてに関与するものである。

　わが国のＳＰＡの代表的なアパレル企業は，オンワード樫山，ワールド，レナウン，三陽商会などいわゆる製造卸の形態をとり，自らの工場をもたず，企画した製品仕様を工場に発注している[5]。これらの企業は自分たちのつくったブランドを自ら販売することは少なく，信頼できる百貨店などの小売を通じて販売することが多い。ほとんどのブランドメーカーが百貨店にブースをもち，あるいは自前の販売員を派遣して販売しているが，これは自分たち

の商品を自分たちで管理するための手法である。卸した相手が勝手にディスカウントして商品のブランドイメージを壊されてはたまらないから，その人件費コストを負担してでも自社の店員を派遣して販売にあたらせる。百貨店側も無料で販売員を調達できるからこれを受け入れたが，実はこれによって百貨店は，自分の店で何が売れているのか，自分たちが何を売っているのかがわからなくなった。すべての販売情報はブランドメーカーが握っていることになり，これが百貨店の長期低落を招いた最大の要因であった。しかし，ユニクロではすべてを自社で担っているため，消費者の声を取り入れやすく，あらゆる欲求や不満を商品開発へと瞬時に反映できる仕組みとなっていることが一番の強みである。

Ⅲ ユニクロの事業概要と成長戦略

① ユニクロの事業革新と成長の歩み

　株式会社ファーストリテイリングの中核を担うユニクロ（ＵＮＩＱＬＯ）は，商品企画・生産・物流・販売までを一貫して行うＳＰＡビジネスモデルを確立して，高品質なカジュアルウェアを低価格で提供することで成長してきた。1949年に山口県宇部市で，個人営業として創業されたが，1984年に柳井正が社長に就任し，現在のファーストリテイリングに社名を変更してから大胆にビジネス展開を始めた。

　1980年代を通じて，ユニクロは一地方企業に過ぎず，関西方面では知られてはいたが，決して全国規模の企業ではなかった。だが，1996年の11月，ユニクロはそれまであった大阪事務所と東京事務所を閉鎖統合し，商品企画強化のために，改めて東京事務所を開設した。また，1998年11月には首都圏初の都心型店舗，原宿店をオープンし，このころからユニクロは全国企業として歩み始めた。以後も多店舗展開を繰り広げ，図表3-2のように，店舗数の増加とともに，売上高も順調に伸びていった。なかでも，2000年，2001年の決算期は前年と比べ，連続しておよそ2倍ずつの成長を遂げた。2000年には

売上高約2,290億円,経常利益約605億円,2001年には売上高約4,186億円,経常利益約1,032億円と急増した。2002年はピークだった前期から売上高は2割減,経常利益は半減,続く2003年も2期連続の減収減益で,2年で売上高は3割減少,経常利益も6割減となった。2年で4倍になった売上高が,次の2年で3割もダウンしたが,ユニクロにとってフリースの全国的なブームの反動は想定内だった。その前までの期があまりにも好調過ぎたからである。結果的に2期だけの減収と減益で,2004年は回復へと向かった。その間にはユニクロの体制を根本的に変える大改革が行われていた。それが柳井社長の退陣と,玉塚元一社長就任であった。玉塚はユニクロのイメージを強調し,フルに指揮を執った2004年には早々に業績回復に繋げた。柳井体制から脱却して,ユニクロの新しい時代をつくるという方向であったが,2005年に玉塚を解任し,柳井が再び社長に返り咲いた。この背景には,「大企業病」という危機感があった。改革への意欲が減退し,守りの姿勢に入ってしまったのである。

■図表3-2 ファーストリテイリングの売上高と店舗数の推移

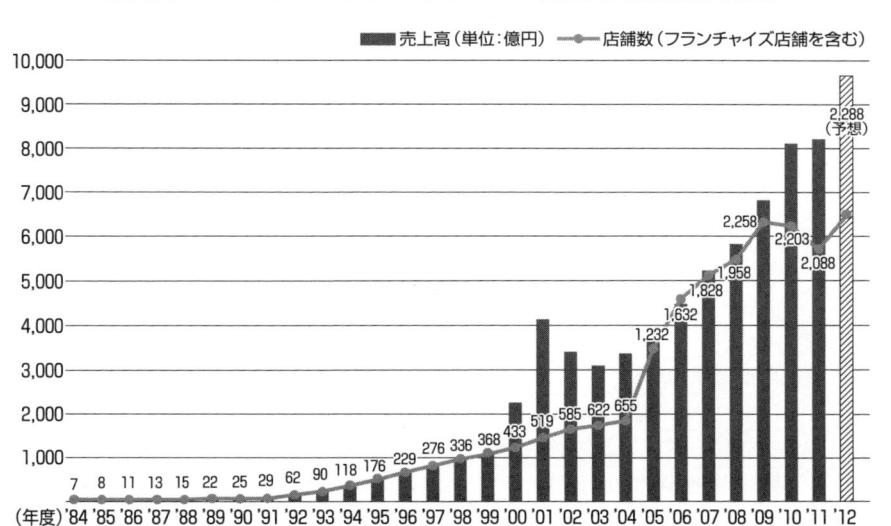

(出所)株式会社ファーストリテイリング(ユニクロ)のWebサイト(事業内容)。

この危機的状況を一掃すべく，新たな成長軌道に乗せるために再構築を行った時期が2006年から2008年である。着手した点としては，持株会社制への移行，「ミーナ」ブランドで建設される商業施設への大型出店，アメリカ，フランス，イギリスへ大型旗艦店をオープンさせるなど大きな変化をみせることとなった。なかでも1番の変化をみせたものは，単品からコーディネートへの大転換である。このように大改革を行ってきたおかげで，2006年から2007年と売上高を伸ばし，2008年には売上高約5,864億円，経常利益約856億円と大きく躍進している。かつてフリースの単品で爆発的なヒットを飛ばし，一期で年商を2倍以上にした2000年とは違って，品揃え，ファッション性，商品管理などの精度も飛躍的に高まっている。ある意味，偶然と追い風が重なった感のある2000年期に対して，2桁の増収，増益は必然とも思わせる成果であった。しかも，2008年は日本経済の不況が深刻になり，総合スーパーや百貨店など小売業界は不振を極めているなかで，2009年の売上高約6,850億円，経常利益約1,013億円，2010年の売上高約8,148億円，経常利益約1,237億円，2011年は反動で増収減益であったが，それでも売上高約8,203億円，

■図表3-3　日本国内の衣料品販売ランキング

順位	企業名	業態	店舗売上高（億円）	前年比（％）	売上比率（％）
1	ユニクロ	専門店	5,719	+12.5	100.0
2	しまむら	専門店	4,401	+2.4	100.0
3	そごう・西武	百貨店	3,844	▲4.3	46.1
4	高島屋	百貨店	3,252	▲1.6	47.3
5	大丸松阪屋百貨店	百貨店	2,587	▲22.0	40.5
6	伊勢丹（現三越伊勢丹）	百貨店	2,558	▲8.2	70.4
7	イトーヨーカ堂	GMS	2,551	+6.2	18.9
8	丸井グループ	持ち株会社	2,249	▲4.3	69.4
9	阪急阪神百貨店	百貨店	1,701	▲2.6	48.7
10	青山商事	専門店	1,623	+0.6	100.0

（出所）日経流通新聞『2010年度バイイングパワーランキング』（2011年6月29日）。

経常利益1,070億円とユニクロは持続的な成長を達成している。

　そして，長年にわたって百貨店と総合スーパーが上位を独占してきた日本国内の衣料品市場であったが，近年，様相が変わってきている。図表3-3のように，ユニクロやしまむらといった専門店が，売上高第1位，第2位を占め，百貨店や総合スーパー（GMS）を完全に圧倒している。前年比をみても明らかなように，百貨店勢が軒並み前年割れが続いているのに対して，ユニクロのみが2桁成長を遂げている。それどころか，総合スーパーや百貨店が，集客の目玉としてユニクロを誘致する有様であり，勝敗は決したといえる。名実ともに，今やユニクロは日本一のアパレル小売企業に昇り詰めている。

② これまでのユニクロの事業戦略展開と問題点

①フリースブームでの成長の要因（2000年〜2001年）

　ここからは，ユニクロを代表する商品を具体的に取り上げて，成長要因をみていく。最初は，2000年から2001年に2,600万枚のフリースを売り切ったブームがあった。この飛躍の背景には，売れる仕組みづくり，いわゆる，ユニクロ独自のビジネルモデルの構築がある。

　フリースとはポリエステルの繊維を起毛してつくられた素材で，軽く肌触りがよく，保温性に優れ，洗濯しても乾きが早いという特色がある。1998年，ユニクロは高品質のフリースを1,900円という衝撃な価格で売り出した。カラーバリエーションは15色，2000年には51色という豊富さで，2〜3着購入するお客も増加していった。ユニクロのフリースは洗っても色落ちせず，縫製もしっかりしていてほつれない。これだけの品質なら他店では，5,000円〜1万円は確実にしている。当時，1,900円という前代未聞の価格が付けられたフリースは，「劣悪品＝安かろう，悪かろう」と定義をされても仕方がなかった。しかし，ユニクロは，今まで世間一般にいわれていた常識や定義を打ち破ることに成功した。高額品と同等の品質のフリースが，半額以下の1,900円で，しかも消費者の期待を裏切らない機能性を兼ね備えていた。

　ユニクロのフリースが成功した要因は，単に限定価格戦略，低価格，高品

質だけではなく，それまで，"ださい"イメージだったフリースをカラフルな原色を使って，お洒落な上着としてイメージさせることに成功したことも大きな要因である。赤，黄，青，茶などの15色ほどのバリエーションを用意し，冬の防寒着として気軽に着られるようにしたことである。後の2000年の爆発的なヒットはこのカラーバリエーションを51色までに広げたことが大きかったが，1,900円で簡単に購入できるため，非常に高い消費者支持を保っていた。それと同時に，ユニクロ全体がお洒落感を強調する戦略を打ち出していった。以上を総括すると，2001年頃までのユニクロは，低価格・高品質とファッションのイメージ戦略の成功であったといえる。

②ヒートテックでの成長の要因（2006年～2009年）

　次の大ヒット商品が「ヒートテック」であった。ヒートテックとはユニクロが開発した素材で，2003年よりインナーの商品として販売されていた。その後2006年，化学繊維メーカーである東レ株式会社と「戦略的パートナーシップ契約」として提携を結び，素材から発売まで一貫した商品開発体制を構築した[6]。2007年には提携商品の第2弾として，機能性，バリエーション，ファッション性をさらに進化させたヒートテック商品が発売され，大ブームを巻き起こした。ちなみに，第1弾は2007年に発売された「透けにくい白パンツ"スタイリッシュホワイト"」は女性の人気を集めた。ヒートテックは素材が身体の水蒸気を吸収して自ら発熱する。そして保温性に優れ，暖かさを外へは逃さない仕組みになっている。抗菌加工により汗の臭いを抑える効果もあるため，保温しながら汗を乾かし，汗による身体の冷えを防ぐドライ機能も兼ね備えている。女性用，男性用，子供用とあり，非常に種類が豊富である。素材が薄いのに驚くほど暖かく，汗をかいてもすぐ乾き，そしてアウターからみえにくくファッション性にも優れている。2008年夏には，ブラジャーとトップスが一体化したブラカップ付きトップ，「ブラトップ」が大ヒットした。これは薄着になる夏場の女性の悩みとして，ブラジャーのトップスへの響きや，快適な着け心地と美しいバストラインを実現した。

　現在では，単品が出せなくなった分，デザイン重視の方向性を打ち出し，

コーディネートのバリエーションが増え，アイテム数が増えている。フリース全盛の時代には200程度だったアイテム数は，現在では400を下回らないといわれている。フリースのように核となる単品プラス多様なコーディネートというスタイルがユニクロの目指す方向である。

Ⅳ　グローバル・パートナーシップ経営への進化

１　グローバル・サプライチェーン・マネジメントの構築

　ジャストインタイム（JIT）とクイックレスポンス（QR）というのはＳＰＡ型の小売が目指す生産システムの理想である。「店舗で売れた商品だけを売れる量だけ売れる時期に生産する」というのがジャストインタイムで，トヨタ自動車が「カンバン方式」として生産現場で導入したシステムである。生産工程で一切在庫をもたないように精度を高く生産の流れを決定する。

　これに対してユニクロは，シーズン途中でのスムーズな生産変更も可能にする体制を採ってきた。生産は工程ごとにまとめられるから，そこでストックしておく。通常の生産ラインはそのまま稼動しているが，例えば染色前の段階で，あるいは黄色に染色した状態のままで工程ごとに一定量をストックしておく。黄色のフリースが売上げ好調で欠品になりそうだとなれば，その各段階でのストック分をラインに乗せ，軽やかに不十分を生産することができる。染色前に生地の段階なら黄色の染色工程に送り，黄色の染色が済んでどういうデザインの商品にするかを待っていたストック分は，フリースの縫製工程に回していく。この工程時間の短縮が，店舗での販売機会ロスを大きく削減するのである。それによって在庫ロスがなくなり，配送のコストも低下し，生産コストも削減することができる。ユニクロはこうしたシステムを，フリースのブーム前後の時期に構築できた。

　これはすでに図表3-1でみてきたように，企画を担当する本部と生産を行う海外の現場，また外注する海外の生産工場，配送の業者に店舗をＩＴで結び，リアルタイムで情報を共有化することで可能になる。いわゆるグローバ

ル・サプライチェーン・マネジメントの構築である。店舗で販売情報を各段階でリアルタイムに把握し生産の調整に生かす。また現在の生産状況はどうかという情報を店舗レベルでも把握して，品揃えに生かしていく。そうした有機的な結びつきがシステムとして確立されているからこそ，ユニクロではロスを最小限に抑えて，売れ筋だけを生産することができている。

②　中国から東南アジア諸国へグローバルに生産拠点を拡大

　現在でユニクロ製品の9割までが中国企業との取引，あるいは商社を介在させた取引となっているが，中国生産には信頼性やチャイナ・リスク問題がある。ユニクロでは中国生産に当たって取引先に任せたりはせず，1999年4月に上海，9月には広州に生産管理事務所をつくり，担当者を常駐させ，さらに2001年には現地の会社と合弁でファーストリテイリングの中国子会社を設立し，そのトップに日本のユニクロで店舗や店長を経験したユニクロの経営理念を理解している中国人を据えた。彼らを陣頭に中国での生産管理を統治したことで，ユニクロの現地生産は格段にレベルアップしていった。このようにユニクロは本腰を入れて事務所を立ち上げ，子会社を設立した。それに加えてユニクロではもう1つの仕掛け，「匠プロジェクト」を推進させた。これは，編み，織布，染色，縫製などの工程ごとに30年以上の経験を持つ熟練技術者を組織化し，中国工場の技術指導を専門に行うものである。当初は13人程度の陣容だったが，40人ほどに増強した。その結果，ユニクロは品質面に不安があった中国製でありながら，きわめて高品質で，ムラのない同品質の製品を仕入れることができるようになった。

　しかし，中国では経済成長とともに賃上げ要求など労働組合からの圧力が高まり，さらに日中間の政治的課題もあって円滑な取引関係の維持に不安を抱えている。そのためユニクロでは，賃金が7分の1のバングラデシュや4分の1のベトナムなどASEAN諸国へ生産拠点の移転を進めており，中国での割合が7割へ，特にヒートテックの場合は5割まで引き下げる計画である[7]。現在，中国，ベトナム，バングラデシュ，インド，タイ，カンボジア，シンガポール，韓国，日本とグローバルな生産体制を構築している。

③ 高品質な商品開発を可能にするＳＰＡビジネスモデルの進化

　ユニクロの最大の成長要因は，カスタマーセンターに寄せられる顧客の要望（年間約15万件）に対して，高品質な素材を世界中のメーカーから低コストで大量に調達し，迅速に商品開発できる独自のＳＰＡビジネスモデル構築にある。ユニクロの商品は，今もなお"高品質"かつ"低価格"だという点に違いがある。先に触れたワールド，オンワード，レナウンというメーカーはＳＰＡではあるが，その主目的は自らのブランドを守るために小売に関わっているということであったから，ブランド維持のコストは価格に転嫁され，消費者はより高い価格で彼らの商品を買わねばならなかった。

　それに対してユニクロは，フリース1,900円に代表されるように，他の小売でも５千円〜１万円する品質のフリースで，ユニクロでも５千円程度で扱っていた商品を，破壊的な低価格で販売したが，その目的を達成するにはＳＰＡ以外ではできなかった。自分たちで直接生産して販売する。他の業者を介在させてしまえば，そこでコストがかかる。他社の生産したものを仕入れれば，他社の利益と経費分のコスト，他社に販売を委託すれば彼らの利益分の経費がかかって，最終的に消費者の手に渡るときに高額になってしまう。実際，1999年のフリースブームの時に，大手スーパーなど他社もユニクロに対抗して低価格を実現しようとしたが，どうしても3,900円以下にはならなかった。その理由として，彼らはＳＰＡではなかったからである。また大手スーパーなどは2002年からの抵抗策として，ユニクロより安い価格設定で攻勢をかけたが，これは大手スーパーとしての総合力を武器にしたもので，フリース単体では最後まで利益を出せないままだった。

　しかもユニクロの高品質低価格のフリースは，利益を削ってのＳＰＡではない。1,900円のフリースで爆発的にヒットした時期でも，売上げに占める経常利益率は，24％と高い収益を確保していた。生産の各工程を自前でまかなえば，そんな低価格で売っても確実に利益を出せる仕組みである。もともと衣料品という分野は利益率の高い分野である。粗利ベースでいえば４〜６割は取れるほどの高収益産業だが，工程の各段階で利益を逃していって，大

きな儲けには繋がらないでいたのである。

④ 東レとのグローバル戦略的パートナーシップの強化

　近年，ユニクロヒートテックの共同開発が成功してから，繊維メーカー最大手の東レとの戦略的パートナーシップ契約をさらに強化し，益々パイプも太くなっている。2010年10月22日に，ジャパン・テクノロジーウェア2010年「ヒートテック」共同記者会見が行われた。ユニクロ社長兼会長ＣＥＯの柳井正の挨拶の後，株式会社東レ代表取締役副社長の杉本征宏の「ヒートテックの素材特長とグローバル生産体制」，東レ常任理事地球環境戦略室長の岡研一郎の「ヒートテックによる新しいライフスタイルの提案」，ファーストリテイリング上席執行役員の大苦直樹の「ヒートテックのマーケティング戦略」などの説明があった。すでに東レとはフリースやヒートテック，サラファインで成果を上げてきたが，今後，ますます東レとの取り組みを強化して，グローバル・パートナーシップ経営へ進化し，バーチャル・カンパニー化する方向にある。

⑤ グローバル・ブランド戦略

　ユニクロは世界的に著名なファッション・デザイナーのジル・サンダーとデザインコンサルティング契約を締結しており，グローバル・ファッションブランドへ進化をみせ始めている。かつてのユニクロは「安かろう，悪かろう」のイメージであったが，近年は低価格で品質とともにファッションセンスも改善され，おしゃれなブランドへ変貌しつつある[8]。

　例えば，消費者向けブランド調査「ブランド・ジャパン2011」によると，ユニクロは総合力で第2位にランクされている[9]。図表3-4のコンシューマー市場（ＢtoＣ）編　総合力と因子指数のとおり，トップのグーグルをはじめ，ユニクロ，パナソニック，マクドナルド，日清食品，ディズニー，ユーチューブ，スタジオジブリ，楽天市場，サントリーとグローバルに高い評価を得て活躍する企業が並んでいる。因みに小売業界では，無印良品は第16位，アマゾンは第17位と評価されている。

近年のユニクロはブランド・ジャパンの常連企業(前年は第1位)であるが,他のメンバーと同様,機能性やファッション性,独創性などイノベーティブ(革新)の面で消費者から評価されている。ヒートテックをはじめ,シルキードライ,サラファイン,ウルトラライトダウン,フリース,ブラトップなどヒット商品を開発した技術革新力が,ブランド力向上の原動力となっている。ユニクロの場合,フレンドリー(親しみ),コンビニエント(便利),アウトスタンディング(卓越),イノベーティブ(革新)の4つの評価基準のなかで,特にイノベーティブ(革新)の高さが際立っている。

■図表3-4 コンシューマー市場(BtoC)編 総合力と因子指数

順位		ブランド名	総合力		フレンドリー(親しみ)	コンビニエント(便利)	アウトスタンディング(卓越)	イノベーティブ(革新)
2011年	2010年		2011年	2010年				
1	2	グーグル	91.2	89.1	67.3	84.2	87.5	114.3
2	1	ユニクロ	88.6	92.3	76.7	77.7	76.0	107.0
3	5	パナソニック	85.5	84.1	75.2	82.9	77.6	83.1
4	7	マクドナルド	84.0	80.1	81.7	70.9	73.1	89.7
5	11	日清食品	82.7	79.0	82.8	76.7	69.7	73.9
6	13	ディズニー	81.6	77.9	82.3	53.9	100.9	75.9
7	15	ユーチューブ	80.4	76.5	64.0	71.5	72.3	107.9
8	3	スタジオジブリ	79.9	85.3	81.1	53.5	99.8	71.5
9	12	楽天市場	79.0	78.2	66.2	73.7	68.2	97.1
10	10	サントリー	78.7	79.3	82.1	69.3	70.6	68.0
11	40	アップル	78.1	70.5	55.4	59.5	101.2	103.2
12	4	ソニー	77.4	85.1	65.9	70.7	88.3	72.5
13	14	任天堂	76.7	77.4	70.9	62.4	74.4	89.6
14	8	ウィンドウズ	76.6	79.6	61.1	82.8	66.8	80.8
15	15	コカ・コーラ	75.6	76.5	81.0	63.4	73.8	61.6
16	26	無印良品	74.6	73.6	78.4	66.3	75.8	54.7
17	45	アマゾン	74.4	69.2	62.4	72.9	67.2	84.6
17	23	モスバーガー	74.4	73.8	77.4	66.5	81.9	48.5
19	17	ヤフー	74.2	74.7	64.0	79.9	57.8	78.7
20	28	シャープ	74.1	73.3	59.2	75.4	69.6	82.4
20	43	明治製菓	74.1	70.2	83.0	73.1	57.1	51.4

(出所)『日経ビジネス』2011年4月18日号,79頁を基に著者作成。

⑥ グローバル・ファッション小売業へ進化

現在，ファッション流通のパラダイムシフトが起きている[10]。ファッション流通の第1次革命は，1960年代に豊富な品揃えで百貨店が先導したが，第2次革命は1970年代から80年代に大量仕入れによる低価格販売の総合スーパー，80年代後半の専門量販店の時代を経て，第3次革命が90年代後半から2000年代に品質向上・機能付加のGAPを中心とする第1世代SPAへ，そして現在の第4次革命はデザイン向上・製販期間短縮のZARA，H&Mを中心とする第2世代SPAへと変遷している。従来，ユニクロはベーシックカジュアルというコンセプトで，GAPと同様，第1世代SPAと分類されてきた。第1世代SPAは，ベーシックカジュアルの品揃えで，単品大量，計画生産の手法で，商品企画からの納期が3～6カ月も長いのに対して，第

■図表3-5　世界の主なSPA(アパレル製造小売)企業との比較(2011年4月末時点)

企業名 (主なブランド名)	国	決算期	売上高 (兆円)	売上高 (Billions of dollar)	前期比(%) (現地通貨 ベース)
インディテックス (ZARA)	スペイン	2011年1月	1.47	17.8	+13.0
H&M	スウェーデン	2010年11月	1.42	17.2	+0.7
GAP	米国	2011年1月	1.21	14.7	+3.3
ファーストリテイリング(ユニクロ)	日本	2010年8月	0.81	9.8	+18.9
リミテッド	米国	2011年1月	0.80	9.6	+11.4
ネクスト	英国	2011年1月	0.46	5.6	+1.4
ポロ　ラルフローレン	米国	2010年3月	0.41	5.0	▲0.8
エスプリ	香港	2010年6月	0.36	4.3	▲2.2
アバクロンビー&フィッチ	米国	2011年1月	0.29	3.5	+18.4
リズ・クレイボーン	米国	2010年12月	0.21	2.5	▲14.3

(出所)　株式会社ファーストリテイリング（ユニクロ）のWebサイト（業界でのポジション）。

2世代ＳＰＡは「ファストファッション」と呼ばれるトレンド商品の品揃えで，多品種多頻度，ハイスピード生産の手法で，最速2～3週間の納期である。前者が品質向上と機能付加を実現するのに対して，後者はデザイン性とファッション性向上を実現しようと努めている。

　図表3-5の世界のＳＰＡ企業の売上高ランキングで明らかなように，ＳＰＡモデルの先駆けで，1990年代から世界のトップ企業であったＧＡＰが，近年，顧客に飽きられて，売上げが伸び悩んでいる。対照的に，第2世代のＳＰＡが好調で，スペインのＺＡＲＡがトップに立ち，Ｈ＆Ｍも2位に躍進しそうな勢いで，世代交代が起きている。ユニクロも高度成長で，4位の座が射程に入っている。こうしたことから，ユニクロもデザイン性やファッション性を高め，ファストファッション小売業への進化が急がれる。

⑦ 海外出店強化による世界戦略

　ユニクロでは海外出店強化による世界戦略を進めており，2011年9月末現在，中国75店，香港15店，韓国63店，英国12店，米国1店，フランス1店，シンガポール5店，ロシア3店，台湾3店，タイ1店，マレーシア2店の合計11の国・地域で181店舗と，海外ユニクロ事業の店舗網が拡大している。売上高937億円で28.7％増，営業利益89億円で40.6％増と好調で，特に中国市場で高度成長を遂げている。そこで，進出国・地域順に戦略と近況を概説する[11]。

　①英国（2001年9月進出）「3年後50店」を掲げてロンドンに4店舗を出店し，2年後に21店になったが，知名度がなく苦戦した。売上げが伸びず，赤字が拡大したため，5店に縮小した。2007年に旗艦店を出店して再度出店攻勢をかけ，収益も改善中である。

　②中国（2002年9月進出）当初は日本より低価格にしたことで，ポジショニング確立に失敗したが，これを修正することで，イメージ戦略も奏功した。ショッピングセンター開発ラッシュにも乗り好転し，08年北京に旗艦店を含め再進出，10年上海にグローバル旗艦店で大ブレイクした。11年8月期は既存店も2桁増で推移している。

③米国（2005年9月進出）当初は知名度不足で大苦戦したが，郊外店を撤退し，軌道修正した。06年11月にグローバル旗艦店をニューヨークのソーホー地区に出店したが，11年8月期も2桁増で利益拡大中である。11年秋には世界最高の繁華街であるニューヨーク五番街に，グローバル旗艦店を出店するなど大型店を相次いで出店した。

④韓国（2005年9月進出）地元韓国の財閥ロッテの流通子会社，ロッテショッピングと合弁会社を設立し，ロッテ百貨店，ロッテマートに3店同時出店した。07年にソウル最大の繁華街の明洞に旗艦店を出したが，その後も好調である。

⑤香港（2005年9月進出）知名度が高く，初年度から黒字化している。1店当たりの売上高も高く，非常に効率の高い店である。

⑥フランス（2007年12月進出）パリ中心部のオペラ地区にグローバル旗艦店を出店した。「＋J」の世界先行販売もあって盛況で，今も好調である。

⑦シンガポール（2009年4月進出）取引先のコングロマリット，ワンタイホールディングスと共同出資で出店したが，売上げは好調である。東アジアのヘッドクオーターを設立し，中心地となっている。

⑧ロシア（2010年4月進出）モスクワに1号店を出店したが，苦戦している。そのためマーケティングを見直し中である。

⑨マレーシア（2010年11月進出）クアラルンプールに1号店を出店した。好調である。

⑩台湾（2010年10月進出）1号店は台北の統一阪急百貨台北店にオープンさせた。2,500人の大行列ができて話題となるなど，好調である。そのため2011年に旗艦店を出店した。

⑪タイ（2011年9月進出）三菱商事と合弁でバンコクに出店したが，大行列ができるほど盛況である。

以上の近況から，経営が好調で今後の成長が期待できるのは，中国，韓国，台湾，シンガポールである。そのため世界中で年間200～300店（内訳は中国100店，東南アジア100店，韓国50店，台湾30店，欧米20店）出店する。毎年

1,500人のグローバル店長を担える人材育成が急務である。

Ⅴ おわりに

最後に，今後の持続的成長を果たすための取り組み課題を検討したい。

① 新市場の開発とネットを含めた販路の開拓

現在，ユニクロでは，女性市場を狙ったウィメンズ商品の拡大，異分野ユニクロシューズの開拓，百貨店への出店，インターネット通販などを積極的に進めている。老若男女を全方位的に狙うマーケティング戦略で成長してきたユニクロであるが，女性市場に開拓の余地が残されており，女性の好む商品開発が必要である。またアパレルに関連する商品分野，例えば，靴やカバン，バック，財布，傘，ネクタイ，小物など異分野の開拓も関連購買促進上，重要である。そして百貨店への出店も集客力向上で相互メリットが見込まれ，増加する傾向にある。さらにインターネット通販との融合も促進している。このなかでも，特にネット通販の市場規模は2009年度に8兆円を超え，百貨店やコンビニエンスストアの規模を上回り，もはや無視できない存在になっている。ユニクロもネット専用商品を投入するなどして，この潮流に対応している。色やサイズ，質感を店頭で確認したうえで，ネットで発注するという行動をとる消費者も少なくない。日本では店舗とネットの双方を抱え，相乗効果で成長を実現した小売業は少ないが，ユニクロが小売成長進化論の新たな段階に踏み出すことになる。

② 世界戦略

さらに，今後の成長戦略としては，5兆円を実現する世界戦略を掲げ，英国のロンドン，米国のニューヨーク，ファッションの本場フランスのパリへ巨艦店を出店し，世界トップレベルのアパレル・ファッション企業を目標にして，計画的に成長を目指している。具体的には，2020年売上高5兆円，経常利益1兆円構想で，年率20％以上の成長を継続して世界最大のＳＰＡ企業

グループになるというもので，その内訳は国内ユニクロ事業1兆円，海外ユニクロ事業3兆円（中国で1兆円，その他のアジアで1兆円，欧米で1兆円），国内関連事業とグローバルブランド事業や買収で1兆円という計画である。市場環境からみて，国内1兆円は実現可能性が高いが，海外ではＺＡＲＡやＨ＆Ｍなど世界の強豪との熾烈な競争が予想されており，他は全く見通しが立たないのが現状である。また，日本本社の他に，中国本社，アジア本社，欧米本社，グローバル事業本社など設立して，経営組織面と経営戦略面からも世界戦略を実現させるために，真のグローバル経営に向けた編成見直しも不可欠になってくる。

③ ソーシャル・ネットワーキング・サービス（ＳＮＳ）への取り組み

ユニクロが，交流サイトであるソーシャル・ネットワーキング・サービス（ＳＮＳ），フェイスブック（Facebook）上に開設したページへのファン投票者数が，2011年11月中に全世界で100万人を突破した。ユニクロは2010年にフェイスブック上に公式ページを開設し，現在，日本を含めて店舗展開する12カ国・地域のうち，中国を除く国・地域ごとにフェイスブックで専用のページを設けている。11年2月にはフェイスブックと連動した着こなし投稿サイト「ＵＮＩＱＬＯＯＫＳ」を開設した。11年9月には交流サイトのミクシィにも公式ページを設けると同時に，動画投稿サイトのユーチューブでも，ユニクロのテレビＣＭがみられるようにするなど，ネットを通じた販売促進活動に力を入れているが，さらなる取り組み強化が必要である[12]。

④ 後継者など人材育成

外部環境よりも企業内部の土台固めの方が，先決で優先課題である。創業者でカリスマ経営者柳井正のワンマン企業と揶揄されるが，1949年2月生まれで，現在63歳のため，後継の経営者育成が最大の課題である。先般，楽天市場や日産自動車に続き，「社内公用語の英語化」や「外国人スタッフの大量採用」「民族大移動」を表明して話題になったが，今後，海外店舗をマネジメントできる店長などの養成も緊急の課題である。

注

（1） 2010年10月8日に決算説明会があり，株式会社ファーストリテイリングのグループ執行役員ＣＦＯの大西秀亜が今期決算発表し，社長兼会長ＣＥＯの柳井正が来期の見通しを説明した。また，10月22日にジャパン・テクノロジーウェア2010年「ヒートテック」共同記者会見があり，株式会社東レ代表取締役副社長の杉本征宏の「ヒートテックの素材特長とグローバル生産体制」，東レ常任理事地球環境戦略室長の岡研一郎の「ヒートテックによる新しいライフスタイルの提案」，ファーストリテイリング上席執行役員の大苦直樹の「ヒートテックのマーケティング戦略」など，最新のヒヤリングを取り入れた。

（2） 例えば，浅羽茂・新田都志子（2004）『ビジネスシステム・レボリューション ―小売業は進化する―』ＮＴＴ出版，ＮＨＫ仕事学のすすめ制作班編（2010）『柳井正 わがドラッカー流経営論』ＮＨＫ出版，小樽商科大学ビジネススクール編（2010）『ＭＢＡのためのケース分析』（改訂版）同文舘出版，川嶋幸太郎（2008）『なぜユニクロだけが売れるのか』ぱる出版，川嶋幸太郎（2009）『柳井正の進化し続ける言葉』ぱる出版，月泉博（2006）『ユニクロvsしまむら』日本経済新聞社。柳井正（2003）『一勝九敗』新潮社，柳井正（2009）『成功は一日で捨て去れ』新潮社，柳井正（2009）『ユニクロ思考術』新潮社，東伸一（2011）「衣料品専門店業態の市場戦略と業務システムに関する研究」青山学院大学『青山経営論集』第46巻第1号，120-158頁などを参照。

（3） 株式会社ファーストリテイリング（ユニクロ）のWebサイトを参照。

（4） 小島健輔（2010）『ユニクロ症候群』東洋経済新報社，107-128頁を参照。

（5） 西村順二（2009）「製造卸による小売業展開における競争構造の変化―ＳＰＡの源流―」石井淳蔵・向山雅夫編『小売業の業態革新』中央経済社，257-282頁と南知恵子（2009）「第7章 ザラのＳＰＡ戦略とグローバル化」向山雅夫・崔相鉄『小売企業の国際展開』中央経済社を参照。

（6） 最新の東レとのグローバル・パートナシップ経営に関しては，2010年10月22日の共同記者会見を参照のこと。また，日本経済新聞2011年10月24日の朝刊，東レ名誉会長，前田勝之助の「私の履歴書」では，流通構造改革の目的で，2000年からユニクロの柳井正社長とトップ同士で開始した経緯が紹介されている。

（7） 日本経済新聞の2010年10月7日の夕刊のアジア各国の賃金比較によれば，バングラデシュの首都ダッカの一般工具の賃金は北京の7分の1，ベトナムの首都ハノイは北京の4分の1となっている。そのため中国離れが加速している。ただし，賃金は高いが，中国人の方が効率面では2倍高いといわれている。

（8） ただし，2009年にジル・サンダーと締結したデザインコンサルティングの契約は，2011年の秋冬コレクションの制作過程を終え，完了した。

（9） 『日経ビジネス』2011年4月18日号，78-81頁を参照した。

（10） 斎藤孝浩（2009）「ファッション流通のパラダイムシフト」流通システム開発センター『流通とシステム』第139号，24-29頁参照。

第 2 部　実践編

（11）『販売革新』2011年10月号，66-69頁を参照。
（12）日経流通新聞2011年12月5日を参照。

第4章

ニトリのビジネスモデルの研究

I はじめに

　戦後の流通イノベーションを牽引してきた総合スーパー（GMS）や百貨店，さらにコンビニエンスストアまでもが成熟化あるいは衰退化現象が起きているなかで，近年，比較的好調な業態が製造小売業（SPA）のビジネスモデルを構築し，「カテゴリーキラー」と呼ばれる低価格訴求の専門店である。長期間に及ぶ消費不況にもかかわらず，積極的な経営で健闘しているのは，カジュアル衣料品のユニクロを筆頭に，家具・インテリアのニトリ，靴のABCマート，生活用品の良品計画（無印良品）などの専門店チェーンであり，そのビジネスモデルに関心が高まっている[1]。

　そこで本章では，伝統的な家具・インテリア業界のなかで，日本で最初の「ホームファッションストア」というフォーマットの構築を図り，先導的役割を果たしているニトリを対象に，その独自のビジネスモデルの全容を解明し，今後の発展に向けた課題を考察する。

II ホームファッション業界の概要

(1) ホームファッション業界の現状

　長引く不況下において，巨大な潜在需要が見込めると期待が集まっている分野が住宅関連分野である。衣食住のうち，衣料品や食品分野では，消費者のニーズがある程度まで充足されてきたのに対して，地価が高過ぎたために

第2部　実践編

ウサギ小屋のように狭い空間に暮らす日本人にとって，住宅事情があまり改善されてこなかったこともあって，住宅関連支出は後回しにされ，あまり伸びてこなかった。日本では「飽食の時代」といわれるように，何でも揃っており，衣食の文化レベルは非常に高くなっているのに対して，人々が快適に暮らす住生活の面では，欧米に追い付いていないというのが現状である。そのため，家具やインテリアなど住宅関連の分野では，伝統的な家具産地での中小零細な生産者・卸問屋主導の流通が続けられてきたため，図表4-1の伝統的な家具の流通経路のように，零細性・生業性・低生産性・多段階性・閉鎖性などで表現される悪しき「古典的な日本型流通モデル」が蔓延っていた業界であった[2]。百貨店やスーパーマーケット，コンビニエンスストアが，食品や衣料品，日用雑貨のビジネスイノベーションを次々と引き起こしてきたのに対して，住宅関連分野では非常に発展が遅れてしまい，近代的な専門店業態としてホームセンターが誕生するまで時間を要したのである。

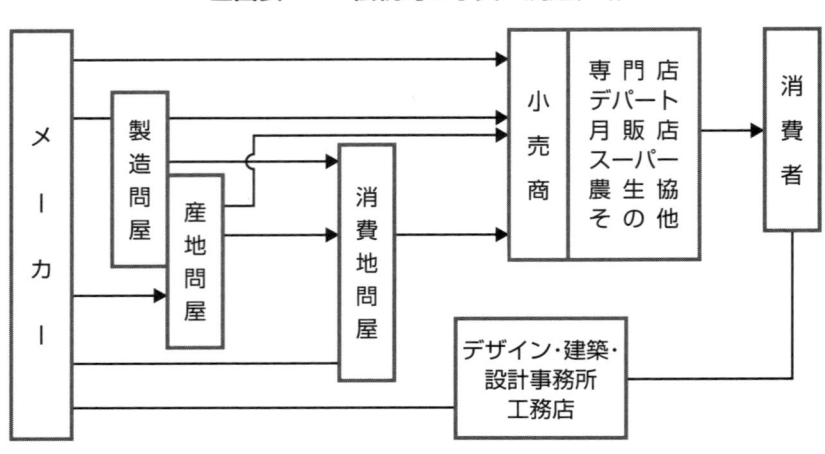

■図表4-1　伝統的な家具の流通経路

（出所）鈴木庄吾監修，財団法人旭川しんきん産業情報センター（1985）『旭川家具工業の課題と提言』28頁。

② ホームセンターの定義と特徴

　そこで，ホームセンターについて，その定義からみていく。ホームセンターは，住宅を自らの手で維持，補修，および改善を行うために必要な「Do It Yourself」（DIY，日曜大工）用品を販売していたDIY店が，品揃えを拡大したものである。商業統計では，衣，食，住各々の商品取扱い比率が70％以上で，セルフサービス販売方式を採用している，売場面積250㎡以上の店舗を「専門スーパー」とし，このうち住商品の取扱い比率70％以上が「住関連スーパー」で，この中にホームセンターが含まれている。その特徴として，「①品揃えはDIY用品，園芸用品，日用雑貨，自動車用品，スポーツ用品，玩具，家具，家電製品など多岐にわたる。②セルフサービス販売を導入。③チェーン展開して，価格訴求する。④ロードサイド・ビジネスも多い[3]」といった点が挙げられる。

　また，ホームセンターの歴史を紐解くと，業態としてのDIY店は，大工用品を業者向けに販売していた卸売商が，不況対策で消費者にも販売したのが始まりで，1960年代半ばにアメリカ西海岸で確立された。日本では1972年，さいたま市にオープンした「ドイト1号店」が始まりとされており，その後，趣味としての日曜大工を行って，手作りを楽しむ傾向が強まったことなどを背景に，90年代を通じて発展した。最近は，ガーデニング・ブームを受けた園芸商品や，カーテン，カーペット，寝装品，インテリア雑貨などの「ホームファッション」商品の充実に力を注いでいる。

③ ホームファッションストアとホームファニシングストアの概念

　ホームファッションストアについては，学術的な面での定義がないが，そのコンセプトは欧米から広まってきている。生活空間をファショナブルに演出するために購入する家具，照明器具，カーテン・じゅうたんといったインテリア商品，寝装品，浴室関連などを扱う分野である。商品カテゴリーの相違を明確にするために，ホームセンターの代表として「カインズホーム」町田多摩境店，ホームファッションのストアの「ニトリ」古淵店，さらに生活

■図表4-2 競合業態との取扱い商品カテゴリーの比較

カテゴリー		カインズホーム町田多摩境店	ニトリ古淵店	無印良品町田店	西友町田店
インテリア	カーテン・ブラインド	○	○	○	○
	カーペット・ラグ・マット	○	○	○	○
	クッション・座イス	○	○	○	○
	壁紙・障子・ふすま紙	○	×	×	×
家具	ソファ	○	○	○	×
	テーブル・チェア	○	○	○	○(折畳)
	オフィスデスク・チェア	○	○	×	×
	本棚などの収納家具	○	○	×	×
	ベッド	○	○	○	○(パイプ)
寝具・寝装品(布団・枕・シーツなど)		○	○	○	○
照明器具		○	○	○	○
収納用品(ラック・パイプ・ボックスなど)		○	○	○	○
リビング雑貨	バス・トイレ用品	○	○	○	○
	洗濯・清掃用品	○	○	○	○
	スリッパ・サンダル	○	○	○	○
	タオル	○	○	○	○
	エプロン	○	○	○	○
キッチン用品	調理用品	○	○	○	○
	食器	○	○	○	○
	台所用品	○	○	○	○
	換気扇	○	×	×	×
家電	調理家電	○	○	○	○
	生活家電	○	×	○	○
	AV家電	○	×	○	○
アウトドア	自転車	○	×	×	○
	レジャー・スポーツ用品	○	×	×	○
	カー用品	○	×	×	○(クリーナー)
文具・玩具	文具	○	×	○	○
	玩具	×	×	×	○
園芸・DIY	園芸用品	○	×	×	○
	切り花	○	×	×	○
	DIY用品	○	×	×	○
	裁縫・手芸用品	×	×	×	○
ペット	ペットフード・用品	○	×	×	○
	生体	○	×	×	×
ビューティ&ケア	化粧品	○	×	○	○
	医薬品	○	×	×	○
	介護用品	○	×	×	○
	ベビー用品	○	×	×	○
日用雑貨(洗剤など消耗品)		○	×	○	○
食品	ドライグロサリー	○	×	○	○
	酒類	○	×	×	○
	米穀	○	×	×	○
	生鮮品	×	×	×	○
たばこ		○	×	×	○

(出所)商業界『販売革新』2010年10月号,49頁。

雑貨の「無印良品」町田店，総合スーパーの「西友」町田店を取り上げ，整理したのが図表4-2の競合業態との取扱い商品カテゴリーの比較である[4]。

衣食住にわたる総合的な品揃えの総合スーパー（GMS）と異なるのは当然であるが，住宅関連で競合するホームセンターと比較すると，商品カテゴリーで家具・インテリア・寝具・寝装品・照明器具・収納用品・リビング雑貨・キッチン用品・調理家電までの範囲に，絞り込みが図られている。さらに一部の商品分野でSPAのライバル専門店となっている生活用品の無印良品は，商品カテゴリーが家電・自転車・文具・化粧品・日用雑貨（洗剤など消耗品）・ドライグロサリーまで拡大しており，違いが明瞭である。品揃え面でホームファッションストアが新たな業態の創造であることが理解されよう。

次に，ホームファニシングストアの概念について検討する。ファニシングストアとは，家具とホームファッションを包括した概念として捉えられるが，混乱もみられ，統一した概念は存在しない。ニトリの沿革をみると，創業時のニトリ家具店から，1986年7月に店名をホームファニシングストアに変更し，さらに1998年3月にストア・アイデンティティを見直し，店名をホームファッションストアに変更している。ニトリの場合，本来，主に家具やインテリア用品，小物・生活用品を取り揃えた大型店舗は，ホームファニシングストアと呼んでいるのに対して，インテリア用品中心の小型店舗はホームファッションストアと呼び，区別している。しかし，今日ではファッション性を重視してきたため，ニトリ全体での売上高構成比でホームファッションが過半数占めるようになり，大型店でもメイン商品となっている。さらに近年では大型店のニトリも，ホームファッションストアと表示していることが多くなっている。そこで本章では，家具・インテリア全体をホームファッションストアと捉え直すこととする。

Ⅲ 先行研究のレビュー

ホームファッションのフォーマットが認知され，市民権を得るのが遅かっ

たこともあるため，ホームセンターの研究に比べて，先行研究はまだ少なく，これから本格的な研究が始まるものといえる。参考文献に掲載しているようにビジネス雑誌では話題性もあって，取り上げられているが，本格的な学術的研究では矢作敏行が先鞭をつけたといえる[5]。

　矢作の研究では，ニトリの競争優位性の基盤が「新業態の創造」，「垂直統合の深化」，「物流センター網の整備」の3点に集約できると整理している。第1の新業態の創造では，伝統的な家具屋を業態展開し，米国型の「ホームファニシングストア」を構築した。これは家具，カーテン，カーペット，家庭用品など住生活を構成する商品を幅広く品揃えし，顧客が自己の好みに応じて各部屋の色・柄・素材・サイズ・イメージをトータルコーディネートできる機能を提供する小売業態である。第2の垂直統合の深化では，生産段階の統合を進展させた。家具メーカー・卸のマルミツを100％子会社化し，生産技術を取得したばかりか，インドネシアとベトナムに工場を設立し，グローバル生産体制を構築した。第3の物流センター網の整備では，自社で倉庫や物流センターを構築し，ドミナント出店して物流の効率化を推進している。そして，機能を遂行する主体，つまり組織や人材面に関していえば，持続的な競争優位性を構築するために，似鳥昭雄社長自身の大風呂敷ともいえるオーバーエクステンション戦略を活用した強力な「リーダーシップ」と「人材育成」，さらに「中核的な組織能力」と「模倣困難性」にあると結論づけている。ドラッカー（P. F. Drucker）のマネジメント論に従った矢作の研究成果は，大変示唆に富むものとして高く評価されている。

Ⅳ　ニトリの事例研究

(1) 沿革と企業概要

　創業者である似鳥昭雄は，1944年に樺太（サハリン）で生まれた。戦後，北海道に移り，少年期を過ごし，1964年に短大卒業後，北海学園大学経済学部に編入学した。大学卒業後は，父親の営むコンクリート会社を手伝うが，

数カ月で挫折し，札幌で広告代理店に就職するが，仕事が合わず解雇されてしまう(6)。

　こうしたなか，周辺に家具屋がないことに目をつけて，1967年に札幌で30坪の「似鳥家具店」を創業した。71年には札幌に250坪で2号店を出すが，すぐ近くに1,300坪を抱える競合店ができ，倒産の危機に直面した。72年に米国研修セミナーに参加し，シアーズ（Sears）などの店舗を視察したが，米国の豊かさに衝撃を受け，帰国後，株式会社を設立した。73年には米国に追い付け追い越せと，「60年計画」を立てた。以後，チェーン展開を本格化させた。86年に社名を「ニトリ」と改称し，89年に札幌証券取引所に株式上場した。93年からは北海道以外の店舗として茨城県ひたちなか市に出店したのを皮切りに，全国チェーン展開を始めた。94年にインドネシアに家具工場を設立，98年に南町田に出店し，東京進出を果たした。2002年には東京証券取引所第1部に株式上場し，全国的に信用力が向上した。2004年にはベトナムのハノイに家具工場を設立した。2006年には，北海道以外の事業拠点となる東京に赤羽店を開店し，東京本部を開設した。2007年には，初の海外店舗を台湾の高雄市に出店した。

　2008年には，事前の情報収集でリーマンショックを予測し，入念な資金準備を行うことにより，「値下げ宣言」を実施した。10年にかけて計11回の商品値下げを敢行し，不況下にあっても売上げを伸ばした。2010年8月には，会社分割により持株会社制へ移行し，販売部門を「ニトリ」に，物流部門を「ホームロジスティックス」に分割し，社名を「ニトリホールディングス」に改めた(7)。

　2010年9月に鳥取県米子市に出店を果たし，未出店の都道府県は島根県のみとなっているが，2011年2月には松江市に出店し，まさに全国47都道府県をチェーン展開するナショナル企業に成長している。2011年2月20日現在，国内店舗数237店舗，海外は台湾に7店舗を展開している。

　2011年2月期の有価証券報告書によれば，連結売上高3,143億円，経常利益536億円，当期純利益308億円で，24期連続の増収増益を持続している。資本金は133億7,000万円，従業員数6,073名（ほかに平均臨時雇用者数6,431名）

を抱え，規模拡大を続けている。こうした急成長企業であるが，財務内容も健全である。総合的な収益力である総資産経常利益率は21.8％，自己資本に対する収益力を示す自己資本利益率は22.0％と小売業界ではトップレベルの数値である。また財務体質の安定度を示す自己資本比率も59.2％であり，各指標とも良好な経営を表す数字を出している。特に注目すべきことは，粗利益率54.9％，売上高一般管理販売費比率38.1％，売上高営業利益率16.8％の数値から，圧倒的な粗利益率の高さが営業収益力に貢献していることである。よって，ニトリの優良経営の源は，資産の効率化よりも営業収益力にある。

家具・インテリアとホームファッションを基幹事業とする専門店を展開しており，仕様書発注による海外直輸入商品の販売や新築住宅のコーディネートなど様々な活動をしている。

② ニトリの成功要因の分析

40年前まで無名であったニトリが，家具インテリア業界で全国トップの売上高を誇る企業に成長できた要因を分析する[8]。

①ユニークな企業理念

第1に挙げられるのが，似鳥昭雄の「ロマン」（志）が多くの消費者に受け入れられたことである。ニトリのWebサイトの冒頭の「社長メッセージ」と「ロマン」にも掲げられているように，「日本国民に欧米並みの豊かな住生活を提供すること」を企業理念としている。似鳥昭雄によれば，日本は経済大国の仲間入りを果たしたといわれるが，生活の基盤となる住生活に関しては，「ウサギ小屋」と批評されるとおり，欧米諸国と比べるとかなり遅れているのが実情である。日本では住宅事情が悪く，住宅が狭いことだけではなく，スタイルやデザイン，テイスト，サイズ，カラーなど，何ひとつ統一されていない家具やインテリアに囲まれた住生活を余儀なくされて，非常に貧しい状況にある。整理すると，日本では価格は高く，考えあぐねてから買物しており，買物自体が苦痛で時間がかかっている。品質・機能は作る・売る側の立場から商品開発され，多用途のモノがピンきりの値段で売られ，組

み合わせはチグハグになってしまっている(9)。

これに対して米国では、価格は安く、日本の3分の1で値段を気にしなくて買物できるため、買物自体が楽しめる。品質・機能は使う・買う側の立場から商品開発され、用途や価格帯が絞り込まれており、組み合わせはトータルコーディネーションされている。

欧米諸国では、家の外観は質素であっても、室内は住人のライフスタイルに合った調和のとれた空間が広がっており、ホーム・アメニティーと呼ぶにふさわしい快適な住まいとなっている。生活場面（ＴＰＯＳ）に合わせて多彩なライフスタイルを選択でき、低価格で提供されており、ここに欧米の住生活の豊かさがある。

②製造物流小売業のビジネスモデルの構築

家具業界では珍しく製造小売業（ＳＰＡ）のビジネスモデル構築にチャレンジし、図表4-3のように製販一貫体制を構築している。すなわち「商品企

■図表4-3　ニトリのマーチャンダイジング活動のプロセス（製販一貫体制）

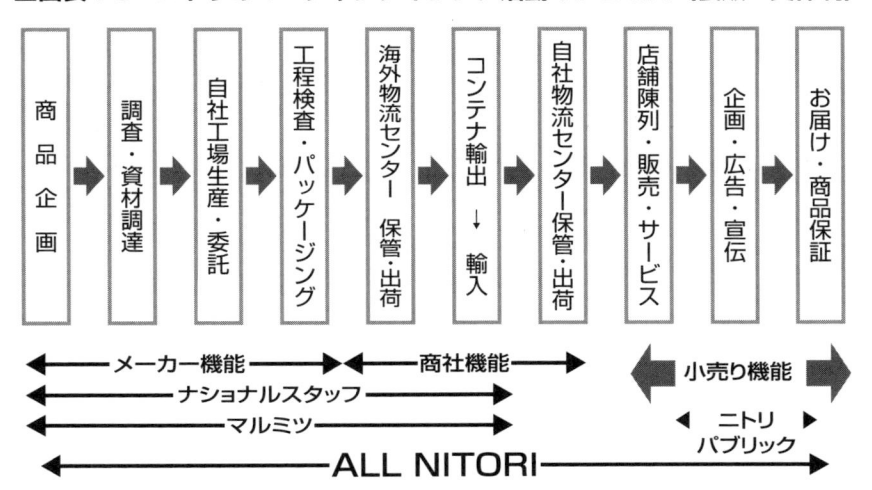

商品企画 → 調査・資材調達 → 自社工場生産・委託 → 工程検査・パッケージング → 海外物流センター 保管・出荷 → コンテナ輸出→輸入 → 自社物流センター 保管・出荷 → 店舗陳列・販売・サービス → 企画・広告・宣伝 → お届け・商品保証

メーカー機能：商品企画〜工程検査・パッケージング
商社機能：海外物流センター〜自社物流センター
小売り機能：店舗陳列〜お届け・商品保証

ナショナルスタッフ：商品企画〜自社物流センター
マルミツ：調査・資材調達〜自社物流センター
ニトリパブリック：店舗陳列〜企画・広告・宣伝
ALL NITORI：全工程

（出所）似鳥昭雄（2009）「これからの店づくり、人づくり、商品づくり」北海学園大学経営学部・大学院経営学科研究科ニトリ寄附講座運営委員会監修『北海道発流通・サービスの未来』中西出版、72頁。

画→資材調達→現地の自社工場生産→輸入→物流センター→店舗陳列・販売→商品配達」までほぼ自社で行うことで，他社との差別化を図っている[10]。

　このシステムにより，「顧客視点の商品開発」と「中間マージンのカット」という2つのメリットが得られるが，ニトリの場合，それだけではない。ニトリの特徴は，工場から物流センター，人材まで徹底した自前主義へのこだわりであり，家具小売業のユニクロ版といわれるが，実際にはユニクロを超えるほどの仕組みを構築している。工場が自前であることから，自らの努力や工夫で原価低減を進め，利益率を高めることが可能である。しかもベトナムとインドネシアに工場をもつので，人件費を安くして生産が可能である。ニトリの工場では，仕入れた木材の95％を使用（通常の工場では50％廃棄）し，端材はつなぎ合わせて家具の見えない部分の材料として徹底的に使い切り，無駄を排除している。さらに物流センターには巨大な倉庫があり，物流の効率化で商品在庫の回転率を高めている。札幌・関東（埼玉県白岡町）・関西（兵庫県神戸市）・九州（福岡県大川市）に拠点となる直営の物流センターをもち，加えて本来ならば商社が仲介する船の手配までも自前で行うことで，製造小売のみならず中間物流・配送まで自社による一貫体制を採っている。このためニトリでは，自社の業態を「製造・物流・小売業」と謳っている。なかでも札幌物流センターが最初に導入した「自動立体倉庫」は似鳥昭雄社長自身が，渡米した際にみた米軍の兵站システムにヒントを得て建設した。

　ニトリの売れ筋商品としては，例えば，学習机は年間7万7,000台も販売し，全国シェアで日本一となっているが，この背景には，上述の低コスト経営と商品開発力の賜物といえよう。

③日本最初のホームファニシング・フォーマットの確立とトータルコーディネーション

　創業の地の北海道では，ニトリは家具店というイメージが強いが，業態としてはホームファニシング（家具とホームファッションの融合店）というフォーマットを，日本で最初に確立してきた。スウェーデンのイケア（IKEA）を筆頭に，欧米ではお馴染みの業態である。実際，事業展開に当たって

は，イケアを手本の1つにしている。現在，看板などに使われているイメージカラーは，「エメラルドグリーン」であるが，一部の店舗では旧デザインの「青色に鳥のマーク」を継続して使用している。日本最初のホームファニシング・フォーマットの確立のために，家具やホームファッションを一括して，住環境のトータルコーディネーションを提供している。住まいの快適さ，すなわちホーム・アメニティーを，住まいの物理的局面と情緒的・心因的局面で，調和のとれたコーディネーションを作り上げるシステムも初めて構築できている。

④低コスト経営に寄与するグローバルなパートナーシップ

ニトリでは数年前から米国住宅市場の異常な高騰ぶりなどをみて，急速な円高局面の到来を予知し，円高進行で自社製品への値下げ圧力が強まっても利益を出せる「低コスト経営」の仕組みづくりに着手していた。具体的には，商品の絞り込みによる在庫状況の改善を図ったことや，低価格で安定した品質の商品群に品揃えをして売場効率の改善を達成したこと，人件費の安い地

■図表4-4　ニトリの小売事業システムの概念図

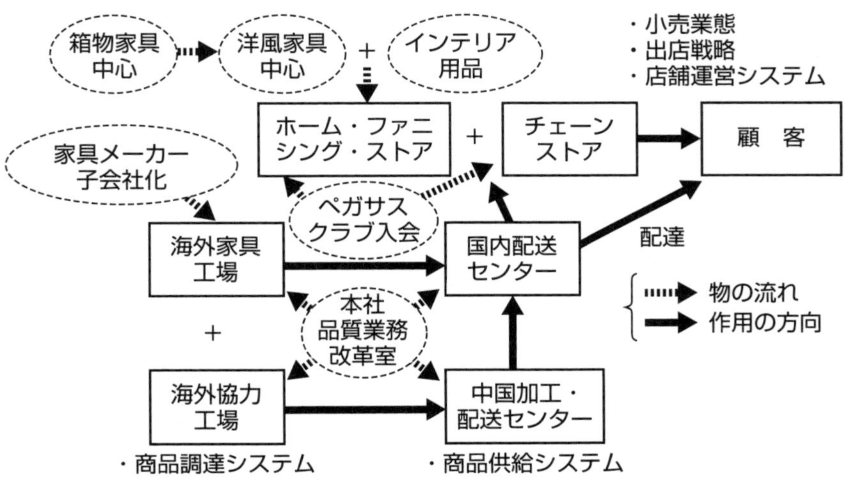

(出所) 矢作敏行編（2011）『日本の優秀小売企業の底力』日本経済新聞社, 194頁。

域への生産移管によるコスト削減などを実施していたことで，リーマンショックによる世界同時不況に耐えられる経営体質に変貌していた。

　こうした低コスト経営実現に寄与しているのが，グローバル・パートナーシップで絆の強い関係会社（完全子会社）である。株式会社マルミツはニトリと苦節を共有して，家具の卸売を担い，インドネシアとベトナムの子会社が家具の製造を担当してきた。他にも100％議決権を保有する関係会社がタイやマレーシア，中国にもあって，輸入代行や保管管理などでグローバル・サポート体制が構築されており，製販統合を超えた強い武器となっている。ニトリの小売事業システムの全容は図表4-4のようになっている[11]。

⑤多店舗化によるスケールメリットと価格破壊を訴求する効果的なＣＭ効果

　「お，ねだん以上。ニトリ」のキャッチコピーは，非常に強烈でわかりやすく，「品質の良さと低価格」を同時に消費者に効果的に訴求できている。このキャッチコピーのおかげで，ニトリは全国的に大人から子供まで知名度が向上している。さらにテレビなどメディアでの「ニトリの値下げ宣言」ＣＭは11弾に及び，売れ筋商品を次々と値下げすることで，非常に消費者に価格破壊をアピールでき，集客力アップに貢献している。

　さらに急速な多店舗展開により，業界で初めて全国47都道府県を制覇しており，文字どおり「ナショナルチェーン化」を実現した。多店舗化によるスケールメリットにより，低コスト経営と低価格販売が好循環になり，まさに一人勝ち現象を引き起こしている。

⑥品質管理体制の強化による信頼の向上

　ニトリではユニークな個人の能力開発促進や海外流通企業視察を含む研修制度を充実させ，従業員の創意工夫，アイデアを生み出し，品質管理能力を高める仕組みを構築してきた。さらに，中国の広州ホンダ社長の杉山清をヘッドハンティングして，技術の専門家による自動車会社並みの品質業務改善で評判を高めている。検品・検質・検量の担当を置き，不良品の交換や返品

などのクレーム削減に取り組んだ結果，大幅に減ったため，結果的にコスト削減効果と同時に顧客の信頼向上効果を達成できている。そして，現在では1～3年の品質保証を付けれるようになっている。今や「お，ねだん以上。ニトリ」のキャッチコピーは，低価格訴求であると同時に，高品質も強烈にアピールできる体制が整ってきている。これによってまさに「鬼に金棒」の状況になり，ニトリ人気が一過性のブームではなく，持続的な成長の基礎が完成しつつある。

⑦スウェーデンのイケアとの切磋琢磨競争

　イケア（IKEA）は，世界一のホームファニシング（家具とホームファッション）企業で，家具小売業界で最も注目されている小売業である。1943年にイングヴァル・カンプラードがスウェーデンで雑貨店を創業したが，1947年からは格安家具の販売を手掛け，家具店をチェーン展開した。自社で独自のデザイナーを抱え，企画・製造・販売まで全てまかなうビジネスモデルを構築した。流通や梱包，製造などのコストを徹底的に削減しながら，顧客のニーズに合わせた格安の組み立て式家具を販売したので人気を博した。1963年には，ヨーロッパのほぼ全域に出店し，さらに米国，カナダ，アジア諸国など33カ国に海外出店展開をしている。

　世界的不況にもかかわらず，イケアは2009年度も成長を続け，売上げは215億ユーロ（円換算2兆8,000億円），従業員数は12万人，店舗数は直営が267店舗，フランチャイズ店舗が34店舗の合計301店舗ある。平均3万㎡の巨大店舗ばかりで，来店者は5億8,000万人に達している。同社の特徴は企業コンセプトが明快で，機能性とデザイン性に富む高品質の商品を可能な限り低価格で供給することにある。R.ユングブルート著，瀬野文教訳（2008）『IKEA　超巨大小売業，成功の秘訣』によれば，イケア成功の秘訣は，低価格，スタイル，スウェーデンカラー，DIY，カタログ，ホットドッグ，田舎，カリスマ，安い国の徹底利用，節税，危機管理の11点が挙げられている[12]。

　ニトリにとっては，イケアは手本となるべき存在であり，目標でありかつ

強力なライバル企業でもある。ニトリ成功の秘訣も，低価格，スタイル，田舎，カリスマ，安い国の徹底利用の5点は似通っている。似鳥昭雄社長が米国のホームファニシングストアを視察して，研究した成果を日本型にアレンジしながら今日のニトリのビジネスモデルを構築してきたが，同時にイケアという巨人を目標にした切磋琢磨競争も見逃せない要因である。イケアは，日本国内には千葉県船橋・横浜・埼玉・大阪・神戸の5店舗だけであるが，各店舗が巨大な広さの売場を有し，低価格と豊富な品揃え，デザイン性，品質，雰囲気，サービスの良さで消費者の支持を高めており，ニトリの強力なライバルとなっている。

Ⅴ 今後の課題

① 海外市場の開拓と海外ビジネスモデルの確立

　少子高齢化とともに人口の減少化を迎えた日本市場は，今後，消費市場の成長が期待できない状況にある。ホームファッションで新業態を創造したニトリにおいても，国内市場は早晩，成熟期さらに飽和期を迎えるため，これからの市場創造を狙うには，必然的に海外市場の開拓が必要となる。小売業の海外展開は，日本の場合，百貨店から始まり，総合スーパー，専門店，コンビニエンスストアと引き継がれてきたが，ニトリの場合，日本国内での出店競争に追われて，遅れてしまっている。海外1号店は，2007年5月に台湾の高雄市から始めているが，2011年2月現在，7店舗に過ぎず，これから海外市場に出店チェーン展開する必要に迫られている。

　専門店では，20カ国・地域に139店舗（2011年7月末現在）で「無印良品」を展開する良品計画が欧州・アジアで，ユニクロが中国で，ＡＢＣマートが韓国で収益を伸ばしているのと比較して，ニトリの海外ビジネスモデル構築への取り組みは緒についたばかりである。店舗開発や物流，品揃え，人材育成など国毎の格差は大きく，事業の現地化を進めつつ収益を拡大できる仕組みの構築が緊急の課題である。

② イケアや国内ホームセンターとの差別化競争への取り組み

　現在は，ニトリの一人勝ちであるが，今後は，イケアが多店舗展開を強力に推進していくので，競争が激化すると予想される。家具・インテリア業界は，国内市場が全体的に縮小・淘汰が進行するなかで，ニトリとイケアの2大勢力が伸びている。イケアは2009年8月期に5店舗で年商500億円を突破し，日本進出4年目で早くも3位になり，2位の大塚家具を射程距離おいている。1店舗当たりの売上高は平均約100億円と，広域から集客し約3万～4万㎡という巨艦店舗のパワーを遺憾なく発揮し，低価格ばかりではなく，シンプルなデザインが30代のファミリーのライフスタイルにマッチして支持されている。イケアとの低価格，品揃え，サービス，広大な店舗と雰囲気など対抗策を練る必要がある[13]。

　さらに，国内のホームセンターや総合スーパー，良品計画などが，ホームファッションやインテリア商品の品揃えを強化し，国内勢との競争も激化していくので，ニトリの特徴を訴求し続けることが不可欠になる[14]。

③ 新業態の開発

　ニトリは2011年10月5日に東大阪市に「ニトリモール東大阪」をオープンした。住関連商品の専門店であるニトリを核に，ファッション，生活用品，フードコートなど専門店16店を集結させた。ニトリにとって新たに進めるモール事業を開始し，新業態のショッピングセンター開発展開を目指している。売場面積7,576坪の大規模型のショッピングモールで，東館・西館の2層で構成され，ニトリ，ユニクロ，ＡＯＫＩ，ＡＢＣマート，アペイル，ザ・ダイソー，スーパービバホームなど各分野のカテゴリーキラーを集め，パワーセンター型のショッピングセンターとなっている。

　今後のモール事業計画として，30カ所以上の開発を狙っているが，果たして成長軌道に乗せられるかがカギとなる[15]。

第 2 部　実践編

④ 経営トップの後継者問題

　創業者の似鳥昭雄社長の強力なリーダーシップで急成長してきたが，1944年生まれの67歳（2011年12月現在）になり，そろそろ後継者問題が重要な課題となっている。ユニクロの柳井正社長をはじめ，カリスマ経営者は，組織の持続的成長を図るためには次のリーダーの育成と引き継ぎのタイミングが重要である。

注

（1）「出でよ　次のユニクロ」『日経ヴェリタス』第92号，2009年12月13日〜19日，1-5頁を参照。「ユニクロのビジネスモデルの研究」に関しては，日本産業科学学会全国大会（2010年7月25日，専修大学）で筆者が報告している。

（2）　日本の伝統的な流通モデルに関しては，渦原実男（2007）「第1章 流通部門の構造」『日米流通業のマーケティング革新』同文舘出版，11-26頁を参照。家具業界の流通構造に関しては，渦原実男（1989）「生活者志向のインテリア・マーケティングの研究—基本概念と旭川家具産業の事例研究—」旭川大学『地域研究所年報』第12号，1-25頁を参照。

（3）　関根孝（2009）「小売機構」久保村隆祐編『商学通論』（七訂版）同文舘出版，57-58頁を参照。

（4）『販売革新』2010年10月号，49頁から引用した。

（5）　矢作敏行（2009）「事例研究：ニトリの急成長・高収益を生み出すバリューチェーン構築」法政大学『経営志林』第46巻第3号，95-107頁と，矢作敏行（2011）「第5章 ニトリ：製・販・配統合型バリューチェーンの構築」矢作敏行編『日本の優秀小売企業の底力』日本経済新聞社，167-196頁を参照。

（6）　似鳥昭雄（2011）「不況をチャンスに変える」ＮＨＫテレビテキスト『仕事学のすすめ』ＮＨＫ出版，2011年4月，4-7頁を参照。

（7）　株式会社ニトリのWebサイトを参照。

（8）　飯泉梓（2007）「強さの研究　ニトリ　効率性は自前で磨く」日経BP社『日経ビジネス』2007年8月20日，40-48頁および緒方知行「いま『ニトリ』がおもしろい！　新しい需要と市場と顧客を創造する『安さ』の実証事例」オフィス2020『2020Value Creator』第291号，2009年8月，4-16頁を参照。

（9）　上掲（6）27-53頁を参照。

（10）　似鳥昭雄（2009）「これからの店づくり，人づくり，商品づくり」北海学園大学経営学部・大学院経営学科研究科ニトリ寄附講座運営委員会監修『北海道発流通・サービスの未来』中西出版，53-76頁を参照。

（11）　矢作敏行（2011）「第5章 ニトリ：製・販・配統合型バリューチェーンの構築」

矢作敏行編『日本の優秀小売企業の底力』日本経済新聞社，167-196頁を参照。
(12)　R. ユングブルート著，瀬野文教訳（2007）『ＩＫＥＡ　超巨大小売業，成功の秘訣』日本経済新聞社および熊沢孝（2008）「第8章　イケア」マーケティング史研究会編『ヨーロッパのトップ小売業』同文舘出版，209-229頁を参照。
(13)　西川立一（2010）「家具・インテリア」『商業界』2010年8月号，108-109頁を参照。
(14)　金子哲雄（2007）「ホームファションストアの現状と今後の展望」流通システム開発センター『流通とシステム』第131号，20-23頁および河野英俊（2005）「ホームファションストアの現状について―先を読んだ生活スタイル提案が差別化を生む―」流通システム開発センター『流通とシステム』第123号，28-35頁を参照。
(15)　「ニトリモール東大阪」『商業界』2011年12月号，6-9頁参照。

第5章 無印良品のマーケティングとイノベーション

I　はじめに

　無印良品は，東証第1部上場企業である株式会社良品計画が自社企画するオリジナル商品を取り扱う専門小売店である。国内359店舗，海外134店舗を展開しており（2011年2月末現在），国内店舗の69％にあたる238店舗が同社の直営店，64店舗がライセンスストア（ＬＳ）[1]，64店舗が西友インショップである。海外は19の国と地域に出店している。海外では，「ＭＵＪＩ」のブランド名で展開し，これにあわせて日本でもブランド統一のために「ＭＵＪＩ」ロゴを前面に出していたが，近年，漢字の力強さのある「無印良品」に再び一本化された。

　平成不況と呼ばれた1990年代は，まさに無印良品の時代だった。消費不況のなかにあって，2桁の増収・増益という絶好調の事業展開を続けた。ファッションでは「モノトーン・無機質・ミニマリズム」に代表されるモードが世界的潮流となり，インテリアではシンプルを基調とする北欧モダンがトレンドとなった。「癒しブーム」を反映して，穏やかな色使いを基調とする無印良品はいっそうトレンドに乗った。熱狂的無印良品ファン「ムジラー」が出現したほどである。

　順風満帆の経営かと思われた無印良品だが，創業20年が経った2000年ごろから，突然の業績低迷に陥る。しかしながら，わずか4年間という短期間で既存店売上げの伸び率がプラスに転じている。いったんブランドロイヤリティ[2]に陰りがみえ始め，失速に陥ると，短期間でＶ字回復を果たすのは至難の業だといわれるが，ここからも無印良品の強さがうかがえる。

第 2 部　実践編

　本章では，こうした原動力になっている無印良品のマーケティングに焦点を当てて，かつてのライフスタイル・マーケティングでの成功と失敗，再生に向けた価値共創のマーケティングとイノベーション戦略，そして今後の取り組み課題と方向性について論じていきたい。

Ⅱ　ライフスタイル・マーケティングと無印良品の生成過程

① ライフスタイル提案型ビジネス

　最初に無印良品の誕生した背景から考えたい。1980年代の日本は，好調な輸出に支えられた好景気と不動産バブルの時代であった。市場には豪華で派手なモノが溢れ，商品の買いあさりや使い捨てが横行し，享楽的な消費が広がっていた。そんな時代に異を唱えて，「わけあって，安い」をキャッチフレーズに，「大衆消費より1つ上」の商品提供を通じて，ライフスタイル提案型ビジネスを発案したのは，セゾン・グループ創始者である堤清二と，現代グラフィックデザインの巨匠である田中一光であった[3]。2 人の交流の中から，それまでの機能性・経済性重視のモノづくりや既存ブランドに対するアンチテーゼを基本コンセプトとして，英語のノーブランド（no brand goods）を直訳して，日暮真三と田中一光によって「無印良品」と名付けられた[4]。

　西武百貨店のオーナーであった堤清二は，1960年代に「モノから文化へ」というコンセプトの下で，「ライフスタイル・マーケティング」の発想を取り入れたライフスタイル提案型のビジネスを企画し，西友やファミリーマート，パルコなどを立ち上げた。団塊の世代をターゲットとして，「文化をモノに託して売る」というビジネスモデルは成功した。しかし，1985年ごろより，バブルによる消費経済の勃興と社会の成熟による消費者の自立が進み，企業提案型のビジネスモデルは力を失っていった。その後，バブル経済崩壊とともにセゾン・グループの衰退が始まり，堤清二自身もビジネス現場を離れてしまった。一方の田中一光はチーフアドバイザーを務めてきたが，2002

年に亡くなり，グラフィックデザイナーの原研哉が後継を務めた[5]。コンセプトづくりやブランド・マネジメントには，クリエイティブ・ディレクターの小池一子や店舗デザイナーの杉本貴志など一流の外部ブレーンがアドバイザーを務めているように，価値重視を貫いている[6]。

バブル崩壊以降は，景気が長期の後退期に入ったため，価値観にも変容がみられ，等身大の生き方やシンプルで落ち着きのある商品に関心が高まった。ファッションにおいても，モノトーンや無機質などと表現される傾向が強まり，洗練された消費が好まれるようになった。これらの傾向は無印良品にとって追い風となり，プレミアム・ブランドのように受け取られ，「ムジラー」と呼ばれる熱狂的なファンを作り出した。そのため無印良品では，消費に提供すべき価値とは何かというコンセプトを大切にしてきている。「わけあって安い」とは，「安いという訳」にこそ価値があると主張し続けている。また，消費者に対して，カラーコーディネーションや自然志向・家庭回帰などのライフスタイルの提案も続けている。80年以降の特記すべき発信テーマと主要な出来事・施策は次の図表5-1のとおりである[7]。

■図表5-1　発信テーマと主要な出来事・施策

年度	発信テーマ	主要な出来事・施策
1980年	わけあって安い。	無駄を省いたお買い得で，リーズナブルな商品開発。
81年	愛は飾らない。	シンプルなことは美しいという価値観を発信。
82年	ひとりひとりの無印良品。	個性派志向がみられ，使い手が自由に活用。
83年	自然，当然，無印。僕は無印だ。	
84年	色のまんま。	自然素材の色を生かしたカラーバリエーション。
85年	「わけ」を再確認。	原点回帰し，フレッシュアップ。
86年		現地一貫生産など海外での商品開発が開始。
87年		海外開発輸入のノウハウが拡大。
88年	世界から素材調達。	「地球大」キャンペーン。
89年		西友より独立して，株式会社良品計画設立。

90年	心のゆとり，安らぎ，健康，快適さ。	西友から無印良品の営業譲受。
91年		海外に初出店。英国ロンドンに「MUJI」出店。
92年		より高品質の「ブルー無印」をスタート。
93年		大型ワンフロア店舗の展開。
94年		住空間に北欧家具が充実。
95年		無印良品津南キャンプ場オープン。
96年		生花販売の「花良」1号店オープン。
97年		中味を空気にしたエア・ファニチャーの誕生。
98年		顧客と無印の双方向の情報交換から生まれた商品紹介。
99年		団塊ジュニア層が結婚適齢期を迎え，世代拡大商品。
2000年		東証第1部上場。ムジネット株式会社設立。
01年		日産との共同開発車「MUJI＋CAR 1000」発売。
02年		ネットコミュニティの顧客情報から生まれた商品発売。
03年	地球規模の無印良品	住空間事業「MUJI＋INEILL」展開。
04年	無印良品の家	スウエーデン，イタリア出店。
05年	茶室と無印良品	ノールウエー，ドイツ，上海進出。
06年	しぜんとこうなりました	家具製造販売の子会社イデーを設立。
07年	家の話をしよう	米国ニューヨークのソーホ地区に出店。
08年	やさしくしよう	新業態「MUJI to GO」スタート。
09年	水のようでありたい	「くらしの良品研究所」スタート。
10年	くりかえし原点，くりかえし未来	「無印良品」30周年。

(出所) 株式会社良品計画（無印良品）のWebサイトを基に筆者作成。

② プライベート・ブランドの誕生

　日本では戦後の高度成長と大衆消費を背景に，総合スーパー（GMS，量

販店とも呼ばれる）という業態が生まれた。総合スーパーは低価格訴求というコンセプトの下で，ナショナル・ブランド（National Brand，以下，ＮＢと略称する）[8]を安値で販売し，チェーン展開により規模拡大した。そのためＮＢを直販するメーカーから再販売価格維持の圧力が加わり，対立が激化するようになった。このような状況に，折からの消費者運動や物価高も加わり，生き残りをかけて総合スーパーは，プライベート・ブランド（Private Brand，以下，ＰＢと略称する）[9]という小売業者独自企画商品の開発に乗り出し始めた。このＰＢは，広告宣伝費や販売促進費をあまりかけず，中間マージンが発生しないことから，ＮＢに比べて10％以上も低価格での販売が可能である。

　日本で最初にＰＢを手掛けたのは総合スーパーのダイエーであり，1960年の「みかんの缶詰」を皮切りに，いろいろなカテゴリーでＰＢ開発を行った。小売業界におけるＰＢ開発は1970年代にはさらに活発になるが，小売業にはモノづくりの経験や技術もなく，消費者の信頼も十分得られているわけではなかったため，メーカーと小売業者名が併記された「ダブル・チョップ」[10]のＰＢも横行するなど，実際にはメーカー主導の商品開発が主流であった。

　このダブル・チョップ型のＰＢに終止符を打ったのが，「ノーブランド商品」である。1976年にフランスのカルフール（Carrefour）[11]が初めて導入したもので，商品からブランド名を外し，簡素なパッケージに必要最小限の説明だけを表示した。これに欧米の各社が続いた。日本では，1978年にダイエーがノーブランド商品を開発し，ＮＢより約30％，ＰＢより15〜20％も低価格で販売した。これにイトーヨーカ堂，ジャスコなど各社も追随し，メーカー依存型の商品開発から独自の商品開発へ歩み始めた。

③ 無印良品の誕生

　こうした動きに対して，総合スーパーの西友は，ＰＢ開発で実績のある米国のシアーズ（Sears）[12]と業務提携を結び，「西友ライン」などのＰＢ開発をしてきたが，単なる低価格だけが追求され，中味が軽視されていると考え，ノーブランド商品の開発には慎重であった。品質と価格とのトレードオ

フを今一度見直すことから始め，消費者の立場から品質と低価格の両立を図っていった。「廉価でも品質は良い」という主張を，効果的に表現するネーミングやイメージ戦略も考えた。その結果，ノーブランドをそのまま漢字で表現した「無印」とすることにした。そして，それまでの「安かろう，悪かろう」というイメージを払拭するために，良い品であることを強調した「良品」を付け加えることとした。さらに商品コピーについても，品質がＮＢには決して劣らない「わけ」を強調したのである。

こうして無印良品は，1980年12月に大手スーパー西友のＰＢとして，ノーブランドの商品発想で誕生した。1989年6月に西友の無印良品事業部から独立し，現在の株式会社「良品計画」が設立された。無印良品はブランドではなく，個性や流行を商品にはせず，商標の人気を価格にも反映させず，地球規模の消費の未来を見通す視点から，オリジナリティのある商品を生み出してきた。スタート時の商品は，日用生活雑貨9品目，食品31品目の合計40品目であった。西友の食品・日用雑貨売り場でコーナー展開されたほか，西武百貨店14店舗，コンビニエンスストアのファミリーマート6店舗でもそれらの商品が売り場に並べられた。

その当時，1978年12月に起きた第2次オイルショックの影響で，長らく続いていた日本の高度経済成長は終息し，物価は上昇していた。そのため，消費者行動が変わり，消費者は，モノの価値と価格に対して賢い目を向け始めた。「いいモノをより安く」提供できる企業が生き残る時代へと変わっていった。そのようななか，「わけあって，安い。」という衝撃なコピー，コンセプトを掲げて，無印良品は登場したのである。

無印良品が目指しているのは「これがいい」「これでなければいけない」というような強い嗜好性を誘う商品づくりではない。「これがいい」ではなく「これでいい」という理性的な満足感を顧客にもってもらうこと。つまり，「が」ではなく「で」である。しかし，無印良品は低価格のみを目標にはしていない。無駄な工程は徹底して省略しているが，豊かな素材や加工技術は吟味して取り入れている。つまり豊かな低コスト，最も賢い低価格を実現している。「安さ」と「良品」という互いに矛盾しがちな2つの要素を，明確

に両立させたのである。

④ 商品開発のコンセプト

　無印良品の商品開発の基本は,「わけあって,安い。」に象徴されるように,生活の基本となる本当に必要なものを,本当に必要な形でつくることである。そのため,商品開発と製造のコンセプトは,創業以来一貫しており,現在も変わっていない。それは,①素材の選択,②生産工程の見直し,③包装の簡素化の3つである。この方針が時代の美意識に合い,シンプルで美しい商品が長く愛されているのである。

①素材の選択
　普段,見過ごしがちな基本のモノづくりのために素材を見直している。品質は変わらないのに,見栄えのために捨てられているもの,世界中からみつけた原材料,安価で大量に確保できるものなどを活かして,低価格で質の良い商品を生み出している。

②生産工程の見直し
　生産工程での商品本来の質に関係のない,無駄な作業を徹底して省き,本当に必要な工程だけを活かす。選り分けたり,大きさを揃えたりする手間も不必要。不揃いのままだったり,つや出しせずに仕上げたり,商品本来の質に関係のない無駄な作業を省いて必要な工程だけを活かしている。規格外のサイズ,形で捨てられていたものも商品にしている。素材を無駄なく活かすことで,コストダウンにもなる,実質本位のモノづくりである。

③包装の簡易化
　飾らず,モノ本来の色や形のままを大切にしたいという思いから取り組んでいる。過剰な包装を控え,商品名や価格,原材料などの必要最低限の情報が印字されたパッケージであっさりと包まれている程度である。シンプルなモノづくりであり,無駄を省くと同時に,地球の資源を無駄にしていない,

地球にも優しい取り組みである。

　NB商品は，生産から流通に至るまでの過程で様々な無駄を生じさせている。その無駄が，価格に転嫁されている。そこで，無印良品は，生産工程や包装の合理化を図り，無駄の削除に徹底して努めることで，NB商品がもつ無駄を省き，「NBと同等かそれ以上の品質で，価格は3割安く，スーパーのPBよりも2割安い」商品を生活者に提供する。それが安さの「わけ」である。

⑤ 株式会社良品計画の成立過程

　1989年6月に西友の無印良品事業部から独立し，資本金1億円の株式会社良品計画として新たなスタートを切った。その後，95年には株式の店頭公開を果たした。株式公開時の経常利益は，独立からたった5年で28倍に達していた。さらに98年には東証第2部上場を，00年に東証第1部上場を果たした。良品計画設立に至るまで，そして独立後の歴史を振り返ると，重要な出来事が幾つかあり，時系列的に整理してみる。

①独立店舗の開発（1983年）
　83年6月，東京・青山に直営第1号となる独立ショップ「無印良品青山」，同年10月には大阪・ミナミに「無印良品アメリカ村」を出店した。この出店は，当初の計画の10倍という桁外れの売上げを記録し，大成功を収めたのである。無印良品独自のライフスタイル提案を効果的に行うには，ブランドショップという器が必要であった。無印良品にとって，「西友の売り場で売られる無印良品」というイメージが完全に定着してしまう前に，西友の店舗とは切り離したロケーションで，独自の世界を創造することが重要だった。

②無印良品事業部の創設（1985年）
　西友の社内に無印良品事業部が創設された。晴れて事業部に昇格し，それまで西友の商品開発部にぶら下がっていた業務が，専門部隊によって進めら

れることになったのである。当初は直営5店舗と本部スタッフ・店長を合わせて10人程度だった。この年，無印良品事業部としての初年度売上高は約140億円で，西友全体の年商からみれば，数％に過ぎないが，数年間で100億円を超えるブランドに成長したのである。

③海外生産調達（現地一貫生産）開始（1986年）
　折からの急激な円高基調に乗って，海外での素材調達に取り組み，現地一貫生産をスタートさせた。この時期，猛烈な円高が進んでおり，85年2月には263円だったのが，88年1月には120円まで，ほぼ2倍の円高になっていた。海外で生産し，日本に輸入したほうが，圧倒的にコストが低いため，低価格を実現しようとするなら，海外生産は不可欠であった。翌年には，工場直発注や独自ルートの開始など，海外生産におけるノウハウの蓄積も進んだ。多角的なコスト低減の努力によって，仕入原価率を下げることに成功した。これも無印良品が安い「わけ」の1つである。また，海外での商品開発も開始し，それ以降，国際的なネットワーク，海外生産のアイテムとともに拡大した。

④独立後の情報システムの構築と物流の合理化
　独立後，良品計画は，本格的なチェーン展開を目指し，オペレーションシステムの強化を進めていった。無印良品の商品コンセプトと同様，「ムダの排除」に努めながら，効率的，効果的な企業経営の実践を目指したのである。重要課題の1つとして行ったのは，情報システムの構築であった。1年間の歳月と約3億円のコストを投じて，独自のＰＯＳ（販売時点情報管理）システム[13]を開発した。それまでは，販売情報の的確な収集ができておらず，店頭では売れ筋商品の欠品と，売上げ不振商品の在庫急増という事態が起こっていた。資本金が1億円の企業にとって，3億円のコストは非常に重い負担だったが，単品の収益管理まで行うことができる仕組みをつくったことで，経営の効率化が飛躍的に進む結果となった。単品レベルの売上げや在庫の状況が把握できるようになったため，商品の的確な改廃も思うように進んだ。

また，物流業務は西友の物流部に委託していたが，93年3月に物流子会社のアール・ケイ・トラックを設立した。94年に新潟，96年福岡，98年神戸，千葉・浦安に自社の商品を一括配送する物流センターを新設した。物流の合理化により，商品管理を一元的に行うことができ，生・配・販一貫体制の構築による効率化を進めた。いわゆるＳＰＡ（製造小売業）のビジネスモデルの構築を図った[14]（ただし，無印良品の場合，自らをＳＰＡ企業であると謳っていないが，自社工場を持たず実質的に生産自体は外部委託しているものの，商品企画から販売までを行うという業務の内容は，ユニクロとほぼ同質であると考えられる）。

　以上のような経営の合理化を進めていった良品計画は，消費市場が本格的な不況に突入していくなかで，大半の同業他社とは逆に，大躍進を遂げたのである。

III　ライフスタイル・マーケティングの限界と不振の要因

　企業提案型のライフスタイル・マーケティングは，90年代に成長期から成熟期に達しており，その限界が表面化してきた。創業20年を迎えた2000年から，無印良品の既存店売上高の伸び率は突如大きな落ち込みをみせる。創業以来，初の減益となった2000年度（2001年2月期）の財務状況を分析してみる。その要因は以下に挙げる5項目に分けることができる。

(1) 消費者のライフスタイル・マーケティング離れへの認識不足

　まず第1の要因は，従来からのライフスタイル・マーケティングの成功体験によって，不況による消費者価値観の変化への認識が不足していた点である。会社設立後の実質的な初年度である1990年から，99年度までの10年間，同業他社がバブル崩壊後の長期にわたる不況で苦しんでいた時期であったが，無印良品の業績はずっと右肩上がりで伸びて，株式の店頭公開，東証第2部上場，東証第1部上場と，全く挫折を経験することなく，好調な経営状況を維持していた。そのことから，他社をベンチマーキングすることや消費市場

環境の変化への対応を怠ってしまった。その間に，研究を積み重ねた競合他社が，頭角を現し始めた。

② 商品開発やコンセプト戦略の失敗

　第2の要因は，業績の悪化によって短期的な対応，すなわち対処療法に終始したことである。他社の売れ筋商品のデザインを真似るなど商品開発の面でも，目先の対応に走ってしまった。無印良品の商品は，従来はモノクロとナチュラルカラーだけであったのに，鮮やかなカラーを取り入れるなど，無印良品のコンセプトに本来なら合致しないような商品も加わり，ブランドイメージを希薄にしてしまった。

　また，2000年からの業績悪化により，ユニクロをはじめとする低価格路線の衣料品専門店と対抗するために，衣服雑貨182品目で平均12％の値下げを断行した。本来ならば，差別化戦略を採るべきであるが，無印良品は低価格戦略を採り，自社よりも上位の敵であるユニクロと同じ土俵に上がってしまったのである。一方，生活雑貨や食品では，ダイソーに代表される100円ショップとの競合にさらされていた。そのため，生活雑貨359品目で平均23％，食品で15～25％の値下げを行い，100円を下回る単価の商品群を投入した。この低価格路線も無印良品らしさを低下させた。

③ ブランド戦略の失敗

　第3の要因は，ブランド戦略の失敗で，業績低迷の最大の要因である。80年に登場した無印良品が，ブランディングを完了したのは，86年ごろであるが，それ以降，磨きがかけられていないブランディングのままであったため，市場の変化に対応することができなくなった。

　例えば，良品計画が快進撃を続けた90年代には，商品企画担当者がチベットの山奥まで足を運んで素材を探し求めたりするなど，当時はそういった「牧歌的なものづくり」が十分に通用した時代であった。しかし時代は変わり，競合他社の素材調達や商品開発力も進歩を遂げたため，無印良品も，従来どおりの開発手法で差別化を図ることが難しくなった。

④ 店舗開発戦略の失敗

　第4の要因は，店舗開発戦略の失敗である。良品計画は，従来から販売をキーにして，商品開発を引っ張っていく企業だった。最初は30坪の店舗でスタートし，その後100坪超，150坪，300坪と店舗面積を広げ，それに対応できるだけの商品供給体制を整備していった。まず受け皿である店舗をつくり，それに合わせてマーチャンダイジング（MD）[15]の拡充を行う。すなわち，店舗開発が商品開発力をプルアップするパターンである。どちらかといえば，商品生産と供給の体制を拡充するよりも先に，店舗面積を広げることが優先されたのである。しかし，500坪まで拡大したころから，商品開発が売り場の拡大に追いつかなくなったのである。

　無印良品ブランドのアイテム数は，当時まだ4,000アイテム程度だった。無印良品のキャナルシティ博多店とコンビニエンスストアの標準店舗とで比較すると，無印良品が売り場面積約500坪で約4,200アイテム数であるのに対して，コンビニエンスストアは売り場面積約30坪で約2,000アイテムである。無印良品はコンビニエンスストアに比べ，売り場面積が約16倍であるのに対し，アイテム数はたったの2倍である。そのことから，無印良品の店舗は売り場面積が広くなれば広くなるほど，効率が悪くなることは明らかである。それだけ，売り場に無駄な空間が増えるということになる。東証第1部上場企業となった良品計画は，株式市場の期待感に重い圧力を感じていたことが，店舗開発戦略を焦らせ，誤らせた要因であった。以上，4つの内部要因があった。

⑤ ユニクロやニトリ，ダイソーなど強力なライバルの出現

　第5の要因は，強力な競合店の出現という外部要因である。良品計画は，衣・食・住の3分野を扱っている。そのなかでも競合店の台頭により，特に大きな打撃を受けたのは，衣服・雑貨部門である。3シーズン連続でフリースを大ヒットさせたユニクロには，無印良品だけでなく，衣料品を扱うすべての企業から顧客を奪っていった。家具・インテリアなどでは，ニトリが勢

力を伸ばした。良品計画がブランド磨きを怠っている間に，懸命に無印良品の研究を行い，家具・インテリアを中心に，無印良品と対抗できる商品を無印良品より3，4割安い価格で打ち出してきたのである。また，ステーショナリーはダイソーなどの100円ショップに，化粧小物はマツモトキヨシなどの格安ドラッグストアに，売上げを奪われていった。

　ここで最も強力なライバルであるユニクロとの比較をすると，ユニクロのターゲット層はあらゆる老若男女（敢えて性別や世代を絞り込んでいない）に，低価格で高品質なベーシックカジュアルな衣料の提供を特徴としているのに対して，無印良品のターゲット層は団塊ジュニア世代に，低価格・高品質・素材のよさを活かしたシンプルで機能的な商品の提供を特徴としている。しかし，内実をさらに分析すると，ユニクロのターゲット層は老若男女であるが，実際にフリースを手にとった世代は，無印良品のターゲット層である団塊ジュニア層であった。また，カジュアル衣料も両社とも低価格で高品質を訴求しており，両社は競合している。
　また，ユニクロはテレビCMや折り込みチラシに有名人を起用し，過大な広告宣伝投資により消費者に大きなインパクトを残しているのに対して，無印良品のテレビCMは自社の商品とその価格，BGMが流れるだけのシンプルなものである。テレビCM自体も無印良品らしさが出ているとともに，広告宣伝にコストをかけないことも「わけあって，安い。」ゆえんであり，広告戦略も大きく異なっている。

Ⅳ　価値共創マーケティングとイノベーション戦略

　無印良品は経営不振から再生するために，SPA上でのマーチャンダイジングシステム改革とともに，価値共創マーケティングとイノベーション戦略を中心に様々な取り組みを行ったが，そのなかから主要な戦略を取り上げる。低価格のアパレルだけを扱うユニクロと異なり，多岐に渡る商品カテゴリーを扱う無印良品のSPAの場合，製品開発や選定システムがより重要な戦略

である。

1　SPA上での組織やシステム改革

(1) カテゴリーマネジメント組織やシステム改革

　V字回復を目指して当時の松井忠三社長の大方針で，しまむらや花王を参考にシステム構造改革に着手した。しまむらの藤原秀次郎会長からは，自前主義やマニュアル化（標準化），平等主義を，花王の敏保元和歌山工場長からは，全社一丸となった組織的な品質改善を学習した[16]。早速，物流センターに投資し，内部のオペレーションも自社で担当することで，物流の合理化が進展した。長年，西友関係にアウトソーシングしてきたマーチャンダイジングシステムの60％を，自前の開発・運用に切り替えた[17]。マーチャンダイジングの自前化・簡素化こそが，無印良品が行ったSPA上での最大の改革であり，これにより競争力が回復した。そもそもマーチャンダイジングシステムとは，顧客の欲求データなどを元に，売れる商品を開発するヒントを提案するシステムのことであるが，自前化して発注の的中率も向上した。期中の総販売量を見込んで一発発注するやり方も改めて，最初は70～80％を発注し，出足をみてからアクセルを踏むか，ブレーキを踏むかを見極めるようにした。店頭に並べて3週間もたてば，販売動向はだいたいわかるようになった。手作業での発注も自動発注システムに変え，店舗業務の省力化にも役立った。

　また，経営不振に陥った当時の組織は，商品開発，生産管理，在庫管理の3つのセクションに分かれていたが，それらを統括するディレクター機能（カテゴリー全体をコントロールしながらジャッジを下すポジションや機能）を果たす人間が組織にいないことが問題であった。つまり，3つのセクションがバラバラに機能していたため，企画から在庫までをトータルにコントロールし，機会ロスと在庫ロスの発生を防ぐ仕組みがなかったのである。そのため，失速に陥った当時，売れ筋商品の欠品と売上げ不振商品の大量の在庫が生じることになった。

　そこで組織改革を行い，商品開発と在庫管理，生産管理が連携しやすいよ

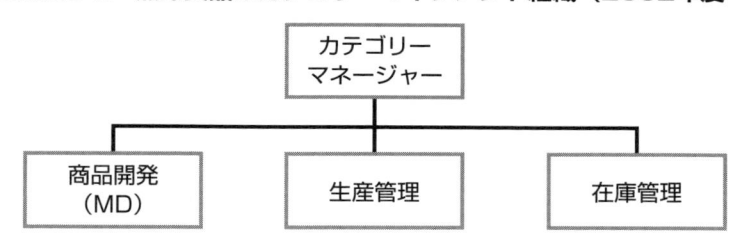

■図表5-2　無印良品のカテゴリーマネジメント組織（2002年度～）

```
            カテゴリー
            マネージャー
      ┌─────────┼─────────┐
   商品開発      生産管理      在庫管理
   （MD）
```

うに，図表5-2のように2002年度から3つの機能を統合し，権限もそこに集中させる体制に変えた。紳士服や婦人服，子供服などのカテゴリーごとに，「カテゴリーマネージャー」という責任者をおいて，意思決定の全責任を負うようにした。

こうすることで，数量や納期，商品の決定などの全責任を，カテゴリーマネージャーが負う仕組みになった。つくってから処分するまでの流れが「一人称」でまわる形になったのである。責任と権限の所在が明確化されたことで，意思決定のスピードと的確さが飛躍的に高まり，効率的な運営ができるようになった。

(2) 在庫管理システム改革

業績不振に陥った当時，無印良品の店舗では，衣服・雑貨部門の不良在庫処理に頭を悩ませていた。商品は，ランク分析を行い，S，A，B，Cのランク付けがされていたが，S，Aランク商品では欠品が相次ぎ，B，Cランク商品は在庫過多の状態にあった。そこで，在庫管理システムは，POSシステムの投入や販売データ活用の強化によって商品の動きを「可視化」し，科学的，合理的な取り組みを行う方向への改革が進められた。「ランキングMD」と呼ぶ，売れ筋商品や死に筋商品の確実な把握をベースに，単品ごとの売れ方の強弱を明確化し，それを生産や販売，発注業務などに結び付けて，機会ロスと在庫ロスの低減を図った。また，予測と実績の差が週次で把握でき，生産計画を迅速に修正できるようになった。しかし，B，Cランクの商品や，死に筋商品など，年間で数個しか売れていなくても，切ってはいけな

い商品が少なくはない。廃番にしたことで，消費者から苦情が殺到するケースも何度かあったため，「即時廃番」あるいは「商品の見直しが必要」かは，データに基づきながら慎重に協議した。

このようにPOSシステムの投入や販売データ活用の強化によって，店舗の商品をタイムリーに入れ替え，かつ在庫の過多，欠品はなくなった。機会ロス，在庫ロスが削減されるとともに，魅力ある売り場へと変わっていった。また，このシステムの導入で発注業務の時間が短縮できたため，それまで発注業務にかかっていた分の時間を他の業務に回すことができ，業務効率を改善することもできた。

(3) 作業のマニュアル化の徹底

仕入れや陳列方法など大半の業務を個々の社員の勘と経験に頼り，大きな無駄が発生していたとの反省から，「ムジグラム」と呼ばれる運営マニュアルを配備することにした。全13冊，計1,648ページのファイルには，預り金やお釣りの数え方から品物の並べ方，経理・労務管理の方法まで店舗運営に必要な手順が写真入りで紹介されている。本社にも部門ごとに仕事の手順を標準化した11冊のマニュアルがある。

従来，「マニュアルは創造性を奪う」と公言してはばからないセゾン文化に影響されてきたが，企業危機を体験して，会社の風土，仕事の仕組みを変える「バイブル」となったのが，ムジグラムであった。マニュアルの徹底・進化により，合理化が図られ，クリエイティブ（創造的）な発想にあてる時間が増えたという成果が出ている[18]。

② 価値共創マーケティングとイノベーション戦略による新しいモノづくり

(1)「モノづくりコミュニティ」開設と「ユーザー・イノベーション」

商品開発力の低下は，無印良品失速の原因の1つとして挙げられている。そこで，商品開発力強化の方向性として，新しいモノづくり手法へのトライを始めた。それは，01年にインターネットを活用し，消費者と「声のキャッチボール」をしながら商品開発を行う「モノづくりコミュニティ」を開設し，

誕生した「みんなの声からのモノづくり家具・家電」プロジェクトである。「ユーザー・イノベーション」とも呼ばれるように，まさに消費者と共同して価値創造を行い，マーケティングからイノベーションまで行う仕組みを構築した[19]。その商品開発ステップは，次のようなものである。

①モノづくりコミュニティへの参加登録と掲示板への書き込み
　プロジェクトに参加する顧客は，インターネットでメンバー登録をし，掲示板に書き込みを行う。

②商品開発テーマの抽出
　顧客の書き込みから，商品開発部がキラリと光るアイディアを開発テーマとして抽出する。そして最終的にテーマが選定され，ネット上で発表される。

③テーマに沿った商品アイディアの投稿から商品コンセプトを決定
　そのテーマについて，様々な商品アイディアを顧客に自由に投稿してもらう。商品開発部がその内容を吟味し，商品コンセプト候補を決定する。

④商品コンセプトに投票
　顧客の知恵の集約である複数の顧客コンセプトに対して，顧客が投票する。

⑤デザイン案の作成と投票による選定
　④の投票で1番人気のコンセプトについてデザイン案を数点作成し，また顧客投票を行う。

⑥購入予約 → 商品を決定 → 販売開始
　確定された商品案に対して購入予約を募り，その数が予定ロットを超えた場合に初めて商品化が決定する。商品は購入予定者への販売完了後，ネットに加えて，実店舗での販売も開始される。

⑦商品レビュー募集と改善
　販売後，購入者からのコメントを募集し，その情報を商品の修正・改善や新規開発に継続的に反映させていく。

(2) オブザベーション

　また，新しい商品開発の手法として，03年から「オブザベーション（視察）」をスタートさせた。これは，消費者の自宅を訪問し，生活者のリアルな暮らしを観察して，生活者の視点で「こういうのがあったらいいよね」という新しいニーズをキャッチする方法である。具体的にいうと，家族構成の違う200世帯の家庭の浴室，洗面所，押し入れ…普段のありのままの状態を記録・写真に撮影させてもらい，6万点のデータを取得し，写真に写っている状況を分析して，商品開発へと活かすという手法である。

　商品の企画から商品化まで，商品開発部みんなで意見を出しあう「ファースト」，「セカンド」，「ファイナル」と呼ばれるいわゆる商品検討会が，2カ月おきくらいで行われている。みんなの意見を聞いて，どんどん客観的にしていこうという場である。

①ファースト検討会
　まず，現代の生活には何が必要とされているか，といった大きな方向性を決める話し合いをする。オブザベーションでの発見や，そこから発展したアイディアなどをもちよって，比較的自由に議論する場である。

②セカンド検討会
　ファースト検討会で，こういう商品が欲しい，という大きなアイディアやコンセプトまでを決めると，その形というのはある程度，みえてくる。セカンド検討会では，発泡スチロールを使って，モックアップ[20]を何度も何度も作り直して，それをまず，発表する。実はこれが非常に重要な作業である。ＣＧグラフィックや，スケッチなどでみせることはなく，とにかくすぐカタチにしてみることが多い。イラストでは伝わらなかったことが，立体のモッ

③ファイナル

「ファイナル」とはいっても本当に開発の最終段階ではなく，金型作成に入る前のデザインを最終決定する段階である。ここでは絞り込んだ商品デザイン案をプロのモデル屋に依頼し，より最終製品に近い外観で形にしてもらう。最終的に金型をつくる前にいくつか修正が入ることがあるが，ここが1番，時間とお金がかかっている工程である。

さらにここから最終的な商品になるまであと5カ月ほどかかる。しかし，そのあたりは臨機応変で，必要とあれば，商品をもっとも効果的なタイミングで販売するために，途中のステップをすべて飛ばして，迅速に商品化をする。

(3) 消費者とコラボしての戦略商品開発

2008年9月のリーマンショック後の不況対策として，2009年には商品戦略委員会を設け，無印良品の思想とコンセプトの理解と深耕を図り，原点回帰しながら新たな方向性を模索した[21]。約7,500アイテムある商品群を2012年までに約5,000アイテムまで絞り込み，単品精度も向上させる方針を打ち出した。

また1つの商品で大きな売上げをつくり出す戦略商品開発を開始した。09年度は73アイテムを開発し，売上高構成比で10％を達成，2012年度は20％の商品群で50％の売上高構成比を目指している。消費者とコラボレーションして商品を開発し，改良していく機能と研究の場をもつ「くらしの良品研究所」を2009年に開設した。「そうじを楽しく」「良い眠りへ」「キッチンとくらし」「住まいのかたち」といったテーマを設定し，意見やアイデアを募り，アンケートを実施している。「モノづくりコミュニティー」も設けて，幅広く意見や要望を吸い上げている。こうしたウェブのコミュニティーを中心に，売り場での接客を含めて消費者と交流を図っている。

無印良品の開発体制は部門別にそれぞれ配置されるマーチャンダイザー（M

D），物流と在庫管理のディスリビューター（DB），生産拠点や製造工程を管理するプロダクトディベロップメント（PD），無印ならではの「デザインしない」デザイナーで構成され，四者四様の立場から開発にコミットし，マーチャンダイジングプロセスに沿って進められていく。その際，重要な役割を担うのが商品に最適な素材の産地や工場を見極めるPDである。SPAのニトリの低価格攻勢に対して，無印良品らしさを打ち出すためには，新たな価値を創造するイノベーションが必要である。

(4) 消費者支持によるブランド力の強さ

　図表5-3は，消費者向けブランド力調査「ブランド・ジャパン2011」の結果であるが，無印良品は総合力で第16位にランクされ，2010年の26位から急上昇している[22]。消費者の意見を吸い上げ，それを商品開発に生かす仕組みの強さに定評がある。ライバルのニトリとは格の違いが明白になっているし，総合力で第2位のユニクロには劣っているが，内訳で詳細をみると，イノベーティブ（革新）だけが大差であるが，他のフレンドリーやコンビニエント，アウトスタンディングでは拮抗していることがわかる。他のライバルの東急ハンズとは格段の違いがある。

　この背景には，前述の「くらしの良品研究所」立ち上げなど，企業理念から商品の品揃えに至るまで，ウェブサイトを通じて多彩な情報を提供すると同時に，無印良品として考えていきたいテーマを消費者に提示し，消費者の意見を吸い上げて商品開発に活かす姿勢が評価されている。テーマやコラムへの投稿は1年に4,000件に上っている。

　ここにはSNS（ソーシャル・ネットワーキング・サービス）の活用力の凄さがある。例えば，フェイスブックでは，消費者が興味を持つコラムや自社サイトのコンテンツを転載しながら，無印ファンのコミュニティーを構築する。一方，ツイッターも組み合わせながら，直接的な販促にも活かしている。ツイッターのフォロワー数は12万人以上で，日本企業のなかでもトップクラスの集客数を誇っている。SNSを使った消費者の囲い込みが，集客と同時に商品開発力向上に繋がり，高いブランド力を生み出している。

第5章　無印良品のマーケティングとイノベーション

■図表5-3　コンシューマー市場（BtoC）編　総合力と因子指数

順位 2011年	順位 2010年	ブランド名	総合力 2011年	総合力 2010年	フレンドリー（親しみ）	コンビニエント（便利）	アウトスタンディング（卓越）	イノベーティブ（革新）
1	2	グーグル	91.2	89.1	67.3	84.2	87.5	114.3
2	1	ユニクロ	88.6	92.3	76.7	77.7	76.0	107.0
3	5	パナソニック	85.5	84.1	75.2	82.9	77.6	83.1
4	7	マクドナルド	84.0	80.1	81.7	70.9	73.1	89.7
5	11	日清食品	82.7	79.0	82.8	76.7	69.7	73.9
6	13	ディズニー	81.6	77.9	82.3	53.9	100.9	75.9
7	15	ユーチューブ	80.4	76.5	64.0	71.5	72.3	107.9
8	3	スタジオジブリ	79.9	85.3	81.1	53.5	99.8	71.5
9	12	楽天市場	79.0	78.2	66.2	73.7	68.2	97.1
10	10	サントリー	78.7	79.3	82.1	69.3	70.6	68.0
11	40	アップル	78.1	70.5	55.4	59.5	101.2	103.2
12	4	ソニー	77.4	85.1	65.9	70.7	88.3	72.5
13	14	任天堂	76.7	77.4	70.9	62.4	74.4	89.6
14	8	ウィンドウズ	76.6	79.6	61.1	82.8	66.8	80.8
15	15	コカ・コーラ	75.6	76.5	81.0	63.4	73.8	61.6
16	26	無印良品	74.6	73.6	78.4	66.3	75.8	54.7
17	45	アマゾン	74.4	69.2	62.4	72.5	67.2	84.6
17	23	モスバーガー	74.4	73.8	77.4	66.5	81.9	48.5
19	17	ヤフー	74.3	74.7	64.0	79.9	57.8	78.7
20	28	シャープ	74.1	73.3	59.2	75.4	69.6	82.4
20	43	明治製菓	74.1	70.2	83.0	73.1	57.1	51.4

（出所）『日経ビジネス』2011年4月18日号，79頁を基に筆者作成。

Ⅴ　今後の取り組み課題と方向性

① 現在の取り組み事業

　創業から30年経った今，良品計画は中心となる生活雑貨，衣服雑貨，食品の他にも，様々な事業展開を行っている。その内容は，自動車（ＭＵＪＩ Ｃａｒ1000），ネット事業，クレジットカード事業，住宅事業，飲食事業，

花事業（株式会社花良品），無印良品ｃｏｍ ＫＩＯＳＫ（駅コンビニ）など多岐にわたっている。そのなかでも，特に4事業を取り上げる。

①ネット事業（無印良品ネットストア）
　食品や家具，衣類や生活雑貨など生活に必要なありとあらゆる商品が，7,500点以上掲載されており，ネット上でじっくりとショッピングが楽しめる。

■図表5-4　有店舗小売事業者の2009年度通販売上高一覧表

順位		社名		前期実績		決算期（月）	主力商材／主力商品
				通販売上高	増減率		
1	◎	上新電機		37,646	17.9	3月	家電製品／ネット
2		ヨドバシカメラ	※	35,000	1.5	3月	家電製品／ネット
3		三越		29,546	▲9.6	3月	総合／カタログ・テレビ
4	◎	イトーヨーカ堂		21,000	61.5	2月	食品／ネット
5		丸井		20,840	8.4	3月	衣料品・雑貨／カタログ
6		ビックカメラ		19,250	31.7	8月	家電製品／ネット
6		ユニクロ		18,854	31.0	8月	衣料品／ネット
8		髙島屋		18,130	▲4.1	2月	総合／カタログ
9		HMV・ジャパン	※	17,500	―	3月	音楽・映像商品／ネット
10	◎	カルチュア・コンビニエンス・クラブ	※	15,000	―	3月	CD・DVD／ネット
10		ソフマップ		15,000	5.6	2月	家電製品／ネット
12		コメリ	※	10,000	8.3	3月	工具・建材・家庭用品／ネット
13		ユニットコム	※	9,500	―	3月	パソコン／ネット
14		ヤマダ電機	※	9,000	―	3月	家電製品／ネット
15		良品計画		8,228	9.9	2月	雑貨・衣料品／ネット
16		リテールコム		7,000	―	3月	音楽・映像商品／ネット
17		紀伊國屋書店		5,040	0.1	8月	書籍／ネット
18		伊勢丹	※	5,000	14.3	3月	総合／ネット
19		ニトリ		3,500	―	2月	家具・雑貨／ネット
20		フジ・コーポレーション		3,353	5.2	10月	カー用品／ネット
21		虎の穴	※	3,300	―	6月	書籍／ネット
22		タンタンコーポレーション		3,250	30.0	2月	家電製品／ネット
23		エディー・バウアー・ジャパン	※	2,850	―	2月	衣料品／カタログ・ネット
24		エーツー		2,700	94.9	8月	書籍／ネット
25		阪急阪神百貨店		2,536	6.9	3月	総合／ネット

注　『通販新聞』2010年8月19日より，抜粋した。単位：百万円，増減率：％，（▲マイナス）
　＊同紙推定，◎は例外，あるいは事情のある企業。
（出所）『販売革新』2010年12月号，57頁。

ネットストアで商品の店舗在庫が確認でき，店舗在庫確認サービスと呼ばれるネットならではのサービスもある。カタログやネットストアでみた，気になる商品を実際にみて確かめたいときに，非常に便利である。また，ネットストア限定商品やネットストア限定のまとめ買い価格，セット割引，アウトレットなどがあり，通常の店舗よりバラエティに富み，価格も安いのが特徴である。まとめ買い価格の例を挙げると，ペットボトルの烏龍茶が，500ml×24本で税込2,299円である。1本当たり95円，店舗価格では1本税込105円であることから，ネットストアでは10円，約1割安いことになる。セット割引は，木製ベッド＋高密度マットレスをセットで買うと通常価格より15％引き，ソファ＋ソファカバーをセットで買うと10％引きといったものである。お得感を出すとともに，ついで買いを促す仕組みである。

こうしたネット事業強化策が功を奏して，売上高が伸びている。図表5-4のように，有店舗小売事業者の2009年度通販売上高一覧表で無印良品は第15位で，ライバルのニトリ（第19位）を倍以上も上回っている。

②飲食事業（Ｃａｆｅ＆Ｍｅａｌ　ＭＵＪＩ）

　Ｃａｆｅ＆Ｍｅａｌ　ＭＵＪＩは無印良品がつくったベーカリーカフェである。「おいしくてヘルシーな料理に出会える，みんなの集いのスペース」，「『素の食』はおいしい」をコンセプトに季節の素材をたっぷりと使った，身体にやさしく，食べておいしいメニューを取り揃え，無印良品ならではの「食」の提案をしている。メニューは軽食を中心としている。豆・野菜類といったビタミンやミネラルを多く含んだ季節の食材をまんま使って，おいしく，健康的に食してもらう。旬の野菜を豊富に使ったデリは，組み合わせによっては何十種類もの食材を摂ることができ，バランスがよくヘルシーなのが特徴である。十穀米の薬膳カレー，ほうじ茶プリンなど健康に優しいメニューを豊富に取り揃えたオーガニックベーカリーカフェである。

③住宅事業（無印良品の家）

　現在約8,000アイテムにのぼる無印良品の「器」（うつわ）となるのが，「無

印良品の家」である。「家を通して無印良品が考える新しいライフスタイルを提案したい」、「過剰な装飾・仕様を排除し、耐久性、耐震性、快適性を追及したい」、住宅販売事業はこのような思いから04年5月にスタートした。そして、北海道・沖縄を除く全国で、フランチャイズ形式のモデルハウスが続々とオープンし、無印良品の家の販売を開始した。

　これまで無印良品が販売した家は「木の家」「窓の家」「朝の家」と3タイプのものがあり、そのすべてがグッドデザイン賞を受賞している。無印良品の家は、すべてグッドデザイン賞の証であるGマークを取得することができた。グッドデザイン賞では、姿形の美しさだけでなく、デザインを通して、豊かな暮らしと健全な未来を導くものかどうかが審査される。無印良品が家を考える原点は、生活者としての暮らし。無印良品の家すべてに通じるその思想が高く評価されたということである。

④キャンプ事業（ＭＵＪＩ　ＯＵＴＤＯＯＲ）
　キャンプ場は津南キャンプ場（新潟県・津南町）、南乗鞍キャンプ場（岐阜県・高山市）、カンパーニャ嬬恋キャンプ場（群馬県・嬬恋村）の3カ所ある。最初の無印良品キャンプ場が誕生した95年は空前のアウトドアブームだった。華美で便利な施設や道具が注目されるなか、無印良品は本当に必要なものだけを工夫し、知恵を使って自然を楽しむ、つまり、自然を自然のまま楽しむことこそ本当の「キャンプ」だと考えた。同様の考えのもとでキャンプを楽しむ人を応援しようと「無印良品サマーキャンプイベント」（現、無印良品サマージャンボリー）を開催し始めた。

　その土地の人々が守り育んできた大きな自然。良品計画が目指したのは、その豊かさと共生するキャンプ場である。過剰なサービスは省いたが、自然は豊かであり、無印良品のコンセプトに沿っている。キャンプ用品のレンタルやショップが充実しているため、手ぶらで訪れることができる。キャンプ場経営は、地形さえよければ、ホテルなどに比べて投資がかからないという点から今後無印良品キャンプ場は増える見込みである。

② 海外出店戦略

　無印良品の海外出店の歴史をたどると，1989年の良品計画創設された1989年のわずか2年後に海外1号店となる「ＭＵＪＩ　ＷＥＳＴＳＯＨＯ」を，英国ロンドンの中心街にオープンさせている。英国の消費市場は，日本よりも1歩も2歩も成熟化が進んでいるため，そこに登場したシンプルで実質的な商品群は「ジャパネスク」の神秘さへのあこがれも加わって，英国人の目に新鮮かつ魅力的に映ったのである。日本人にとって，無印良品はどちらかといえば「無国籍風」のイメージが強いが，英国の人にとっては紛れもなく「ＪＡＰＡＮＥＳＥ」であり，禅や浮世絵などの独特の文化を連想させるものであった。その後も，ヨーロッパを中心に一挙にドミナント出店戦略を採って出店した[23]。しかし，この戦略は失敗し，赤字店舗が増え，いくつかの店舗は撤収せざるを得ない結果となった。良品計画は，この反省を活かし，大都市にまず1店舗を出店し，ゆっくりとブランドを広げながら黒字化させ，それから2号店を出店する方式に転換した。「主要国をしっかり固めることが大事」との言葉どおり，ヨーロッパでは英国13店，フランス，スウェーデン各7店，イタリア6店，ドイツ5店など店舗網を拡大した。さらに，アジアでは中国26店，台湾19店，香港9店，韓国8店，タイに8店も出店しており，現在ではニューヨークにも4店を構えている（2011年2月末現在）。

　現在，海外事業における1つの目標は，2014年に年間売上高400億円，連結利益に占める海外事業の割合を20％に引き上げる計画である。2010年度（2011年2月期）の決算によると，海外事業の年間売上高はまだ197億円，連結利益に占める海外事業の割合は13％である。

　この目標達成のためには，海外生産した商品をそのまま海外店舗に投入したり，現地のニーズに合わせて機動的に大量出店できるように，「外→外」で効率よく利益を稼ぐ仕組み，ビジネスモデルを整える必要がある。海外（中国・上海，華南，シンガポール）に自前の物流センターを整備したり，海外事業を担当できる外国人や日本人の人材の育成が急務である。目安である400億円に到達すれば，良品計画の海外戦略は新たな段階に入ると期待され

③ ターゲット戦略の転換

　無印良品では30代が中心年齢を構成しており，客層の高齢化が進んでいるので，30代，40代の団塊ジュニア世代に絞ったターゲット戦略を行ったが，その戦略は失敗に終わり，業績低迷の一因にもなった。そこで年齢でターゲットを切るよりも，各世代で無印良品のライフスタイルを愛してくれる層を広げていく，というターゲット戦略に転換した。

　客数アップのために，既存店の改装，初のテレビCMなどの対策に打ち出した。06年2月から無印良品として初の本格的なテレビCMが6大都市圏で流れ始めた。テレビCMは，集客力の向上が大前提だが，単なる瞬間的なセールスプロモーションではなく，継続的な来店を図ることが狙いである。そのためCMのターゲットはあえて明確にせず，幅広い客層に受け止められるようなイメージを狙った。また，店舗で流しているBGMをCMでも起用しており，印象度が向上した。

④ CSR活動への取り組み

　無印良品は単にビジネス活動を行うだけでなく，生活スタイルの提案として，「自分だけでなく，地球も幸せになる」そんな素敵な買い物を実現するために様々な取り組みを行っている。

(1) マイバッグ

　CSR活動のなかでも特に，マイバッグ活用への取り組みに力を入れ，「レジ袋を使わないほうが，ずっといいね」と思えるような商品やサービスの提供に取り組んでいる。気持ちよく「レジ袋を使わない買物」をしてもらうために，全国の店舗で，POPによる呼びかけと，レジでの顧客対応を徹底している。そのレジ袋は，1人ひとりのお客様のニーズに対応するために，まず「わかりやすさ」にこだわった。素材，サイズ，デザイン，価格のすべてが単純であることが重要だと考えている。素材はごくありふれた綿100％の

もの。薄いので，クルクルと丸めると小さくなり，持ち運びに便利である。サイズは，様々な商品を扱うお客様のために，Ｂ５，Ａ４，Ａ３という代表的なノートサイズの３つを用意した。価格は税込みでＢ５ワイド：50円，Ａ４ワイド：70円，Ａ３ワイド：100円。気軽に「一度，買ってみようかな」と思える価格を目指している。今までマイバッグを使ったことのない顧客にきっかけをつくってもらうことが，レジ袋の削減につながると考え，価格の設定にもこだわっている。

(2) リサイクル

　無印良品では「素材にもどる素材」を使用している商品を店頭にて回収し，再び商品素材として活用する取り組みを行っている。対象商品はポンチョ，ポーチ，風呂敷など東レの開発したナイロン６を使用しているナイロン製品10品目である。対象商品にはリサイクル対象商品を示すマークがついている。リサイクルに協力してもらった顧客には，ポリカーボネイド軸中性（ゲルインキ）ボールペン（税込100円）をプレゼントしている。リサイクルは，東レが1kg・1円で買い取り，再びナイロン原料に戻して無印の商品に再加工するといった流れとなっている。これにより，製造にかかるエネルギーを約70％節約し，CO_2の排出量も約70％削減できる。このような取り組みを行うことで，地球にやさしい製品を作り出しているのである。また，それと同時に，顧客自身も「地球にやさしい取り組みをしている」という意識をもつきっかけを得ることができる。

　対象商品は多くないが，店舗数が多いので相当な量のCO_2削減につながる。これからは，リサイクルできる他の繊維製品にも取り組みを広めるとともに，リサイクルしにくいプラスチック製品の素材をリサイクルしやすいものへの切り替えが望まれる。

(3) ピンクリボン運動

　無印良品は，「女性のためにできること」として07年からピンクリボン運動に参加している。ブラジャーおよびカップ入りキャミソールの対象商品の

売上げから1枚につき1円を乳がん早期発見・早期診断・早期治療の啓発運動を行うNPO法人乳房健康研究会に寄付している。

　これまで，ピンクリボンを販売促進のための活動として捉えられたくないという意味もあり，WEB中心の情報発信を心掛けてきた。しかし，顧客から「貢献したいけれど，対象商品がわからない」という声が数多くあったことから，09年からは店頭でもわかりやすい情報発信を行っている。そうすることで，消費者にも乳がん早期発見への意識が広まった。

Ⅵ　おわりに

　無印良品は，衣料品はユニクロ，しまむら，家具はニトリ，化粧小物はドラッグストア，生活雑貨は100円ショップなど，カテゴリーごとにみるとライバルは多く，それぞれ苦戦を強いられている。店舗全体でみれば，イオンやイトーヨーカ堂などの総合スーパーがライバルである。しかし，良品計画全体でみると，ショッピングセンターのように自動車事業，ネット事業，クレジットカード事業，住宅事業，飲食事業，花事業，無印良品comKIOSKなど生活の多岐にわたる事業を展開している。ワンストップ・ショッピングを通り越して，良品計画だけで生活ができるほどである。1つの企業でここまで幅広くライフスタイル提案型ビジネスに手を広げているところは，珍しい存在である。さらに，海外にも出店し世界的にも有名な企業となっている。

　くしくも現在，無印良品が誕生したころと同様，2008年のリーマンブラザーズの経営破たんに端を発した不況に陥り，消費者も節約志向に打って出た。それに対応するために，g.u.（ジーユー）が990円ジーンズを売り出したが，競合のイオンは880円，ドン・キホーテも690円と低価格競争が激化した。このように現在の消費市場には「いいものを，少しでも安く」という消費者行動が顕著である。

　良品計画の2010年（11年2月期）の決算をみると，衣服雑貨部門では婦人ウェア・紳士ウェア・子供服が減少傾向であるが，生活雑貨部門ではファニ

チャー・ヘルス＆ビュティが好調で，ファブリックス，ステーショナリーが不調と明暗を分けている。食品部門は，この不況下においてもプラス成長を成している。やはり，不況に陥り節約志向になったために，ユニクロ，g.u.や100円ショップなどに顧客が奪われていったのが原因である。不況にもかかわらず，健闘していることから，世間のニーズは無印良品の「わけあって，安い。」のコンセプトと合致しており，大衆から確固たる信頼を得ているといえる。

　また，良品計画の商品はこれまでいくつかグッドデザイン賞を受賞しているように，機能性，デザイン性ともに認められている。無印良品が誕生した当時も不況下であった。そのようななかで，大ヒット，増収・増益をたたき出した実力をもっており，現在の不況に打ち勝つのも，そう難しくはない。今後は，衣服やファブリックス，ステーショナリーにも力を注ぐ方向性にあり，持続的に成長するものと考えられる。

注

（１）　無印良品のライセンスストア（ＬＳ）とは，フランチャイズ店のことである。数値データはアニュアル・レポートを参照した。
（２）　銘柄への忠実度のことで，消費者が同一銘柄（ブランド）の商品を繰り返して買う度合いをいう。
（３）　堤は現在セゾン文化財団理事長で，経済界だけではなく文化人としても著名で，辻井喬のペンネームで小説家，詩人でも活躍中である。田中一光（いっこう）は無印のアートディレクターも務めたが，2002年に死去した。本章はセゾン文化財団出身の深澤徳（2011）『思想としての「無印良品」』千倉書房も参照している。
（４）　日暮はコピーライターで貢献した。
（５）　原は2001年より株式会社良品計画（無印良品）のボートメンバーも務めた。
（６）　小池はファッションの歴史研究者，杉本はインテリアデザイン，内装設計の専門家である。
（７）　株式会社良品計画（無印良品）のWebサイトより，主な出来事をリストアップした。
（８）　大手メーカーが全国規模で展開するブランド。ＰＢと違ってどこの地域，店でも購入できる。
（９）　スーパーマーケットや百貨店などの大手小売業者が，自ら企画生産して低価格で売り出す独自のブランド製品。イオンの「トップバリュ」やセブン＆アイ・ホールディングスの「セブン・プレミアム」などが有名である。

(10) メーカーと流通業者が共同して開発したブランド。
(11) 世界第2位の売上高を誇る小売業で，ハイパーマーケットやスーパーマーケットなど大型総合小売業の業態をグローバル展開している。
(12) ＧＭＳ（総合量販店）で，1960年代から90年代初頭まで米国売上高トップであったが，近年はＫマートと経営統合するものの経営不振が続いている。
(13) コンピューターと自動読み取り装置をつないで，販売時点・単品ごとに販売情報を収集・蓄積し，分析するシステム。ＰＯＳシステム導入においての最大の利点は，商品名や価格，数量，日時などの販売実績情報を収集するため，「いつ・どの商品が・どんな価格で・いくつ売れたか」を経営者側が把握しやすく，売れ行き動向を観察できる点である。
(14) いわゆる「ユニクロ方式」とも呼ばれる企画・製造・配送・販売を垂直統合したビジネスモデルをいう。
(15) 価格や販売形態を決定する際のプロセスのこと。市場調査に基づく合理的な販売促進策。例えば，種類が類似した商品を販売する際，マーケティング戦略と販売がずれていると，プロモーションや価格戦略が適切であっても，対象とする顧客を満足させることができない。販売機会を逃さないためには，品揃えや仕入れ，在庫などを対応させる必要がある。最近は，ＩＴを駆使して，品揃え，棚割り，仕入発注など，一連の商品化計画を自動的に行うシステムが開発され，現場の第一線で活用されている。
(16) 『日経情報ストラテジー』2008年1月号，46-49頁を参照した。
(17) 『日経情報ストラテジー』2010年1月号，12-15頁の小森孝ＣＩＯ（最高情報責任者）取締役兼情報システム担当部長の解説を参照した。
(18) 『ＡＥＲＡ』2009年2月2日号，77-78頁を参照。
(19) 小川進（2006）『競争的共創論』白桃書房，107-135頁を参照した。
(20) 製品の外観の検討や機能の確認のために作られる原型のこと。
(21) 西川立一（2010）「ホームファッション進化論」『販売革新』2010年12月号，44-54頁を参照した。
(22) 『日経ビジネス』2011年4月18日号，78-81頁を参照した。
(23) 小売業がチェーン展開をする場合に，地域を特定し，その特定地域内に集中した店舗展開を行うことで経営効率を高める一方で，地域内のシェアを拡大し，他小売業の優位に立つことを狙う戦略をドミナント戦略という。ここで，集中して多店舗展開を行う対象となる地域をドミナントエリアと呼ぶ。

第6章 イオンの小売業態の展開とイノベーション
―新業態開発とプライベート・ブランド戦略を中心に―

I はじめに

　高度成長期以降の流通近代化で重要な役割を果たしてきた総合スーパーであるが，バブル崩壊後は業態の成熟期を迎え，業界全体として売上げの伸び悩み・停滞から経営不振が顕著になり，経営破綻や閉店が相次いでいる。業態自体の存亡の危機に立っており，業界再編の渦中にある。

　こうしたなかで，総合スーパー事業でのトップ企業に躍り上がり，総合小売業として組織改革や新業態開発，小売主導型のプライベート・ブランド（Private Brand，以下，ＰＢと略称する）商品開発，ショッピングセンター開発，ＩＣＴ（Information & Communication Technology）システム化，ＳＣＭ（サプライチェーン・マネジメント）構築によるロジスティクス革新，グローバル・ソーシング，海外出店，環境保全，社会貢献活動など，積極的な経営戦略やイノベーション力で先導しているのがイオンである。イオンではグループの総力を挙げて戦略的にモール型ショッピングセンターの開発や「トップバリュ」を中心とするＰＢ商品開発に取り組んでいる。

　そこで，イオンの新業態開発とＰＢ商品開発を中心に，経営戦略やイノベーション力の実態を明らかにし，今後の生き残りに向けた戦略や課題を考察する。なお，イオンはかつて独自企画商品をストアブランドと称していたが，本章ではＰＢに統一して用いている。

第2部　実践編

Ⅱ　イオン(ジャスコ)の経営戦略の変遷と特質

ジャスコの創業から現在に至るまで一貫して積極的な拡大路線をとってき

■図表6-1　イオンの企業集団の状況

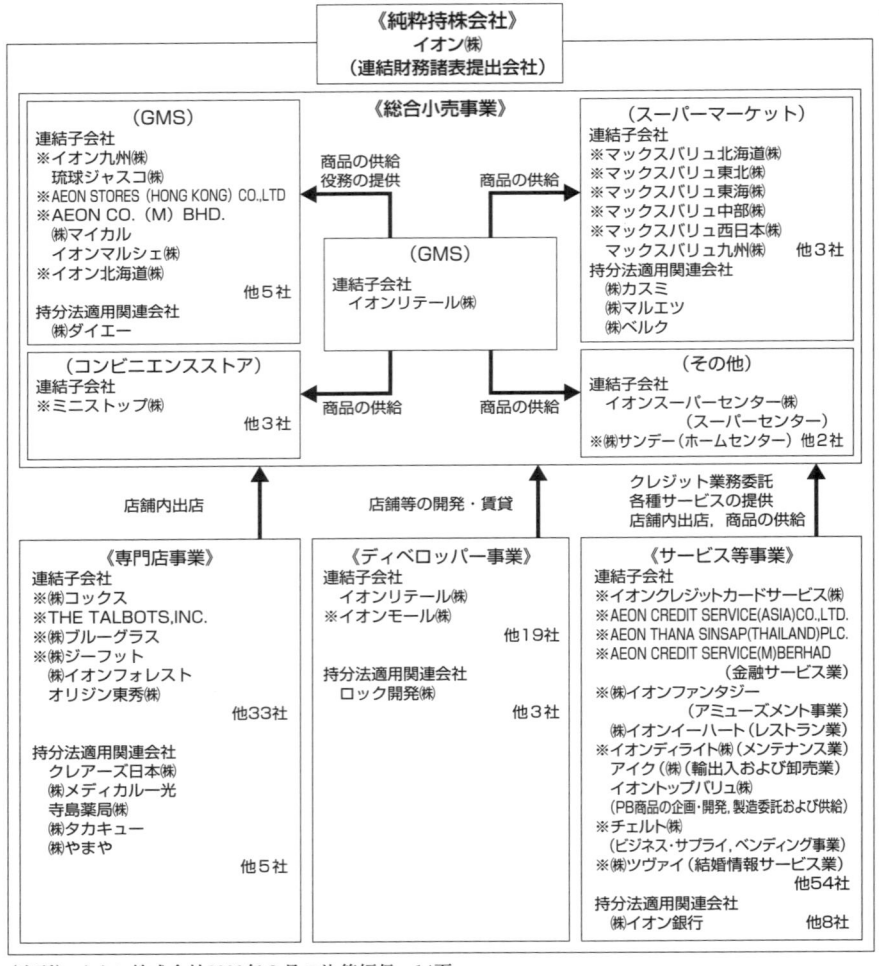

```
                        《純粋持株会社》
                           イオン㈱
                    （連結財務諸表提出会社）

                        《総合小売事業》
   (GMS)                                      (スーパーマーケット)
連結子会社          商品の供給                連結子会社
※イオン九州㈱       役務の提供    商品の供給  ※マックスバリュ北海道㈱
  琉球ジャスコ㈱                              ※マックスバリュ東北㈱
※AEON STORES (HONG KONG) CO.,LTD             ※マックスバリュ東海㈱
※AEON CO. (M) BHD.                           ※マックスバリュ中部㈱
 ㈱マイカル            (GMS)                 ※マックスバリュ西日本㈱
  イオンマルシェ㈱   連結子会社                  マックスバリュ九州    他3社
※イオン北海道㈱      イオンリテール㈱          持分法適用関連会社
             他5社                             ㈱カスミ
持分法適用関連会社                              ㈱マルエツ
  ㈱ダイエー                                   ㈱ベルク

  (コンビニエンスストア)                          (その他)
連結子会社                                     連結子会社
※ミニストップ㈱     商品の供給    商品の供給  イオンスーパーセンター㈱
            他3社                                (スーパーセンター)
                                              ※㈱サンデー（ホームセンター）他2社

                店舗内出店  店舗等の開発・賃貸  クレジット業務委託
                                              各種サービスの提供
                                              店舗内出店，商品の供給

  《専門店事業》        《ディベロッパー事業》    《サービス等事業》
連結子会社          連結子会社                連結子会社
※㈱コックス        イオンリテール㈱            ※イオンクレジットカードサービス㈱
※THE TALBOTS,INC. ※イオンモール㈱            ※AEON CREDIT SERVICE(ASIA)CO.,LTD.
 ㈱ブルーグラス              他19社           ※AEON THANA SINSAP(THAILAND)PLC.
※㈱ジーフット                                ※AEON CREDIT SERVICE(M)BERHAD
  ㈱イオンフォレスト  持分法適用関連会社            （金融サービス業）
  オリジン東秀㈱     ロック開発㈱             ※㈱イオンファンタジー
             他33社         他3社               （アミューズメント事業）
                                              ㈱イオンイーハート（レストラン業）
持分法適用関連会社                            ※イオンディライト（メンテナンス業）
  クレアーズ日本                              アイク㈱（輸出入および卸売業）
  ㈱メディカル一光                            イオントップバリュ㈱
  寺島薬局㈱                                   （PB商品の企画・開発，製造委託および供給）
  ㈱タカキュー                               ※チェルト㈱
  ㈱やまや                                     （ビジネス・サプライ，ベンディング事業）
             他5社                           ※㈱ツヴァイ（結婚情報サービス業）
                                                        他54社
                                              持分法適用関連会社
                                                ㈱イオン銀行    他8社
```

(出所) イオン株式会社2009年2月の決算短信, 14頁。

たイオンは，図表6-1のイオンの企業集団の状況のとおり，多くの企業から構成されている[1]。2009年2月期時点でのグループ企業をみると，179社（内訳はイオン本社，連結子会社149社，持分法適用関連会社29社）に上り，グループ売上高は約5.2兆円に達している。ただし，経常利益は，わずか約1,260億円で，当期純利益に至っては約28億円の赤字である。総合小売業として，総合スーパーやスーパーマーケット，コンビニエンスストア，スーパーセンターの他，専門店事業，ディベロッパー事業，サービス等事業を営むが，特に総合スーパーが経営不振を極めている。それでも，中国を中心としたアジア事業を積極的に展開しており，2010年に世界の小売業ランキングで10位以内に入ることを目標とする「グローバル10」構想の実現に向けて邁進中である[2]。このグローバル10構想は，当時の岡田卓也会長が2000年に掲げた長期ビジョンと方向性で，岡田元也社長以下の経営陣に，現在も脈々と受け継がれている。

（1）ジャスコの経営戦略の変遷

ジャスコの前身である岡田屋呉服店は，1758年の創業で約250年の歴史を誇るが，現在のイオンの基礎を築いたのは，岡田卓也である。戦後の1946年に社長に就任し，1959年の米国旅行で，当時隆盛を誇っていたシアーズやA＆Pなどを視察し，日本にも近代的な大規模流通業の必要性を感じ，実行に移してきた[3]。ダイエーの中内功やイトーヨーカ堂の伊藤雅俊らとともに，日本型総合スーパーづくりで，流通革命のリーダー役を果たしてきた名経営者である[4]。岡田は，合併による規模の拡大が必要と考え，姫路のフタギ，大阪のシロとともに，1969年にJUSCO（ジャスコ）を設立した。その後も，積極的な拡大政策を進めるために，提携・合併や新規店舗の開設，スクラップ・アンド・ビルドを展開してきた。こうした合併によって，全国各地に地域ジャスコが生まれてきた。

ジャスコ三十年史（2000）のなかの政策発表会基本方針による時代区分をすると，次の6期に特徴づけられる[5]。

①ジャスコ草創期の積極的拡大政策（1970年〜1973年）
　草創期である1970年から73年までの4年間で，営業収益が約3倍，当期利益が2倍になる積極的拡大策を採った。拡大策の1つは新規出店であり，71年からは毎年10数店の多店舗出店であった。もう1つは提携・合併戦略であり，自らもスーパー連合体であるジャスコは地方スーパーとの連合を呼びかけ，第2次，第3次の合併を行い，全国にジャスコグループの輪を広げていった。

②株式上場と東京本社設立（1974年〜1978年）
　第1次石油ショックを契機に，日本経済は高度成長から安定成長に転換したが，個人消費は低迷し続けるという厳しい時期に，ジャスコは株式上場と東京本社設立を果たした。東日本地区への店舗展開に拍車がかかり，連邦制経営というジャスコ独自の経営方式でナショナルチェーン展開を目指した。大規模小売店舗法の施行で足かせになったが，地元密着の地域ジャスコによる活発な店舗開発で成長を続け，株式上場後も5期連続の増収増益であった。

③連邦制経営の完成と事業構造の転換（1979年〜1983年）
　誕生10周年を迎え，2つのビジョンを発表した。1つは，これまで提携合併戦略を軸に培ってきた連邦制経営を完成させる戦略である。もう1つは，新業態開発により事業構造の転換戦略である。この時期には，外食，専門店，ディスカウントストア，コンビニエンスストア，カーライフ，クレジットサービスなど様々な新規事業を育て，事業の多角化を進めた。株式上場後10期連続の増収増益を達成した。

④東南アジア出店とタルボット買収（1984年〜1988年）
　誕生15周年を迎え，新たに国際化戦略を開始した時期である。1つは，東南アジアのマレーシア，タイ，そして香港への出店戦略である。もう1つは，欧米の有力専門店との提携，買収戦略である。イギリスのローラアシュレイとの提携，米国タルボットの買収により，本格的な国際流通企業への足がか

りをつくった。円高基調を活用し，海外商品の輸入も促進した。株式上場後15期連続の増収増益を続けた。

⑤イオングループ発足とゆるやかな連帯（1989年～1994年）
　誕生20周年を迎え，国際的企業グループを目指し，名称をイオングループへ改称してゆるやかな連帯という提携関係を生み出した。この時期，新業態開発により，食品スーパー「マックスバリュ」とディスカウントストア「メガマート」が登場し，グループの業態戦略の基本方向が定まった。ディベロッパー事業では，ショッピングセンターの開発を強化し，さらに「トップバリュ」を中心とするプライベート・ブランド開発も本格化した。91年まで18記連続の増収増益だったが，以後は減収減益で試練の時を迎えた。

⑥国際的企業グループへの飛躍（1995年～1999年）
　バブル経済崩壊後の個人消費の低迷やメガコンペティション（大競争）時代の到来により，厳しい時代に突入した。業態開発では，総合スーパー，食品スーパー，ディスカウントストアの3業態のフォーマットが明確になり，ショッピングセンター開発が進展した。ゆるやかな連帯はホームセンター事業，ドラッグストア事業に広がった。国際事業では欧米のカテゴリーキラー，専門店との連携が進み，アジアでは中国への出店が緒についた。業績面では波乱に満ちた時期であった。

　ジャスコ三十年史の史料に基づき，業態開発や出店など経営戦略をみてきたが，この後，2001年には，イオンに社名変更し，グループ名もイオンへ変更した。

２　イオンの経営戦略の特質

　イオンは，グローバルレベルで通用する経営品質とローカル（地域）に密着した経営の両方の実現を目指している。

①物流・サービス提供機能の強化

　エブリディ・ロープライス（ＥＤＬＰ）を実現するために，マーチャンダイジングやロジスティクスの改革を進め，メーカーとの直取引や海外とのダイレクトソーシングにより，低コスト経営を徹底した。消費者ニーズに合致したタイムリーな品揃えや欠品防止，補充発注作業人時の半減，商品計画プロセス支援システム導入，インターネットを用いた企業間電子商取引の推進によって調達コスト削減など，低コストオペレーションを実現した。

　ロジスティクス改革では，戦略物流ネットワークの構築を進め，在庫機能を備えた物流センターを整備し，メーカーとの直取引を推進した。

②ガバナンス体制の確立

　ゆるやかだったグループ会社への関与を強め，経営のスピードアップを図るために，2003年に委員会等設置会社を導入している。経営の監督と執行を明確に分離し，執行役に権限を大きく持たせる一方で，透明性と客観性を高めるために取締役会の半数を社外取締役にしている。イオン独自の諮問委員会として，お客様諮問委員会や夢のある未来諮問委員会を設置している。さらに，企業倫理体制を強化するための内部統制システムを設置し，イオン行動規範を示すとともに，モニタリングのための内部通報制度も設置している。

③環境保全と社会貢献活動

　環境保全活動では，1991年に財団法人イオン環境財団を設置して，世界各地での植樹，内外の環境ＮＧＯの助成を行っている。1989年からはイオン１％クラブを設置して，グループ優良企業の税引前利益の１％を拠出して社会貢献活動を行っている。

④ローカル経営

　イオンはショッピングセンター（SC）を単なる物流・サービス提供機能だけではなく，地域社会のコミュニティーセンター機能をもたせ，地域貢献活動を行っている。例えば，新潟県中越地震の際には，緊急避難用テントを

SCに配備したが，その後も，行政と協力して防災訓練を行い，災害時のインフラ基盤，ライフラインの確保という機能を付加した。さらに，地元の雇用を創出し，地産地消でも地域経済の発展に寄与している。

⑤連邦制経営

　グループ企業のマネジメントは，「連邦制経営」と呼ばれ，各企業の自主性が尊重されるようになっていて，その強味を最大限活用しようとしている。例えば，利益率が高いプライベート・ブランド商品「トップバリュ」の販売についても，強制的な販売命令をだしていない。さらに，グループ内の競争も容認されており，グループ内企業の顧客争奪戦も起きてきた。しかし，一部で見直しも進めている。かつてはモールの運営について，ディベロッパー事業を行ってきたダイヤモンドシティ，イオンモールに加えて，イオン本社も展開していたが，近年，イオンモールに集約してきている。

　以上のような経営戦略を，「グローバル10構想」を核に，総合スーパー（GMS）の改革，グループの連帯強化，モール型SC開発など目標設定して，現在，岡田元也社長のリーダーシップで経営改革を推進中である。

③ マーケティング戦略

　イオンのマーケティング戦略の特徴を挙げると次のように整理できる。

(1) 商品戦略

　商品戦略面では，マーチャンダイジングでＮＢの品揃えだけではなく，後述のＰＢ商品開発を積極的に進めている。価格や品質面での差別化の手段として重視しており，国際競争力のあるＰＢ戦略をとり，企画開発商品比率の上昇，グローバル・マーチャンダイジングによる海外商品の拡充・強化に努めている。

(2) 価格戦略

　価格戦略面では，ＥＤＬＰ価格設定による低価格訴求を強調している。ＥＤＬＰを実現するためには，商品の単品管理をトータルで行い，ＥＤＬＣ（エブリディ・ローコスト）で行える低コスト経営が前提条件になる。グループ力をフルに活用して，物流コストや販売管理費の削減を行い，ベストプライスの展開で，グローバル・プライスへ挑戦している。

(3) 販売促進戦略

　販売促進戦略面では，サービス活動の総責任者として顧客対応を担当する副店長の配置やＣＳオールスターズにより接客サービスを向上させたり，顧客の質問や苦情に対するスピーディな対応を行う「ご意見承りコーナー」を設けたりして，インストア・プロモーションを強化している。

(4) 情報・経路戦略

　本社と事業部と店舗間のリアルタイム・コミュニケーションが可能な大規模なマルチメディア衛星通信ネットワークシステムを構築している。売れ筋の確保・不振品の排除，店舗在庫の適正化，リードタイムの短縮，商品回転日数の改善，商品の発注から代金の支払いまでのペーパーレス取引，各種コストの大幅削減などを実現するＥＣＲシステムも構築した。さらに物流ネットワークの統合を進め，戦略的同盟も行っている。このように，メーカーとの直接取引を可能にした物流システムや情報システムのインフラ整備を積極的に推進してきている。

Ⅲ　イオンの業態展開とイノベーション

(1) スクラップ・アンド・ビルドの出店戦略とイノベーション

　後述のように，イオンの出店戦略は，地方を中心に土地の安い郊外に大型店を展開して成長してきた。しかも，イオンはジャスコ設立の経緯から，四

日市の岡田屋，姫路のフタギ，大阪のシロの合併であったこと，さらに地方のスーパーや百貨店と提携して規模拡大を図ってきたことから，革新的なスクラップ・アンド・ビルドの出店戦略で，店舗の閉店と新設を繰り返してきた。スクラップ・アンド・ビルドは，まさにシュンペーター（J. A. Schumpeter）のいうイノベーション，創造的破壊の積み重ねである。この背景には，岡田屋の家訓「大黒柱に車をつけよ」が，今もイオンのDNAとして生き続け，市場の動向に迅速に適応して店舗をスクラップ・アンド・ビルドするだけでなく，絶えざるイノベーション力によって，新業態開発とビジネスモデル構築に取り組んできたことが，競争力の源泉になっている。そこで，改めて，ジャスコ三十年史よる時代区分でレビューしていく。

①ジャスコ草創期の積極的拡大政策（1970年～1973年）

　総合スーパーがメインのジャスコであるが，合併前に岡田屋は大型店5店のほか，すでに小型スーパーストア，スーパーマーケットであるオカダヤチェーンを12店，一方のフタギもスーパーストア27店を展開していた。三菱商事と一緒にダイヤモンドシティという専業ディベロッパー会社の設立にも取り組み，準備を整えていた。そのため，シロを含む3社が合併した早々から地方のスーパーとの合併に取り組むとともに，4つの店舗パターン（アンカーストアと郊外型SC，ファミリーニーズSC，ホームインプルーブメントセンター）を明確にして，果敢にスクラップ・アンド・ビルドを行っている。まだ業界内では，SC開発が本格化していない時代から，先駆け的にダイヤモンドシティSCの開発やダイヤモンドファミリー2核SCの開発にも早期から取り組んできた。

②株式上場と東京本社設立（1974年～1978年）

　引き続き，提携合併を積み重ね，連邦制経営の骨格が決まっていった。中部から関西拠点の地方総合スーパーから全国チェーン展開を目指すために，関東や東日本への出店を実現するだけでなく，共存共栄型SCの開発を開始している。具体的には青森サンロードとして，地元主導型SCの開発に結実

した。

③連邦制経営の完成と事業構造の転換（1979年〜1983年）

　連邦憲章が制定され，連邦制経営の完成とともに，地元主導型店舗開発が軌道に乗ってきた時期である。そのため，小型スーパーマーケットのウェルマートの設立やジュニアデパートの開発など，新業態の開発と事業構造の転換に積極的に取り組んだ。

④東南アジア出店とタルボット買収（1984年〜1988年）

　大型店への非常に厳しい出店規制が続くこの時期に，新規出店は国内で61店舗あったが，そのうち18店舗は500㎡以下の小型店舗であった。東日本への出店が過半を占めるなか，「生活宝島」をテーマにしたアップスケール型の店舗，新茨木店と「新生活創館」南千里店が注目を浴びた。規制強化のため，ファッション専門店ビルフォーラスやディスカウントストア，小型スーパーマーケットなど新業態開発に取り組まざるを得ない時代であった。中心市街地立地の多層階の店舗は，改装時には「着る・食べる・感じる」という「感性」訴求型のファッション業態変更を試みた。

　また，円高を背景に価格体系が激変したため，ＤＳ事業部を設置し，店名「ビッグ・バーン」や「ザ・ビッグ」でディスカウントストア業態を開発したが，自社商品開発や低コスト経営などディスカウントストア本来のシステム構築のノウハウが不足していたため，約10年でＤＳ事業部は解散に追い込まれた。ウェルマートに倣い，500㎡以下の小型スーパーマーケットのチェーン展開を試みたが，あまり成功できなかった。

⑤イオングループ発足とゆるやかな連帯（1989年〜1994年）

　この時代は，日米構造協議などの場で，日本の大規模小売店舗法が，外資系企業の参入障壁になっているとの理由で批判されたため，規制緩和に政策転換が起き始めた。そこで追い風に乗って，1989年にイオンは「新しい業態の開発とショッピングセンター戦略」を掲げ，ＤＳ新業態「メガマート」と

大型スーパーマーケット「マックスバリュ」開発を積極的に展開した。メガマートは，米国のウォルマートを真似て開発し，ネイバーフッドSCやコミュニティSCを構成する核店舗として位置づけられた。ストア・フォーマットを標準化し，4,500㎡の売場面積をワンフロア構造にして建築コストを抑えて，ドミナント出店した。実用衣料と生活必需品中心に品揃えし，エブリディ・ロープライスをセールスポイントにした。

マックスバリュも，売場面積3,000㎡での大型店舗で，米国のフード＆ドラッグのコンビネーションストアを真似た業態である。高齢化社会の到来や健康志向に対応した店舗で，食料品と日用雑貨に加え，医薬品，化粧品などの品揃えを強化している。低コスト経営を実現するため，平屋建て，内外装とも軽装備で，什器や建築コストも抑えた。

こうしたメガマートとマックスバリュのネイバーフッドSCは，大和ハウスと共同出資で新たに設立されたディベロッパーであるロック開発が担当した。さらに大規模なリージョナルSCは，ジャスコ100％子会社「ジャスコ興産」が担当した。本格的なSC時代が到来するとともに，既存のダイヤモンドシティとイオン興産，ロック開発の3社が，ライバルとして競い合って成長していった。ディベロッパー体制が整ったことから，さらに多機能型・複合型ＳＣ「ノア」や2核ＳＣ「奈良ファミリー」，優しいまちづくりを狙った「姫路リバーシティーＳＣ」など，超大型商業施設が開発されていった。

⑥国際的企業グループへの飛躍（1995年〜1999年）

前期に引き続き，出店規制が緩和され，大店法に代わり「大規模小売店舗立地法」が公布された。法的規制から，ゴミや騒音，交通渋滞などの社会的規制に移行したが，ＳＣ戦略が軌道に乗り，フォーマットも確立していった。リージョナルＳＣはイオン興産とダイヤモンドシティ，コミュニティＳＣはジャスコ開発本部，ネイバーフッドＳＣはロック開発とジャスコＮＳＣ事業部が，それぞれ開発を担当した。

こうしたなか，消費者の価値観やライフスタイルの変化に既存のＧＭＳ店舗が適応できていないとの反省から，さらに売場面積を大型化した「ニュー

GMS」業態の構築にも挑み始めた。売場の改革，商品の差別化，商品調達過程の改革の3点を商品政策に掲げ，消費者視点から見直した。

　大型スーパーマーケットは，1999年のシンボルマーク改定に伴い，マックスバリュに名称変更され，積極的な出店が続き，イオンの大きな事業に成長した。これに対して，ＤＳ業態のメガマートは，カテゴリーキラーと呼ばれる専門店型ＤＳに，専門的品揃えや低価格訴求で打ち勝つ仕組みづくりが急務となった。

　新しい試みとして，10万〜50万人という広域商圏に強い集客力を発揮するショッピングセンターとして，低価格を志向する量販店，専門店，カテゴリーキラーなどが集積したパワーセンターを開発した。

② イオンの業態展開の現状とマルチフォーマット戦略

　1997年のヤオハン以降，マイカル，カルフールなど経営破綻や撤退した店舗を，イオンはグループに組み込み，再生してきた実績で明らかなように，絶えざるイノベーションによるスクラップ・アンド・ビルドのノウハウがイオンには備わっており，競争力の源泉となっている。今では，ダイエーさえも持分法適用関連会社にあり，かつてのセービングという一世を風靡したＰＢも廃止され，イオングループの一員としてトップバリュを販売している。まさに巨大なコングロマーチャントを形成し，多業態を内包するマルチフォーマット戦略を展開している。

　2000年以降，イオンでは業態別出店戦略においても，総合スーパーのジャスコを中核にして，大型スーパーマーケットのマックスバリュ，コンビニエンスストアのミニストップなど大小様々な店舗形態を抱え，業態の組み合わせを勘案して出店戦略をとってきている。さらにイオンの競争力のあるビジネスモデルであるモール型ＳＣにおいても，ネイバーフッドＳＣ，コミュニティＳＣ，リージョナルＳＣ，パワーセンターのように，商圏の大小や低価格訴求特化の特性により，出店する業態や専門店のテナントの組み合わせを変えている。このノウハウがイオンのイノベーションの武器となっている。

　イオンのマックスバリュ業態のマーチャンダイジングの面では，ＥＤＬＰ

（常時低価格）を実現し，従来のおとりや特売からの脱却を進めている。そのための仕組みとして，効果的な品揃えの適時実現，ゆるやかな連帯の基での地域会社の見直しと再編，情報の統一を狙っている。イオンでは，1年を52週に分けて，天候，気候，社会行事，地域行事等の情報を加味して，商品計画する52週マーチャンダイジングを実施している。これらにより，低コスト経営の構築を強化している。

Ⅳ　ＰＢ開発の先行研究のレビュー

1　ＰＢの概念と分類

　ＰＢという用語は，これまでに広く一般的に使用されてきたにもかかわらず，実務家や研究者において共通の概念規定や分類がなされないままに用いられてきたため，先行研究をレビューしても非常に曖昧で，不明確なものになっている[6]。日本では包括的にＰＢを使用するが，英国では「Own Brand」，米国では「Private Label」が一般的に用いられるように，国際的にも用語が統一されていない状況にある。しかし，いずれの用語も同義の用語として用いられていると理解されている[7]。

　そこで最初に，ＰＢの概念を整理する。AMAの定義（1990年）によれば，「ＰＢは製品の製造業者よりも再販売業者によって所有される色彩が強いブランドである。ただし，まれにはその再販売業者は製造業者である場合もある。」と概念規定されている[8]。

　ＰＢの用語を，①ブランドの所有者，②広告の有無，③展開エリアが全国か，否かといった3つの軸で，ナショナル・ブランド（National Brand，以下，ＮＢと略称する）と対比して定義を行っているが，現実にはシアーズ（Sears）やクローガー（Kroger）など大規模小売業者がＰＢを全国展開しており，この用語を越えて展開していることを追記している。

　こうした実情を踏まえて，新田都志子は，ブランドの所有企業以外のキーワードは意味をなさなくなっていると主張している[9]。そして，新田は，メ

ーカー・ブランドであるＮＢに対比する形で，ＰＢを小売業者ブランドという新しい概念を提示し，さらに小売業者ブランドをブランディングの概念で4分類し，ＰＢをその中の1つとして位置づけ，次のように定義している。

　①プライベート・ブランド（ＰＢ）とは，小売業独自のブランド・ネーム，ロゴ，パッケージ（統一されたスタイル）を有し，小売業者自身が商品企画し，生産管理から販売まで一連の責任を負うブランドである。

　②ストア・ブランド（ＳＢ）とは，小売業がそのストア名（企業名）をブランド・ネームとして付与したブランドである。パッケージの統一性は必ずしも必要なく，ブランド名（ストア名，企業名）が識別の手段である。

　③ジェネリック・ブランド（ＧＢ）とは，ブランド名を付与せず，商品名（一般名詞）のみのブランドである。パッケージはできるだけシンプルで，余分な包装は省略する。

　④専用ブランドとは，その小売業者のみで販売するブランドで，小売業者自身が企画・開発したブランドとは限らない。

　こうした見解を踏まえ，筆者としては製造業者ブランドであるＮＢに対して，広義のＰＢは流通業者ブランドを総称するものと認識している。しかし，狭義のＰＢは，ブランドの無い「ジェネリック・ブランド」や仕様書発注の無い「専用ブランド」，「ストア・ブランド」を除外し，「仕様書発注の有るプライベート・ブランド」に限定すべきと考えている。

② ＰＢの発展段階の研究

　西欧の先進国でＰＢ比率が高い要因として，小売市場の上位集中度の高まりが寄与するという議論は，多くの論者によって支持されている議論である。事実，堂野崎衛の論文によると，Neilsenの統計を基に，欧米諸国26カ国における食品ＰＢの市場占有率は，1997年の金額ベースで平均11.9％であり，欧州諸国の平均は15.3％と高くなっている。ＰＢ比率の高い順に，スイス41.8％，英国29.7％，ベルギー25.8％となっている[10]。堂野崎によると，スイスではMogrosとCo-op Switzerlandという生活協同組合に依拠していること，英国ではTescoやSainsbury，AsdaといったＰＢ比率の高い大手小売業

第6章　イオンの小売業態の展開とイノベーション

の寡占化が進展していることと分析している。それに比較して，日本では大手5社（セブンイレブン，ダイエー，ローソン，イトーヨーカ堂，ジャスコ）小売企業の食品市場占有率は，9.8％（1997年度の商業統計から二神康郎算出）と低い数値にある。日本の小売市場が上位集中化していないのは，国内の市場規模，国土の地域的分断性，国民の食糧消費の地域的な多様性，卸売機構の発展度合い，公的規制，競争政策，上位流通業の革新性，普遍的な情報技術の普及，国外流通業の参入などの壁があると指摘している。

　次に，ＰＢの品質と価格訴求力の向上がＰＢ比率の向上に寄与するという議論も支持されている。例えば，H. Laaksonen and J. Reynoldsの研究では，ＰＢの発展段階を4段階に分類して，ＰＢの洗練レベルも上がっていく段階モデルを提唱している[11]。彼らのモデルでは，ＰＢは第1段階のブランド名の無いジェネリックから，第2段階の統一的なラベルを付したオウン・レーベルへ，第3段階の個別の小売組織名を付与したオウン・ブランドへ，第4段階のセグメント化されたオウン・ブランドへと発展したと認識している。戦略も，低価格・低品質のジェネリック戦略から低価格戦略，そして模倣戦略へ，さらに付加価値戦略へと展開され，小売業のイメージ形成に寄与する製品と進化してきている。価格設定も，品質の向上に伴い，第1段階のブランド・リーダーよりも20％かそれ以上の低価格から，15～10％へ，さらに10～5％へ，第4段階に入ると知名ブランドと同等かそれ以上の価格設定がされる。第1段階の価格重視から，価格と品質の両方を重視へ，第4段階に入ると洗練されて，ベターでユニークな商品の購買へ変化していくものと考えている。

③ 英国でのＰＢの成長要因

　英国でのＰＢの成長要因としては，上述の小売段階の高い上位集中度だけではなく，小売企業におけるＰＢ展開能力の高さも挙げられる。例えば，業界最大手のTescoでは，独自の商品開発体制を構築している。自社物流体制や広告投入と店内プロモーション，ポイントカード，サプライヤーとの継続的な関係構築など仕組みづくりを整えている。さらに小売やメーカーの関心

も高く，消費者の受け入れ態度の高さも大きく影響している[12]。

Ⅴ 日本のPBの現状とイオンの取り組み

1 日本でのPBの発展過程

　日本でPBは，1960年に総合スーパー最大手だったダイエーがみかんの缶詰を発売したことが最初とされるが，60年代は小売業者の商品企画力が弱かったため，製造業者主導型のPBであった[13]。1970年代に入ると，価格訴求型PBが登場しているが，品質への不安が低価格という魅力を上回り，定着するには至らなかった。また，PBは非寡占市場に集中しており，NB市場の補完的役割を果たしてきたにすぎず，NBに対するブランド力を切り崩すことは困難なものであった。1980年代では，低価格一辺倒のPBから品質を重視したPB（価値訴求型PB）も登場し，PB開発は拡大傾向にあったものと考えられる。しかし，バブル経済による好景気によって，消費者の購買行動の変化に対応しきれなかったPBは，停滞を余儀なくされた。その後，90年代には，価格訴求型PB，価値訴求型PB，プレミアムPBの3つの形態のPBが出現することで，PBのマルチブランド化が進展してきているものと考えられる。2000年代では，価値訴求型PBあるいは高価格・高品質なプレミアムPBといったPBのマルチブランド化のさらなる進展が起こっている。

　ところで，これまで日本でPBがあまり成長しなかった要因としては，イギリスのTescoのような開発体制や自社物流体制，サプライヤーとの関係が整備されてこなかったことが挙げられる。1990年代前半の円高による輸入品をPB化したように，その場しのぎで，PB開発に綿密な計画や本格的なマネジメント体制がなく，ロジスティクスや在庫管理能力も欠如していたため，品質の向上に繋がらず，消費者の信頼を獲得できなかった。小売業の差別化や粗利益の向上などメリットはあるが，ブランドの乱立状態で，1990年代前半のブーム以降，下火になる。ダイエーが60年代からセービングなどの開発

に取り組んだが，生産段階の垂直統合や有力メーカーとの共同商品開発の失敗，95年の開発輸入ビールの在庫処分セールなど，メーカーの厚い壁により何度も挫折し，長期的には成功しなかったのである[14]。こうしたダイエーのＰＢ開発失敗とイギリスのTescoのＰＢ開発体制を学習して，イオンは本格的なＰＢ戦略を構築している。

② イオンのＰＢ戦略

(1) イオンのＰＢ開発の歴史

『ジャスコ三十年史』によれば，1974年5月の「ジャスコロースハム」が，イオンのＰＢ開発第1号であった[15]。同年11月にはカップ入りラーメン「ジェーカップ」を，ナショナル・ブランドより3割以上も安く販売し，味も良かったため，年間売上高8億円を超える大ヒット商品となった。75年からは本格的な開発に取り組むことになり，統一商標を「ジェーフード」とした。当時の開発コンセプトは，①包装の簡素化や広告を打たないことなどで徹底したコストダウンを図ること，②品質を追求することにあった。

79年に海外商品開発輸入会社の「アイク」を設立し，競争力のあるストアブランドづくりと海外商品の拡充政策を打ち出した。コンセプトは，ＮＢと同程度の品質の商品を安価に提供する価格志向と，高品質の商品を相対的に安く提供するというもので，翌80年に価格志向の「ホワイトブランド」と高品質志向の「ゴールドブランド」を立ち上げた。86年にはグローバルな商品開発を本格化させた。87年にはアジアからの家電製品の輸入販売にも力を入れた。93年には有機（低農薬）栽培による農産物「グリーンアイ」を発売した。

94年に「第2次ストアブランド元年」と位置づけ，中心ブランドとして価格訴求型の「トップバリュー」（当時は，音引きあり）を発売し，既存のブランドの改廃を行い，統合した。「最高」と「価値」を組み合わせた造語である。2000年には，「トップバリュ」をブランドとして確立し，リニューアルして4つに再編し，デザインも一新した。

(2) 現状のＰＢ（トップバリュとサブブランド）開発コンセプトと品質

イオンでは，「小売業が自社特有のブランドを付与し，自主的なマーケティングを行う。小売業自身が商品企画し，委託生産や系列化した製造業による生産を行い，販売は小売業が責任を負う。」というＰＢ開発のコンセプトで，イオングループの総力を挙げてＰＢ戦略を推進している。「トップバリュ」の更なる認知とブランド力向上を目指して，2000年に再構築を行った。その基本コンセプトは，次の「５つのこだわり」から成っている[16]。

①顧客の声や評価を最優先に開発
　顧客モニターなどによって吟味された品質，機能を追求する。
②安全と環境に配慮した商品の提供
　添加物の使用を極力抑え，環境負荷の少ない原材料や包装を使用する。
③必要な情報をわかりやすく表示
　遺伝子組み換え情報や栄養成分など商品選択に不可欠な情報を，明確に表示する。
④お値打ち価格での提供
　ＮＢ商品より，求めやすい価格を設定する。
⑤顧客の満足を保証
　万が一，満足できない場合は，返金や取り替えをする。

このように，顧客本位のコンセプトに基づきＰＢ開発・販売の再構築を行い，顧客モニターによる５段階評価で，最高の評価と２番目の評価を合計して70％に達しない場合は発売しないこととしている。

(3) イオンのＰＢマネジメント

イオンではコンセプトだけではなく，ブランドそのものも再構築しており，現在は，上位ブランドである「トップバリュ」と，７つのサブブランドで構成されている。

１つ目が，低価格志向の「トップバリュ」（衣・食・住）である。トップバリュは日常生活にかかわる基本アイテムを安心・品質・買い得価格で提供する衣食住のＰＢである。

2つ目が，自然栽培志向の「トップバリュ　グリーンアイ」(食)で，農・水・畜産物と，これらを原材料とする加工食品ＰＢである。食品添加物や農薬使用を抑制している。

　3つ目が，高品質志向の「トップバリュ　セレクト」(食)で，素材や産地，製法，機能にこだわった高品質ブランドである。品質や材料，製法などを厳選したＰＢである。

　4つ目が，環境対応の「トップバリュ　共環宣言」(住)で，リサイクル・クリーン・ナチュラルの視点で開発したエコロジー商品（リサイクル商品）のＰＢである。

　5つ目が，簡便性志向の「トップバリュ　レディーミール」(食)で，簡単・便利な調理済み食品のＰＢである。

　6つ目が，健康志向の「トップバリュ　ヘルシーアイ」(食)で，カロリーや脂肪分などの栄養素を抑えた食品やビタミン・ミネラル・食物繊維などの栄養素を補った健康と美の商品ＰＢである。

　7つ目が，超低価格志向の「ベストプライス　バイ　トップバリュ」(住)で，生活必需品を納得価格と低価格で提供するＰＢである。

　これらのサブブランドは，価格帯別にみると，セレクト，グリーンアイなど高品質の「高質ＰＢ」，1～3割安いトップバリュで代表される「中核ＰＢ」，3～5割安いベストプライスの「低価格ＰＢ」の「3層構造」を成している。

　また，ＰＢトップバリュ同士の関係性について，上位の基幹ブランドとサブブランドという展開によって共通するブランドイメージの形成やブランド認知度の向上が期待されるため，ブランド・シナジーが形成されると考えられる。関係性重視型ＰＢマネジメント手法を，衣食住レンジブランドであったトップバリュの中に，食料品個別ブランド，衣料品個別ブランド，住居関連個別ブランドの一部をサブブランドという形で吸収し，基幹ブランドとサブブランドの関係性を構築させることで，実践しているものと考えられる。このようにイオンでは，ＰＢの発展過程および総合小売業が取り巻く環境の変化により，ＰＢのスクラップ・アンド・ビルドを行い，トップバリュとい

う基幹ブランドにある程度のＰＢを集約し，サブブランド化させることで「基幹ブランド―サブブランド」という関係性の中でＰＢを捉えることでＮＢとは「差別されたブランド」を意識したブランド・マネジメントを実践している[17]。

　イオンでは，ブランドを統合し，戦略的手段としてＰＢ商品を位置づけし，強化を図っており，低価格訴求型から品質・価値訴求型へ，プレミアム型の成長へと繋げている。2007年8月には，トップバリュなどＰＢ強化するため，独立の会社イオントップバリュを設立し，本腰を入れて取り組んでいる。さらにダイエーの店舗でもセービングをトップバリュに転換し，グループ全体での協力体制を敷いている。

(4) セブン＆アイとの比較

　セブン＆アイ・ホールディングス（以下，セブン＆アイと略称する）は，2007年にブランド名「セブンプレミアム」でＰＢ開発に積極的に乗り出している。当然のことであるが，イオンと比較するとＰＢ開発で出遅れ感があるため，先行するトップバリュの方がセブンプレミアムよりも，「低価格」や「豊富な品揃え」などで，ブランドイメージが上回り，消費者の支持を得ている。例えば，『Chain Store Age』2008年2月1日号の「各ＰＢのブランドイメージ」調査によれば，トップバリュは，「価格が安い」（85％）と「品揃えが豊富である」（44％）で他のＰＢに大差をつけている。ちなみに，セブンプレミアムは，「価格が安い」（60％），「品揃えが豊富である」（37％）であった。これらが反映して，ブランドパワーランキングは，第1位トップバリュ（77.7ポイント），第2位コープ商品（74.0ポイント），第3位セブンプレミアム（56.9ポイント）の序列になり，トップバリュが低価格や豊富な品ぞろえで消費者の支持を獲得していることが実証されている[18]。

　実際に低価格かどうかの実態に関しては，読売新聞（2008年8月21日）に掲載されたセブンプレミアムとトップバリュの8品目の比較調査結果によると，セブンプレミアムがパック入りごはん（200ｇ）で2円安かった以外は，トップバリュが緑茶飲料（500ml），カップめん（しょう油味），食パン（1

斤）で10円，トマトケチャップ（500ｇ）で20円，だし入りみそ（750ｇ），カップスープ，レトルトカレーで同額，と安さが実証されている[19]。

　さらに財団法人流通経済研究所の『プライベート・ブランド商品の購入実態に関する調査報告書　2009』によれば，１年間に「食品・日用雑貨」を「繰返し買っている」ＰＢの銘柄について，トップバリュは最近１年間の購入者の７割近く（69％）がリピーターでリピート率が高いのに対して，セブンプレミアムはリピート率57％で，差をつけられている[20]。

　これらの消費者の購入実態を反映して，トップバリュは2009年２月期に売上高3,687億円，品目数約5,000を達成し，2010年２月期には，売上高7,500億円，品目数約6,000を目標にしている。一方，セブンプレミアムは，2010年２月期に売上高が3,200億円，品目数が約1,300を達成できる見込みで，2011年２月は売上高3,800億円，品目数約1,600に増加させる計画である[21]。

　イオンのトップバリュ本部長の堀井健治によると，「小売業はメーカーの販売代理人ではなく，消費者の購買代理人であるべきである」との発想から，トップバリュは販売者が品質に責任をもつため，メーカー名は表示していない[22]。これに対して，2007年からセブンプレミアムに着手したセブン＆アイでは，製造業者名を知りたいという消費者の立場を考えて，製造を委託しているメーカー名を明記している。このようにＰＢに対する両グループの考え方に大きな相違があるが，ともにＰＢ開発をグループで強化する方向性は同じである。現時点では，調査資料で判断すると，イオンのトップバリュの方が，ＰＢ開発やマネジメントで優れたシステムを構築しているといえる。

第2部　実践編

Ⅵ イオンの新たな取り組みと経営課題

① PB強化による収益性の改善

　総合小売業の最も重要な経営課題は，収益性の改善である。総合スーパー事業は，各社とも減収減益から赤字部門に成り下がってしまい，再建を目指して店舗リストラやディスカウント店転換を余儀なくされている状況にある。特にイオンは総合小売業として，多くの事業を抱えており，グループ経営の効率化を高めることも必要になっている。その場合の武器の1つがPB戦略である。

　元来，小売業者がPB開発の動機として，①低価格販売競争への対処，②利益確保，③差別的品質の確保，④多ブランド政策による広範囲な顧客の吸引，⑤店舗忠誠度の向上，⑥安定供給源の確保などが挙げられるように，P

■図表6-2　NBとPBのコスト構造比較（カップラーメンの事例）

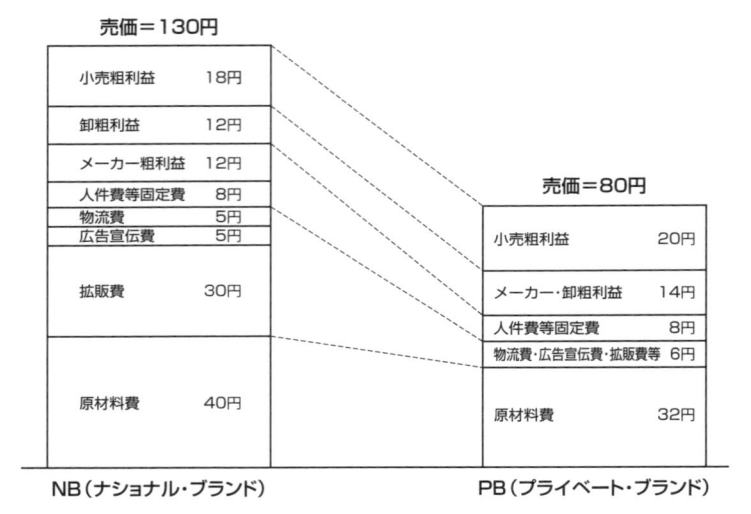

NB（ナショナル・ブランド）　売価＝130円

小売粗利益	18円
卸粗利益	12円
メーカー粗利益	12円
人件費等固定費	8円
物流費	5円
広告宣伝費	5円
拡販費	30円
原材料費	40円

PB（プライベート・ブランド）　売価＝80円

小売粗利益	20円
メーカー・卸粗利益	14円
人件費等固定費	8円
物流費・広告宣伝費・拡販費等	6円
原材料費	32円

（出所）日経流通新聞「小売りブランドNB宣言」2008年6月6日。

B戦略は成熟化・停滞化した総合スーパー事業にとって，起死回生ともなる魅力を秘めたマーケティング戦略になる可能性がある。

図表6-2の日経流通新聞2008年6月6日の「小売りブランドNB宣言」では，カップラーメンの事例でコスト構造を比較している。この調査によると，NB（PB）売価130円（80円）の事例でコスト内訳は，原材料費40円（32円），拡販費・広告宣伝費・物流費40円（6円），人件費等固定費8円（8円），メーカー・卸粗利益24円（14円），小売粗利益18円（20円）となっており，PBの方が小売業の収益は大きいことが明らかとなっている[23]。

総合小売業の場合，総合スーパーや食品スーパー，コンビニエンスストアなど大小様々な業態があるため，全国のグループ全社でPB商品取扱い増大に取り組めば，巨大な数量になり，収益性向上の効果が大きくなる。

② PBを中核にした新業態の開発

改正まちづくり三法の施行により，郊外の大型店の出店が厳しくなっており，中心市街地の再開発に関連して既存店舗の見直し，スクラップ・アンド・ビルドへの取り組みが急務である。市街地の店舗は売場面積や駐車場など手狭であることが多く，「街のインフラ」として生き残るためには，中規模店としてディスカウント店に業態転換することも必要な戦略である。この場合，PBを中核（目玉）にした商品戦略となり，新たな都市型ディスカウント業態を生み出すことになろう。すでに，イオンは「まいばすけっと」と「アコレ」，セブン＆アイは「ザ・プライス」の店名で，ともに都市型の小型スーパーやディスカウント店の開発に取り組み始めている。「まいばすけっと」は150㎡前後規模のPB軸に品揃えをした小型スーパーで，首都圏を中心に70店舗（2009年8月現在）出店している。コンビニエンスストアよりも出店コストが4割安く，2011年度中に100店体制になる見込みで，今後3年で最大500店を目標にしている。「アコレ」は330㎡，約1,200アイテム，PB主体の品揃えで，ドイツのアルディを参考にして開発したが，今後はさらに新しい業態が開発されるものと考えられる。

Ⅶ おわりに

　本章では，日本の総合小売業のイオンの業態開発と経営革新への取り組みを明らかにしている。日本の総合小売業は，業界再編の結果，総合スーパーのイトーヨーカ堂を擁するセブン＆アイグループとジャスコを中核とするイオングループの2強の時代となっている。コンビニエンスストア事業が売上高および利益で過半を占めるセブン＆アイグループに対して，イオングループは，コンビニエンスストア（ミニストップ）よりも総合スーパーや食品スーパー，モール型ショッピングセンター事業が主力で，多業態のフォーマットを内包した総合小売業をグループ経営している。長年，総合スーパー業界で4番手ぐらいであったイオン（ジャスコ）が，最大手であったダイエーや西友，マイカルなどが経営不振に陥ったのに対して勝ち残ったのは，郊外型ショッピングセンターづくりで強力なビジネスモデル構築ができ，新業態開発に成功したことが挙げられる。さらに，現在では，英国のテスコなどの事例を参考に，プライベート・ブランド開発に積極的に取り組んでいる。実践的には，トップバリュを上位ブランドとし，中核ＰＢに位置づけ，サブブランドとして低価格層にはベストプライスを，高質ＰＢとしてはセレクトやグリーンアイ，ヘルシーアイ，共環宣言，レディーミールを配置する3層構造をとっている。イオンのトップバリュは，価格の安さや品揃えの豊富さなどの指標で，他の競合ＰＢを凌駕して消費者の支持を得て，急成長している。このＰＢの品揃えを強化した都市型小型食品スーパーや小型ディスカウントストアなどの新業態開発への取り組みを明らかにした。

　とりわけＰＢは国際戦略や環境戦略でも強力な武器になりうる。イオンは2009年2月期に約15億円だった海外店舗のＰＢ売上高を，2011年2月期に50億円に引き上げる計画である[24]。現在，イオンは「選択と集中」で特に中国に大型ＳＣや総合スーパー事業投資を進めているが，トップバリュは目玉商品になっている。さらに海外の現地法人では，独自のＰＢを開発している事例もあり，ＰＢの価格競争力を高めている。

第6章　イオンの小売業態の展開とイノベーション

　また，低価格訴求ＰＢだけでなく，健康や自然，環境にやさしいプレミアムＰＢは，環境にやさしいエコ・ショッピングセンターとエコストアの開発では目玉商品となっている。イオンでは2008年10月に，超巨大モール型ショッピングセンター「イオン　レイクタウン」を埼玉県越谷市のＪＲ武蔵野線「越谷レイクタウン駅」に隣接して開店したが，これからは中小規模であってもエコストアが小売業態開発の主流になるものと考えられ，今後の展開が注目される[25]。

注
（１）　イオン株式会社2009年２月の決算短信，14頁より引用。
（２）　ジャスコ株式会社（2000）『ジャスコ三十年史』800-828頁の岡田卓也「イオングループの長期ビジョンと方向性」と岡田元也「変革か，さもなくば死か＝Change or Die」を参照。
（３）　岡田卓也（2007）『岡田卓也の十章』商業界を参照。
（４）　渥美俊一（2007）『流通革命の真実』ダイヤモンド社を参照。
（５）　以下の内容は，ジャスコ株式会社（2000）『ジャスコ三十年史』を参照した。
（６）　伊部泰弘（2000）「ＰＢの概念規定及び分類に関する再検討—ＮＢとの比較において—」龍谷大学大学院経営学研究科紀要『龍谷ビジネスレビュー』第１号，14頁を参照。
（７）　堂野崎衛（2003）「プライベート・ブランドの発展と動因」中央大学大学院経済学・商学研究科編『論究』第35巻第１号，158頁を参照。
（８）　ＡＭＡ（1990）Marketing Definitions；A Glossary of Marketing Terms, p.151.
（９）　新田都志子（2000）「小売業者ブランドの発展段階と戦略課題」日本マーケティング協会『マーケティングジャーナル』第77号，64頁を参照。
（10）　堂野崎衛（2003）「プライベート・ブランドの発展と動因」中央大学大学院経済学・商学研究科編『論究』第35巻第１号，163-178頁を参照。
（11）　原資料はLaaksonen＆Reynolds（1994）"Own Brands in food retailing across Europe", *Journal of Brand Management*, p.38および後藤こず恵（2005）「イギリスにおけるＰＢロイヤルティの構造」流通経済研究所『流通情報』第97号，24頁を参照した。
（12）　清水聡（2004）『消費者視点の小売戦略』千倉書房，221-243頁を参照。
（13）　大野尚弘（2002）「流通戦略におけるプライベートブランド研究の視角」姫路独協大学『経済情報学論集』第16号，41頁。
（14）　矢作敏行（1996）「ＰＢ戦略の枠組と展開」久保村隆祐・流通問題研究協会編『第二次流通革命—21世紀への課題—』日本経済新聞社，85-95頁のダイエーのＰＢ

戦略を参照した。
（15）　ジャスコ株式会社編（2000）『ジャスコ三十年史』284頁を参照。
（16）　イオン株式会社Webサイト「トップバリュの5つのかだわり」を参照。
（17）　伊部泰弘（2007）『総合小売業のプライベート・ブランド論―プライベート・ブランド・マネジメント方法論を中心に―』関西学院大学出版会，215頁を参照。
（18）　『Chain Store Age』2008年2月1日号，30-31頁を参照。
（19）　読売新聞2008年8月21日朝刊を参照。
（20）　財団法人流通経済研究所（2009）『プライベート・ブランド商品の購入実態に関する調査報告書　2009』43頁を参照。
（21）　有価証券報告書ならびに日経流通新聞2009年11月4日と11月6日を参照。
（22）　堀井健治本部長には，2009年7月1日にイオン本社にて聞き取り調査を行った。
（23）　日経流通新聞「小売りブランドＮＢ宣言」2008年6月6日。
（24）　日経流通新聞2009年11月6日を参照。
（25）　本章は，イオン株式会社コーポレート・コミュニケーション部の末次賢一部長をはじめ，現場の店長や開発担当者への聞き取り調査の成果である。心より御礼申し上げたい。

第7章

米国ウォルマートの経営戦略転換

I はじめに

　今や世界の流通経済に対して多大な影響力をもつ米国ウォルマート社（Wal-Mart Stores, Inc. 以下，ウォルマートと略称）は，良い意味でも悪い意味でも，現代グローバル資本主義経済の「時代の申し子」となった企業である。すでに拙稿（2002）「米国ウォルマート社の小売業態開発の展開」では，売上高および利益で世界一の小売業に上り詰めたウォルマートの小売業態開発・ビジネスモデル構築のプロセスを分析した[1]。そこでは，ウォルマートの光と影，すなわち成功要因とともに内包する重大な自己矛盾・問題点を指摘した。こうした問題点の解決を先送りして，これまで拡大路線を歩んできたウォルマートであるが，近年，さらに多様な利害関係者達（Stakeholders）から激しい批判を受け，企業の社会的責任（Corporate Social Responsibility，以下ＣＳＲと略称する）を果たすために，経営戦略で方向転換せざるを得ない状況に追い込まれている。

　そこで，本章では，ウォルマートの経営戦略転換への取り組みを明らかにし，今後の持続的成長経営への方向性を論じていきたい。

II 先行研究と経営上での問題点

(1) 先行研究での成功要因分析レビュー

　ウォルマートに関する小原博（2006）や田口冬樹（2005），森龍雄（1990），

野口智雄（2002），James F. Moore（1993），渦原実男（2002）らの先行研究をみると，経営戦略面での主な成功要因として，次の5点が挙げられる[2]。

第1の経営戦略は，価格革新にある。エブリディ・ロープライス（Every Day Low Price，以下，ＥＤＬＰと略称）で有名になった毎日安売りという低価格戦略である。従来から主流であった期間限定のハイ・ロー（High Low）に対して，毎日継続して安いというのは，商売の常識破りの革新であった。なお，1989年からは，オールウェイズ・ロープライス（Always Low Prices：常時安売り）へと変更しているが，基本的には低価格保証サービスというコンセプトは変わらない。

第2の経営戦略は，立地革新にある。従来から人口の多い都会や都市の商圏に出店するのが立地戦略の主流であったが，ウォルマートは反対に人口の少ない地域を狙った立地戦略を採り，セオリー破りであった。これは当時，先行していたＫマートがすでに大都市に出店し，好立地を確保済みであったためという競争条件にも拠るが，元々，ウォルマートの場合は，創業の時点からアーカンソー州ロージャーのカントリー（農村部）に1号店を開店して以来，カントリー出店にこだわってきたことに起因する。カントリーは田舎であるため無店舗地域であったり，競争相手が進出してこないことで，小商圏内の消費者を根こそぎ吸引することができたのである。このように，ウォルマートのカントリーや人口の少ない地方小都市中心の立地戦略が，革新的であった。

第3の経営戦略は，業態革新である。創業者サム・ウォルトン（S. Walton）は，バラエティストア（variety store）の限界を痛感し，自ら独立してディスカウントストア（discount store）業態を開発した。80年代には，ディスカウントストア業態の成熟化を認識し，会員制のホールセールクラブ（wholesale club）であるサムズ・クラブ（Sam's Wholesale Club），スーパーマーケットを併設したスーパーセンター（Wal-Mart Supercenter），スーパーマーケットであるネイバーフッド・マーケット（Neighborhood Markets）など，次々と業態革新，業態開発を積み重ねてきた。90年代からは，広い商圏の多くの顧客をスーパーセンターで呼び込み，自社のスーパーセン

ター間の隙間はネイバーフッド・マーケットで草刈り場的に根こそぎ獲得する市場浸透戦略をとっている。

　第4の経営戦略は，人事・労務管理戦略である。ウォルマートでは，従業員をアソシエート（associates：仲間）と呼び，共に働く仲間としてのフレンドリーな関係の構築を重視してきた。小売業やサービス業では，働く従業員が直接的に顧客と接することから，顧客満足は従業員と顧客関係に左右されるため，従業員の満足度の向上が直接的に顧客満足を高めるのである。また，従業員持株制度により，従業員は株主にもなり，企業業績の向上が株価の上昇，配当金のアップに繋がるため，経営成績にも関心を寄せ，自発的に協力する仕組みを構築できたのである。よって従業員が管理者や経営者の視点も併せもって仕事に励み，経営全般への協力体制ができたために，伝統的に労働組合が不要である状態が長期間続いてきた。

　第5の経営戦略は，インフラ革新である。ウォルマートでは，小売業界で先駆けて，先端的な情報システムと効率的な物流システム構築のために技術革新を導入し，これがEDLP実現のための強力な武器となって貢献してきた。人工衛星回線活用による全社ネットワークシステムを完成させ，データウェアハウス（Data Warehouse）は世界一で，メーカーやベンダーとともにサプライチェーン・マネジメント（Supply Chain Management，以下，SCMと略称する）を構築するなど，リテイル・リンク（Retail Link）でも他社を圧倒し，好業績をもたらしてきたのである。

　以上のように，ウォルマート成功要因を要約したが，拙稿ではこうした光の部分と裏腹の影の部分の問題を指摘し，幾つかの経営上の問題点を批判していた。

② 拙稿（2002）の先行研究で指摘した問題点

　前述のウォルマートの業態開発の成功という光とともに，解決すべき新たな課題として，内包する自己矛盾・問題点の5点を，10年前に拙稿（2002）で挙げていた[3]。

　第1に，米国内では，スーパーセンターが成熟期を迎える前に，新たな成

長業態を開発することである。小型スーパーマーケットは隙間ビジネスであり，未知数である。エコマートはまだ実験店舗の段階であるが，環境問題解決上，業態開発が期待されている。

第2に，今後，国際経営の成否が企業の成長持続にとって重要となるため，海外店舗展開の強化である。当時（2001年）の時点で，合わせて9カ国で総数1,100店舗を突破し，資本提携や買収など多様な形態で進出しており，日本への進出も近いとみられていた（拙稿の上梓の後，2002年3月に西友と資本提携し日本進出した[4]）。

第3に，メーカーとの良好な関係を維持することである。ウォルマートは，低価格と売上高粗利益率の確保が両立可能なプライベート・ブランド（Private Brand，以下，ＰＢと略称する）商品の拡充を進めているが，中にはメーカーのもつナショナルブランド（National Brand，以下，ＮＢと略称する）商品と競合関係に陥り，対立が表面化することもある。ウォルマートは伝統的にメーカーとの協力関係を重要視し，こうした信頼関係のうえに，ＳＣＭやさらにＣＰＦＲ（Collaborative Planning Forecasting and Replenishment コラボレーティブ・プランニング・フォーキャスティング・リプレニシュメント＝協働による計画・予測・補充）など協働化を進めており，メーカーとの良好な関係の維持が重要課題となっている。

第4に，地域社会や中小商店の出店反対運動への対応である。ウォルマートに対して，近隣の食品店を破壊するとの理由で，地域社会や中小商店の出店反対運動が起きている。ウォルマートにとって，今後のスーパーセンター出店展開がますます厳しくなってきており，地域社会や中小商店の出店反対運動への対応は，国内的には重要課題となっている。

第5に，労働組合員や差別訴訟への対応である。創業者サム・ウォルトンの従業員とのフレンドリーな関係重視経営とは裏腹に，近年，労働組合員問題や女性へのセクハラ（性差別）問題などで訴訟が相次いでいる。給料や昇進，社内教育において女性への差別待遇が常態化しているとの理由であり，対応の仕方次第ではイメージダウンで，女性客の一部を失う可能性が指摘されている。

III 経営の現状と問題解決の状況

1 経営の現状

　図表7-1のように，ビジネス専門誌 *Fortune* の2008年 7 月21日号，Global 500（世界の大企業の番付表）によれば，2007年度の売上高3,788億ドルのウォルマートは，世界一の小売企業である[5]。しかも第 2 位のカルフール（Carrefour）とは 3 倍以上の格差があり，断トツのトップ企業である。利益も小売企業では第 1 位であり，優良経営企業のポジションを維持し続けている。

　そればかりか，すべての産業のなかでも，巨大石油資本（メジャー）や巨大自動車企業（ビッグスリー）を追い越し，売上高世界一の巨大企業である（ここ数年間は，エクソン・モービル社と首位争いを続けている）。同資料で，従業員数（205万5,000人で第 1 位）や当期純利益（127億3,100万ドルで第23位），株主資本（646億800万ドルで第37位）など規模を測定する他の指標をみても，上位にランクづけされており，名実ともに世界トップクラスの巨大企業の地位に上り詰めている。

■図表7-1　世界の小売業売上高上位10社（単位：百万ドル）

順位	国名	社名	売上高	利益
1	U.S.	Wal-Mart Stores	378,799	12,731
2	France	Carrefour	115,585	3,147
3	Britain	Tesco	94,703	4,253
4	Germany	Metro	90,267	1,129
5	U.S.	Home Depot	84,740	4,395
6	U.S.	CVS Caremark	76,330	2,637
7	U.S.	Kroger	70,235	1,181
8	U.S.	Costco Wholesale	64,400	1,083
9	U.S.	Target	63,367	2,849
10	U.S.	Walgreen	53,762	2,041

（出所）*Fortune*, July 21 2008 Global 500を基に筆者作成。

第 2 部　実践編

　また，こうした規模面だけではなく，企業経営の質の面でも優秀な企業との定評があった。「世界で最も尊敬される企業」（World's Most Admired Companies）の評価では，2003年は企業番付第 1 位であったが，年々低下してしまい，2007年の第13位から，2008年には図表7-2のように，第17位までランクダウンしている[6]。この理由としては，後述するように，男女差別賃金や不法移民の就労，低賃金，環境保全の不十分さなどが社会問題化し，批判や出店拒否運動が高まって評価を下げているものと考えられる。この尊敬される企業番付は，革新性，従業員管理能力，企業資産の活用，社会的責任，経営の質，財務の健全性，長期の投資価値，製品／サービスの質の 8 つの評価項目の得点を総合して順位が決定される。ウォルマートの場合は，米国で

■図表7-2　世界で最も尊敬される企業

順位	国　名	社　名
1	U.S.	Apple
2	U.S.	General Electric
3	Japan	Toyota Motor
4	U.S.	Berkshire Hathaway
5	U.S.	Procter & Gamble
6	U.S.	FedEx
7	U.S.	Johnson & Johnson
8	U.S.	Target
9	Germany	BMW
10	U.S.	Microsoft
11	U.S.	Costco Wholesale
12	U.S.	United Parcel Service
13	U.S.	IBM
14	U.S.	PepsiCo
15	U.S.	Cisco Systems
16	U.S.	Boeing
17	U.S.	Wal-Mart Stores
18	Japan	Honda Motor
19	U.S.	Coca-Cola
20	U.S.	Caterpillar

（出所）*Fortune*, March 17, 2008 "The World's Most Admired" の2008 All-Starsを基に筆者作成。

第7章　米国ウォルマートの経営戦略転換

の集計データでみると，総合小売業部門で，製品／サービスの質や従業員管理能力，革新性，社会的責任などの項目で評価が低くなっている[7]。

② 拙稿で指摘した問題の解決状況

(1) 新たな業態開発は伸び悩み

　ウォルマートは，ディスカウントストアをベースにして，適正な小売業態ミックス（組合せ）展開をして，成長を遂げてきた。図表7-3のように，1990年代半ば以降は，ディスカウントストアからスーパーセンターへ業態転換を進め，今やスーパーセンターが主力業態となっている[8]。業態ライフサイクルの段階でいえば，明らかにディスカウントストアは衰退期で，スーパーセンターが成長期，サムズ・クラブが成熟期，ネイバーフッド・マーケットは伸び悩み状態である。環境保全に配慮したエコストアや小型ストアなどの新業態開発は，未だに試行実験段階である。

(2) 国内市場の成熟化と海外店舗の増加

　米国でも国内市場は飽和状態に陥り，成熟化傾向にあって，市場の拡大を図るには海外の新興市場への進出が課題となっている。しかし，海外店舗では，2006年に現地の低価格訴求型小売業態との競争に敗北し，ドイツと韓国から撤退している。その結果，2008年1月末現在，アルゼンチン（21店），ブラジル（313店），カナダ（305店），中国（202店），コスタリカ（149店），エルサルバドル（70店），グアテマラ（145店），ホンジュラス（47店），ニカラグア（46店），日本（394店），メキシコ（1023店），英国（352店），プエルトリコ（54店）の13カ国に進出している[9]。日本では，西友を子会社化しているが，赤字体質が継続しており，経営再生に苦戦している。

　新興国では，ブラジルと中国へは進出済みであるが，他のBRICs諸国であるロシアとインドへは進出準備中である。インドでは外資系小売業の進出に対して地元の小規模小売業者の反対運動や外資規制緩和の遅れがあって，予想以上に進出に手間取っている。

■図表7-3　ウォルマートの業態別店舗数の推移（単位：店）

会計年度	DS	サムズ	SC	SM
1978	195			
79	229			
1980	276			
81	330			
82	491			
83	551			
84	642	3		
1985	745	11		
86	859	23		
87	980	49		
88	1,114	84	2	
89	1,259	105	3	
1990	1,399	123	6	
91	1,568	148	9	
92	1,714	208	10	
93	1,848	256	34	
94	1,950	417	72	
1995	1,985	426	147	
96	1,995	433	239	
97	1,960	436	344	
98	1,921	443	441	
99	1,869	451	564	4
2000	1,801	463	721	7
01	1,736	475	888	19
02	1,646	500	1,066	31
03	1,568	525	1,258	49
04	1,478	538	1,471	64
2005	1,353	551	1,713	85
06	1,209	567	1,980	100
07	1,075	579	2,256	112
08	971	591	2,447	132

（注）DSはウォルマート・デイスカウントストア，サムズは会員制のメンバーシップ・ホールセールクラブ，SCはスーパーセンター，SMはスーパーマーケットを表す。
（出所）ウォルマートのアニュアル・レポートを基に筆者作成。

(3) ＰＢ商品の拡充やファッション，有機商品への取り組み

　ＰＢ商品や有機商品への取り組みは，後述するように，近年，地球環境対策と関連して，積極的に取り組んでいる。ビジネス専門誌*Fortune*が2006年8月7日号で，「ウォルマートが地球を救う」との特集記事を掲載し，ウォルマートの企業戦略の変身ぶりを紹介したことでも明らかなように，企業の社会的責任（CSR）経営への要求が強まり，ウォルマートは環境にやさしい商品や健康に良い商品へ取り組まざるを得なくなっている[10]。米国では，オーガニックブームで，「ロハス（ＬＯＨＡＳ）消費者層」（Lifestyles of Health and Sustainability）と呼ばれる健康に良い商品を望む顧客が存在しているため，高付加価値の有機食品開発に重点を置いている[11]。

(4) 強まる地域社会や中小商店の出店反対運動

　前述の*Fortune*の特集号では，地球環境対策とともに，ウォルマートに対する労働組合や民主活動家達から突きつけられている課題も掲載している[12]。

　Webサイトや雑誌に掲載された記事によると，ウォルマートは身内である従業員や周囲から激しい批判に晒されている。清掃業務に従事する200人余りの不法就労容疑逮捕事件や160万人（退職者も含む）の女性社員に原告資格が認められた性差別を巡る集団訴訟事件が起きている。また，ウォルマートが進出すると，周辺の中小商店が閉店するだけでなく，低賃金で保険未加入者の多いウォルマート従業員のために，地域の賃金水準の低下や州財政の圧迫が引き起こされている。こうしたことから地域社会や中小商店によって，ウォルマート出店反対運動が多発しており，逆風になっている（米国の場合，日本のような国民皆医療保険制度が存在しないために，企業が保険を充実させないと，非保険者が増え，最終的には州が財政負担を強いられるためである）。

　さらに，ウォルマートは安売り攻勢で地元の中小商店を次々と倒産に追い込んだ挙げ句に，不採算を理由に撤退するという形で地元の経済を破壊する事例が多発したため，進出計画を反対される案件が相次いでいる。

(5) 労働組合結成の容認や低賃金・差別訴訟の増加など逆風現象

　従業員の労働条件の悪さも有名であり，低賃金の非正規雇用従業員を多用して本採用に消極的なうえに，労働組合への圧力も強いとされている。ウォルマートの劣悪な労働条件の搾取事例を挙げると，ウォルマートのフルタイムの従業員の平均時給は10.11ドルで，小売業平均の12.5ドルを下回っている。また，平均年収は1万8,400ドルで，連邦が定める4人家庭の貧困の定義となる1万9,350ドルよりも少ない。こうしたことから，売上高および利益世界一の小売業に見合った給与を引き出しているとはいい難く，先鋭化した労働組合からの搾取モデルに対する改善要求が強まっている。労使関係や労働者の権利侵害などを巡り，法廷闘争やボイコット運動が相次いでいる。

(6) ウォルマートへの相次ぐ批判

　移民の受け入れなど国内に格差をつくり出し，成長を維持してきたのが米国社会であるが，その仕組みを最も上手く活用してウォルマートは成功してきた。この意味でウォルマートは格差社会の申し子といわれ，その傲慢さが批判されるのは当然のこととして受け止められている。世界一の大富豪の地位に昇りつめたサム・ウォルトンが亡くなった後も，遺族は億万長者番付の上位に名を連ね，現在でもウォルトン一族（長男，事故死した次男未亡人，三男，長女）の総資産合計9兆3,100億円（2008年8月29日時点の株価と為替レート，1ドル＝100円で換算）は，第1位のマイクロソフト会長のビル・ゲイツ5兆7,000億円を上回っている[13]。

　ウォルマートが急激に成長したのは，70年代から80年代であり，この時期には多くの町がウォルマートの新規出店を熱心に誘致した。しかし，1996年にウォルマートDSの出店がピークを迎えた後は減少に転じている。これは，ウォルマート自身がスーパーセンターに業態転換を促進したことの理由の他に，ウォルマートの出店を地元自治体や社会から歓迎されなくなったことが挙げられる。具体的には景観や環境の悪化，他の小売業の売上げへの悪影響，ウォルマートの新規雇用創出の大半が無保険の低賃金従業員で，ウォルマートからの税収もさほど大きくなく，利益の多くはウォルマート本部に吸い上

げられ，地元のキャッシュ・フローが減少するなど経済波及効果が低いことが判明したからである。

こうしたことから，西山和弘（2002）『ウォルマートの真実』，ビル・クイン著，太田直子訳（2003）『ウォルマートがアメリカをそして世界を破壊する』，ボブ・オルテガ著，長谷川真実訳（2000）『ウォルマート——世界最強流通業の光と影』，チャールズ・フィッシュマン著，中野雅司監訳，三本木亮訳（2007）『ウォルマートに呑みこまれる世界』など，ウォルマートに対する批判本が相次いで出版され，地域社会のみならず，全米や全世界からウォルマート批判が高まっている[14]。

Ⅳ 経営改革への取り組み

1 スコットＣＥＯの経営改革方針表明

前述のような数々の全米および全世界からの激しい批判に対して，ウォルマートのLee Scott（スコット）ＣＥＯ（最高経営責任者）は，2006年6月の株主総会で，次のような5項目の急速かつ抜本的な改革を表明した[15]。

(1) より幅広い顧客層へアピール

ウォルマートの主要な顧客層は，ワーキング・クラス（Working Class）と呼ばれるブルーカラー労働者から構成されるロウアー・ミドル（Lower Middle）階層とアッパー・ロウアー（Upper lowers）階層（低所得の単純労働に従事しており，貧しいが生活保護は受けていない層），ロウアー・ロウアー（Lower Lowers）階層（生活保護を受けている極貧層）の低所得の人達である。しかし，飽和状態になってきたために，平均的な収入のホワイトカラーおよびブルーカラー労働者からなるミドル・クラス（Middle Class）も取り込み，より幅広い顧客層へアピールする拡大戦略を採る。このため，こうした一段上の富裕層向け実験店を開設し，テレビなど広告も強化し，少しファッション性のある新衣料ブランド独自企画の「メトロ7」を

投入している。

(2) 従業員に対する職場環境の改善

ウォルマートでは，医療保険未加入の低所得の従業員が多いことで，地域社会に貧困者を広め，自治体の医療費負担を圧迫するだけでなく，地域の生活水準も破壊するという批判に対処するために，従業員の負担が少ない医療保険の提供を表明した。パート従業員の子供もカバーする新たな保険制度に改正した。人種や性差の面でも，公正な雇用を行い，ウォルマートを従業員にとって，より良い場所にすることを強調している。

(3) オペレーションと効率を改善

膨らむ過剰な在庫を削減し，投下資本利益率（ＲＯＩ）の改善を図り，オペレーションと効率を改善していく。物流と在庫効率を抜本的に改善する切り札として，ＩＣタグを導入した。導入店では品切れ16％減少，手作業での発注10％減少など効果が確認されたため，導入店を1,000店に倍増し，実用化に踏み切った。ウォルマートのバイイングパワーには逆らえないので，タグ装着は取引先が負担することになっている。

(4) 国際事業の成長を加速

米国内では市場の成熟化傾向があるため，今後の成長を目指すためには，中国や中米など新興市場で積極的な出店展開を図り，国際事業の成長を加速させる。将来的には，人口大国のインドへの進出を目指していく。

(5) 地域社会へ独自の貢献を

ウォルマートの店内に簡易診療所を併設した店舗を，大量に出店し，地域社会へ独自の貢献を促進する。さらに，環境問題へ積極的に対応していく。

以上のような抜本的改革表明を受けて，具体的に経営戦略やマーケティング実践を方向転換し始めているかを，今回のヒアリング調査や最新の資料か

ら論述する[16]。

② 経営戦略転換とマーケティング実践

(1) 製品戦略

　ウォルマートは，基本的にはNB中心に品揃えしてきたために，PB商品との売上構成比は約8割対2割である。PB商品はNB商品の隙間を埋めるニッチ商品として開発されてきた。しかし，1992年にプレミアム・ブランドとしてサムズ・アメリカン・チョイスが開発され，1993年には価格訴求ブランドとしてグレイトバリューが開発され，徐々にPB商品開発重視に転換してきた。前者は米国での雇用を守るために，米国で栽培，生産，製造されていることを条件とし，その売上げの一部を奨学金として寄付している。後者は消費者トレンドをベースにして，オリジナルのPB商品を開発している。ウォルマートのPB戦略は，EDLP実現のためのNBの低価格代替え品としてのポジショニングである。

　さらに，近年では，ファッション商品や中品質商品へ品揃えの多様化を図ったり，環境に配慮した製品やオーガニック製品（有機食品）を含め，生活の質を高めるのに必要な高品質の製品の品揃えを増やしている[17]。

(2) 価格戦略

　ウォルマートは，EDLPと呼ばれる毎日安売り戦略で，他店よりも低価格を保証したことが最大の成功の要因である。このEDLPを実現するために必要不可欠なのが，物流や情報ネットワークシステム確立を中心とした低コストオペレーション（経営）である。ウォルマートは，大規模取引のメリットの優位性を活用して，自社で流通センターを設置し，自社トラック隊も編成し，直接大量仕入れを可能とし，他社よりも低価格仕入れを実現した。さらにウォルマートは，EDLP戦略が浸透しているので，広告の必要性が薄いため，広告費も大幅に削減している。

　ウォルマートは創業者サム・ウォルトンの倹約精神を反映して，アーカンソー州にある本社ビルも質素で，基本的に事務所や店舗運営にコストをかけ

ず，低コスト経営が企業文化として定着している。こうして全従業員がコスト削減努力をして，ＥＤＬＰが消費者の支持を獲得して，成功のビジネスモデルを構築してきた。

しかし，近年，ＥＤＬＰからSave Money, Live Better.（お金を節約して，より良い生活をしよう。）へと方針転換をし，低所得層中心から一段上の層へと客層の拡大を狙っている[18]。

(3) 流通インフラ（情報システムと物流システム）戦略

ウォルマートは，情報システムではコンピュータの導入をはじめ，全店ＰＯＳシステムや通信衛星ネットワーク，無線発注端末の利用など，情報通信技術革新を小売業界で１番早く導入し先駆けた企業である。自社データウェアハウスを構築し，過去２年間の単品別，店舗別，日別の販売データ，返品データなど商品の補充・発注に必要なデータをすべて蓄積し，膨大なデータの中から店舗別の消費者の嗜好，地域別品揃え，商品補充のタイミング，併売される関連商品の組合せ，単品別販売傾向などの情報を把握している。

ウォルマートはこのデータウエアハウスを分析し，情報からナレッジ（知識）へ進化させる分析ツール群があり，これらを統合したナレッジコロニーをベンダーとともに利用しており，ストア・レイアウトの改革やプラニングの改善，取扱商品構成，販売促進などで活用している。ウォルマートはデータウェアハウスにより，現場の社員，リテイル・リンクで結ぶベンダーまでもが，現場作業の中で共有し利用できるデータベースを構築し，情報の共有化をコアにして，物流システムでＳＣＭ（サプライチェーン・マネジメント）を確立している。さらに，メーカーとコラボレーションして，協働による需要予測，商品開発にも取り組んでいる[19]。

こうした物流センターの整備とともに，近年では，無線ＩＣタグ（ＲＦＩＤ）を実用化し，効率的ＳＣＭに取り組んでいる。リテイル・リンクを活用して，全世界から低コストで調達しているが，グローバル・ソーシーング方式が強味の源である。

(4) プロモーション戦略

　創業者サム・ウォルトンは，個人の尊厳と顧客へのサービス，卓越さを追求する努力の3つの基本的な信念をもっていたことから，これらの信念に基づいて，従業員の扱いや顧客サービス，低価格保証で優れた革新的哲学をもって経営を行ってきた。ウォルマートの積極的な顧客サービスの姿勢で有名なものとして，「10フィート・ルール」が挙げられる。これは，10フィート（約3メートル）以内にいる顧客から声をかけられるよりも先に声をかけ，「何かお手伝いできることはありませんか」と尋ねることである。この声かけのタイミングは難しく，押しつけて買わせようと受け取られないように，顧客が声をかけて欲しい様子を察知することが重要であり，日頃の研究と努力が必要となる。

　また，ウォルマートの店舗の入り口には，挨拶係（地元の人気者のシニア男性・女性）が配置され，買い物客にショッピングカートを渡しながら挨拶をし，店内案内・返品の手伝い・購入した商品を顧客の車まで運ぶことを担当している。店舗周辺地域のイベント情報や顧客情報管理を精緻化するだけでなく，こうした接客サービスや返品保証サービスでも人気を高めている。

(5) 立地戦略の転換（田舎から郊外，都心，海外へ）

　小売業のマーケティング戦略において，立地戦略は消費者が行動して購買することにより商圏が形成されることから，小売マーケティング・ミックス要素のなかでも重要な要素である。ウォルマートは，従来から人口過疎地である小さな田舎町を出店立地に選択してきたが，近年は過剰出店により飽和状態になったことや出店反対運動が激しくなったことから，郊外立地や都心立地，さらに海外出店など，出店効果の向上と多様化を図っている。

(6) 店舗フォーマットの多様化（大型店・小型店・ミニスーパー）

　ウォルマートは，バラエティストアからディスカウントストアの店舗フォーマット（小売業態）を開発することで事実上，ビジネス活動をスタートして，企業としての成長軌道を歩んできた。しかし，ディスカウントストアは

1996年をピークにして、スーパーセンターに業態転換を促進している。よって現在では、スーパーセンターがメインになっており、ディスカウントストアは激減、サムズ・クラブやネイバーフッド・マーケットは微増で、店舗フォーマットは多様化している。

さらにウォルマートは、マーケットサイド（Marketside）の店名で、初めてミニスーパーの開発に着手している。店舗面積はネイバーフッド・マーケットの3分の1の1,400平方メートル程度、総菜など調理済み食品を中心に品揃えし、2008年11月に4店舗を開店している。この背景には、英国最大手のテスコ（Tesco）が米国に進出し、ミニスーパー「フレシュ・アンド・イージー・ネイバーフッド・マーケット（Fresh&Easy Neighborhood Market）」の出店を西海岸の主要都市に60店舗以上開業しており、対抗措置としてウォルマートもミニスーパー開発に乗り出している。こうしたことから、将来的には業態の多様化が益々進展するものと考えられる[20]。

Ⅴ　CSR経営への転換と今後の方向性

① CSR経営に対する世界的な重要性の高まり

20世紀は、経済効率性の論理が企業競争力の根幹であったといわれ、企業は勝ち残るために、良い製品を他社より安く売ることに凌ぎを削ってきた。EDLPを掲げて人気を博したウォルマートは、まさに価格競争力の勝利者であった。

しかしながら、21世紀に入ると、この経済効率性論理だけでは、企業の存続が危うい時代となっている。すなわち、社会に必要とされる企業になることが求められている。換言すれば、①経済効率性以外に、②地球環境への取り組み、③社会環境への取り組みを具備した企業が、社会から必要とされる企業とみなされ、これが現代の企業の競争力だとの認識がCSR経営である[21]。よって、CSR経営とは、経済の側面での社会的責任（例えば、収益性の確保や企業の安定的成長と存続など）、地球環境の側面での社会的責

任（例えば，省エネ法に対応したCO_2削減への取り組みや，グリーン物流・グリーン購買など環境マネジメントシステムの実践など），社会環境の側面での社会的責任（企業倫理の確立やコーポレートガバナンス体制の構築，職場環境の改善など）の3つの側面での社会的責任を果たす経営である。

　こうしたＣＳＲ経営の高まりを受けて，大手企業は従来からの経済活動報告書である「有価証券報告書」以外に，「ＣＳＲ活動報告書」を策定することが，全世界的に一般化している。このため，ＣＳＲ経営確立に向け，従来疎かにされてきた企業倫理の確立を経営の根幹として標榜する時代となってきている。まさにＣＳＲ経営に取り組むことが，21世紀での企業存続を左右する要となっている。

② ウォルマートへのＣＳＲ経営への要請

　前述したように，近年，ウォルマートに対して企業の社会的責任（CSR）を要求する声が強まり，経営戦略の転換がみられる。従業員の過度な低賃金・保険未加入・女性差別，人権問題などの法令遵守だけでなく，周辺の小売商店を倒産させ，コミュニティを破壊することから地域社会への貢献の要請が強く，対応しない場合は出店反対運動を起こす自治体・住民が増加している。よって，今こそウォルマートが社会とともに持続的に成長するためには，トリプル・ボトムラインの3つの側面（経済的側面・環境的側面・社会的側面）を総合的にバランスさせながら経営を行う必要がある。ＣＳＲ適応ビジネスモデル構築に向けたイノベーションも必要となっている。

③ 地球環境対策への取り組み事例

　業務の効率化で業績を伸ばしてきたウォルマートであるが，リー・スコット社長兼ＣＥＯ（最高経営責任者）は，地球環境に優しいサプライチェーンを構築するために，ビジネス・サステナビリティー・ストラテジー（事業の持続可能性を追求する戦略）を発表した[22]。ウォルマートの店舗を対象にした環境イニシアチブで，同社は，以下の3つの意欲的な目標の達成を公約した。

①再生可能なエネルギーの使用率を100％まで高めること。
　（既存店は今後7年間で25％，新規店は今後4年間で30％エネルギー効率を上げる。）
②廃棄物の排出をゼロにすること。
　（今後3年間で廃棄物を25％削減する。ＰＢ商品の包装を2年間で削減する。）
③資源と環境を持続可能につながる商品を販売すること。
　（今後3年間で全商品の20％を環境にやさしいものに切り替える。）

　サステナビリティー・ストラテジー（戦略）は，21世紀最大のビジネスチャンスでもあり，地球環境問題の解決を追求することは，競争相手との差別化や成長の維持，サプライチェーンの劇的な効率化をウォルマートにもたらしている。ＮＰＯ（非営利組織）などの社外の利害関係者と協力して，商品とその調達プロセスをグリーン化し，環境に及ぼす影響を削減しながら収益性を高めている。

(1) 有機栽培された綿を使った衣料品の事例

　綿花を従来の方法で栽培すると，大量の廃棄物が発生するのに対して，有機栽培では環境に優しく農場労働者の健康にも良い。そこで有機栽培した綿を使った製品では，綿の柔らかさや，化学品を使っていない点を顧客にラベルでアピールしており，その結果，有機栽培した綿で作ったベビー服の売上げが伸びている。この背景には，商品が自分自身や家族の健康に良いと思えば，価格が多少高くても購入しようとする消費者が増えていることが挙げられる。

　さらにウォルマートは，有機栽培による生産と，それを使った商品の製造について認証基準を設けるために，ＮＰＯと連携している。外部の基準や公認を受けている第三者機関を使うことで，客観的公正性が保証され，信頼が高まっている。

(2) 海洋管理協会認証の水産会社によって水揚げされた魚介類の事例

　海洋管理協会（Marine Stewardship Council：ＭＳＣ）は，World Wildlife Fundという環境ＮＰＯとユニリーバー社が1997年にジョイントベンチャー方式で設立し，ロンドンに本拠がある団体である。水産資源の枯渇を防ぎ，持続可能な方法で水揚げすることを指導している。ウォルマートは，こうした趣旨に賛同し，海洋管理協会が認証した企業によって，サステナブルな方法で水揚げされた魚介類の取り扱いを，2006年6月より開始した。今後数年以内に，北米産シーフードはすべて認証済みにする方針である。

　ウォルマートが海洋管理協会による認証を取るよう推奨しており，認証水産会社を増やす努力を自身で行っている。このような先進的取り組みでは，オーガニック（有機）食品を専門的に品揃えして評判のスーパーマーケットチェーン，ホールフーズ（Whole Foods）社より，積極的であり，実効性も高い。ウォルマートの場合，取扱量が巨大で，世界的影響力のある企業であるため，こうした取り組みも社会的に評価されている。

(3) 環境対策

　2008年1月に，ＮＲＦ（全米小売業連盟）年次大会がニューヨークで開催され，ウォルマートの環境対策への最新の取り組み状況が報告された。ウォルマートが策定した環境対策では，輸送トラックの燃料効率を3年間で25％改善，包装材の25％削減，温暖化ガスの排出量20％削減といった目標を掲げている。こうした目標を実現するために，ＩＴやその他の開発に年間5億ドルもの投資を行っている。2008年を目途に，省エネ型蛍光ランプの年間販売を4,000万本から1億本にするほか，店舗への太陽電池の設置も進める。さらに，環境対応商品の調達も強化することから，米国の全店で洗濯用洗剤を今年5月までに，従来製品に比べて洗剤量が3分の1程度で済む濃縮型の液状洗剤に切り替えた。一部メーカーが開発した濃縮型洗剤は売れ行きが好調なため，全店導入に踏み切った。メーカーと組んで，サプライチェーンでのガソリンや電力などのエネルギー総使用量の測定も始めており，測定によって環境負荷が減らせる時は，代替可能なエネルギーへの切り替えも検討する。

ウォルマートで重視するのは，サステナビリティーをビジネスに直接取り組むことであり，環境対策部門だけではなく，全社的な取り組みであることを強調している。

こうしたことから，具体的には，プラスチック・バックの節減（エコバック運動）や無人レジ台数増による人件費削減，配送トラックのエンジン回転数最適化装置取り付け，ゴミゼロ運動など様々な環境対策が，経済的メリットを生み出すと同時に，徐々に社会的にも評価されてきている。

さらに，今回ヒアリング調査したラスベガスのウォルマートHE.5スーパーセンターは，2008年3月に開店したばかりの実験店ではあるが，節水や省エネ装置が設置されており，従来の店舗より，45％以上もエネルギー効率を高めている。このようなグリーンな店舗（エコストア）の普及が期待されている。

④ 社会環境対策への取り組み事例

ウォルマートは，2005年にインストア・クリニック（小売店舗内の簡易診療所）をスタートし，2007年4月現在，12州76店舗で併設しているが，これを今後5～7年で，2,000店に拡大し，買物客だけではなく従業員へも低料金で医療サービスを提供し，地域社会貢献に取り組んでいる。インストア・クリニックでは，ナース・プラクティショナー（医師と看護師の中間に当たる職種で，限られた範囲内でベーシックな診察をし，処方箋を出す資格を有するスタッフ）が，予防医療や風邪，鼻炎の治療などのような簡単な医療サービスを施し，病院と比較して料金も安く，アポなしで立ち寄ることもでき，待ち時間も短く，人気を集めている。米国では日本のような国民皆保険制度が無く，医療保険はＨＭＯ（Health Maintenance Organization）と呼ばれる民間の医療サービスが中心であるため，米国では4,600万人が医療保険に加入していない。ウォルマートの買物客および従業員は低所得者層であるため，インストア・クリニックを訪れる患者の半数以上が無保険である。保険がない自由診療でも40～65ドルで，通常のＨＭＯネットワーク指定のクリニックでは80～110ドルかかるので，約半額の自己負担で済むため，患者（買

物客および従業員）から大変感謝されている。

　ウォルマートの最大の顧客は低所得層であるため，低額の医療サービスを提供するクリニックを店舗内に設置すれば，顧客が診察の帰りに店内の薬局で処方箋薬を買い，さらについでに買い物もしてくれる。特許切れの成分を使ったジェネリック（後発医薬品）約330種類を対象に処方箋1枚につき4ドルという割引価格での販売もしており，利益率の高いジェネリックが増益に貢献している。インストア・クリニックは，集客力のアップにも繋がっているし，クリニックからの安定した家賃収入も獲得できている。

　インストア・クリニックは医療保険に加入していない多くのウォルマート従業員の福利厚生を高めるだけでなく，地方自治体の医療費財政の負担を軽減でき，ウォルマートの出店反対や批判を，少しでも和らげることができるものと期待されている。

Ⅵ　おわりに

　これまで従業員の低賃金という犠牲のうえ，低コストから導き出されたＥＤＬＰという安値攻勢「搾取モデル」で売上高世界一の企業に上り詰めたウォルマートであったが，ようやく企業の社会的責任を自覚したＣＳＲ経営へ転換を図っていることを，具体的な現地調査を踏まえて論述してきた。グローバルな視点から地球環境問題だけではなく，所得格差問題，貧困者の福祉問題，労働条件問題，安全な食糧流通問題，地域コミュニティの保全問題など多岐にわたる全世界的課題とウォルマート問題は絡んでいるため，ウォルマート改革の成否を世界が注視している。改革の成果は，流通業界のみならず，全世界の供給業者やメーカー，消費者など利害関係者，あらゆる国の企業経営に大きな影響を与えるものと思われる。その方針転換は，小売経営や小売マーケティングの実務ならびに研究に参考事例にもなる。今後の推移を興味深く見守っていきたい。

第2部　実践編

注

（1）　渦原実男（2002）「米国ウォルマート社の小売業態開発の展開」西南学院大学『商学論集』第48巻第3・4合併号，141-187頁を参照。
（2）　小原博（2006）「第1章　ウォルマート」マーケティング史研究会編『現代アメリカのビックストア』同文舘出版，1-22頁および田口冬樹（2005）「ウォルマートの経営戦略：成長のプロセスと競争優位の源泉について——」専修大学『経営学集』第81号，1-51頁参照。森龍雄（1990）『ウォルマートの成長戦略』商業界，7-300頁を参照。James F. Moore（1993）「ウォルマート　ビジネス生態系の戦略」『ダイヤモンド・ハーバード・ビジネス・レビュー』1993年8・9月号，野口智雄（2002）『ウォルマートは日本の流通をこう変える』ビジネス社も参照。
（3）　渦原実男（2002）「米国ウォルマート社の小売業態開発の展開」西南学院大学『商学論集』第48巻第3・4合併号，179-182頁で，新たな課題を指摘した。
（4）　2007年12月から，西友はウォルマートの完全子会社となった。
（5）　以下のデータは，*Fortune*，July 23, 2007のGLOBAL 500を参照。
（6）　*Fortune*, March 19, 2007のThe World's Most Admiredの2007 All-Starsを参照して作表した。
（7）　世界での集計データは，総合小売業部門で第5位であるが，その内訳項目別のデータはすべて無回答となっている。そこで米国での集計データを参照すると，総合小売業部門で第5位であるが，その内訳項目データでみると，企業資産の活用第3位，財務の健全性第3位と高評価であるのに対して，製品／サービスの質第7位，従業員管理能力第6位，革新性第6位，社会的責任第5位，経営の質第5位，長期の投資価値第5位となっている。
（8）　ウォルマートのアニュアル・レポート2008より作表した。
（9）　ウォルマートのアニュアル・レポート2008より作表した。
（10）　*Fortune*，August 7,2006の特集「The Green Machine」pp.36-44を参照。
（11）　ＬＯＨＡＳに関しては，北風祐子（2006）「ＬＯＨＡＳマーケティング」『季刊マーケティング・ジャーナル』第102号，54-65頁を参照。
（12）　*Fortune*，August 7,2006のp.40を参照。この件に関して，ウォルマートの問題を紹介した和雑誌では，「ウォルマートに吹く逆風」『日経ビジネス』2006年7月10日号，34-36頁を参照した。以下のウォルマート批判は，Webサイトでも多く掲載されている。
（13）　*Forbes US*, January, 2009, pp.92-94を参照。
（14）　西山和弘（2002）『ウォルマートの真実』ダイヤモンド社，ビル・クイン著，太田直子訳（2003）『ウォルマートがアメリカをそして世界を破壊する』成甲書房，B. オルテガ著，長谷川真実訳（2000）『ウォルマート—世界最強流通業の光と影』日経ＢＰ社，C. フィッシュマン著，中野雅司監訳，三本木亮訳（2007）『ウォルマートに呑みこまれる世界』ダイヤモンド社などを参照。
（15）　以下，ウォルマートのWebサイトで，スコットＣＥＯの意見表明を参照した。

さらに日経流通新聞の2006年6月16日から8月18日までの連載「岐路に立つ巨人Wal-Mart」も参照した。
(16) 以下の論述は，今回（2008年11月7日から13日に）米国ロサンゼルスとラスベガス地区の小売業訪問調査（ヒヤリングならびに資料収集）の成果による。ウォルマートは，ラスベガス地区のスーパーセンター（エコストア）で，10日に，アシスタント・マネージャーのPaul（ポウル）氏へインタビューした。カリフォルニア州GlendoraとChino Hillsのウォルマート2店舗，サムズを1店舗視察した。他に，両地区のディスカウントストアやＧＭＳ，百貨店，ドラッグストア，スーパーマーケット，コンビニエンスストアなど多様な小売業態を視察した。さらに，ウォルマートのWebサイト，特にTwenty First Century Leadership Presented by Lee Scott October 24,2005を参照した。
(17) ウォルマートのWebサイト。Ｓ★ＭＡＲＴのSustainable Future Report, March 2008を参照した。
(18) ウォルマートの2008アニュアル・レポートを参照。
(19) 渦原実男（2002）「米国ウォルマート社の小売業態開発の展開」西南学院大学『商学論集』第48巻第3・4合併号，141-187頁を参照。
(20) ウォルマートのWebサイトの記事および日経流通新聞2008年5月23日を参照。
(21) ＣＳＲ経営に関しては，谷本寛治（2004）『ＣＳＲ経営』中央経済社や岡本亨二（2004）『ＣＳＲ入門』日本経済新聞社，田中宏司・水尾順一（2004）『ＣＳＲマネジメント』生産性本部などを参照。ＣＳＲ関連のWebサイトとしては，http://www.ＣＳＲjapan.jp/やhttp://www.nikkei.co.jp/csr/index.htmなどを参照。
(22) 以下では，ウォルマートのWebサイトのＳ★ＭＡＲＴの*Sustainable Future Report,* March 2008, August 2007, June/July 2007, April/May 2007, March 2007を参照。

第8章 総合小売業のグローバル戦略
―ウォルマートとイオンの立地戦略を中心に―

I はじめに

　20世紀初頭に，寡占メーカーの市場支配行動として誕生したマーケティングであるが，1980年代以降は様々な分野に拡大適応されてきており，コトラー（P. Kotler）らによって，その概念も拡張されてきた[1]。その結果，サービス・マーケティング（Service Marketing）の一分野として，小売マーケティング（Retail Marketing）が実務と研究の両面で進化してきている。現在，総合小売業（食品と非食品を幅広く取り扱う総合型業態の小売企業）の中で，小売マーケティングの国際展開での代表的企業が米国ではウォルマート（Wal-Mart Stores, Inc.），日本ではイオン（AEON），セブン＆アイ・ホールディングス（Seven & I Holdings），欧州ではフランスのカルフール（Carrefour），英国のテスコ（Tesco），ドイツのメトロ（Metro）である。

　そこで，本章では，小売マーケティングにおける立地戦略の重要性を主張したうえで，立地戦略行動の側面に焦点を当てて，米国のウォルマートと日本のイオンを事例に，法的規制など市場環境の変化への適応行動を明らかにし，今後の持続的成長経営への方向性を論じていきたい。

II 小売マーケティングにおける立地戦略の重要性と先行研究

(1) 小売マーケティングの概念と特性

　マーケティングの概念に関しては，世界的に最も権威のある団体であるア

メリカ・マーケティング協会（AMA）の最新（2007年）の定義によると，「マーケティングとは，顧客，依頼人，パートナー，社会全体にとって価値のある提供物を創造・伝達・配達・交換するための活動であり，一連の制度的機関，そしてプロセスである」となっている[2]。また，日本マーケティング協会の定義委員会の定義では，「マーケティングとは，企業および他の組織がグローバルな視野に立ち，顧客との相互理解を得ながら，公正な競争を通じて行う市場創造のための総合的活動である」となっている。こうしたことから，小売マーケティングとは，主体を小売業に特定して，「小売業が顧客，依頼人，パートナー，社会全体にとって価値ある提供物を創造・伝達・配達・交換するための活動であり，一連の制度的機関，そしてプロセスである」といえよう。

　一般的に，企業（生産者）のマーケティングの実務では，マーケティング・ミックスとして，4P（Product：製品開発，Price：価格設定，Promotion：販売促進，Place：流通経路）の組み合わせが重視されてきたのに対して，小売業では小売マーケティング・ミックスとして，さらに品揃え，店舗立地，店舗設備や店舗内の雰囲気，接客サービスなどが追加され，より顧客と密着した関係性マーケティングが重視されている（Place相当の部分が，川上から川下への垂直的な流通経路から，時間的・空間的な立地場所へ昇華されている）。現在，成長期のインターネット・ショッピングや通信販売などの無店舗販売を除けば，小売業は店舗を構え，ここをベース（基地）として周辺の地域住民を顧客として集客するビジネスモデルであるため，「場所のチカラ」すなわち店舗立地によってビジネスが左右される。立地場所によって，市場環境，特に顧客層が異なるため，彼らの好みの品揃えから値ごろ感，期待されるサービスまで，根本的にマーケティング方法の変更が余儀なくされる。まさに小売業は立地産業そのものである。

　こうしたことから，小売業は立地した店舗をベースに，周辺の市場環境に柔軟かつ迅速に適応することが，ビジネスの成否を決定し，生き残りの前提条件，与件となる。よって立地場所の商圏分析や市場調査，立地選定が，小売マーケティングのスタートである。

② 小売企業の立地戦略の重要性

　現代の小売企業にとって，個々の事業を展開するうえで最も重要な視点は，地域対応である。小売業の事業特性として，地域に立地する小売店舗を前提としてビジネス展開するため，地域の市場環境への対応，特にローカル化戦略が，他の産業に比べてはるかに重要で，まさに企業存立に関わる問題となっている。ここでいう小売企業のローカル化とは，地域環境の変化に対応するために空間的適応のことであり，その様相として，多様的で，相互に緊密な関係を有しながらも，立地戦略，多店舗化と店舗網の配置戦略，業態構造の多様化戦略に区分される[3]。

　第1に，立地戦略とは，小売企業が立地の場所としての特性を考慮して，店舗立地を選択することである。通常，市場規模や出店費用，競争状態，規制の状況の4つの要素を中心に，立地場所の魅力度をはかって，店舗立地を決定する。一般に，小売企業の立地戦略は，大きく都市型立地，郊外化立地に分けられる。

　第2に，多店舗化と店舗網配置戦略は，小売企業の出店戦略を指し，大型店にとっては収益性と集客性から店舗規模の拡大と店舗網の戦略的配置が必然的に重要になる。総合小売業は，仕入れと販売という機能別分業の原理を基盤として，集中仕入れによる利益と多店舗販売による利益とを同時に達成する目的で，チェーン・オペレーション管理技法を使用している。店舗網の戦略的配置には，全国主義，地域重点主義，全国と地域の両面作戦主義に分けられる。

　第3に，業態構造の多様化戦略は，同一商圏における市場細分化に対応するための補完的性格を有する店舗のネットワーク戦略である。例えば，郊外型総合スーパーを展開する企業が，都心や住宅街の近隣に存在するニッチ市場を狙って，食品スーパーやコンビニエンスストア事業もグループ経営して，補完する形で店舗ネットワーク展開する。後述するように，日本のイオンは，総合スーパーであるジャスコを核店舗として郊外型ショッピングセンターを開発する一方で，マックスバリュという食品スーパー，ミニストップという

コンビニエンスストアを展開している。米国のウォルマートも郊外型・カントリー型のスーパーセンターとサムズというメンバーシップ・ホールセールクラブだけではなく，ニッチ市場を狙った小型のスーパーマーケットを補完的に展開している。

③ 小売立地の先行研究と工場立地との相違

　小売立地の研究は，主として地理学者によって，経済地理や商業地理の視点から，例えば，「集積の理論」（最小差別化の理論）や「中心地理論」（商圏），「小売引力の法則」（ハウ・モデル）など，理論的かつ実証的に行われてきた[4]。近年は，地理学者により，企業のマーケティングの視点からの立地戦略の研究が積み重ねられている[5]。さらに，小売業の海外進出が活発になる実態を反映して，国際立地の理論研究も進展している[6]。

　従来から商学や経済学，経営学など社会科学全般で，国際研究が盛んであったが，東西冷戦の終結とともに，ヒト・モノ・カネ・情報・技術，さらに企業や工場，店舗のグローバル化に拍車がかかったことから，グローバルな経済学や経営学などの研究が進化している。広義の商学では，伝統的な貿易論や国際金融論中心からグローバル・ビジネス論へ拡張しており，流通・マーケティングの研究においても，国際マーケティング研究が先行する形ながらも，1980年代からの小売業の海外出店展開と並行して，流通の国際化研究が進められてきた。

　こうした歴史的な背景から，流通の国際化研究は，母国で過剰となった商業資本が国境を越えて移動していく過程に焦点が当てられる。小売業が国境を越えて地理的・空間的に移動することには，製造業とは異なる特殊な条件がある。製造業の場合には，生産工程の分割が可能であるため，工場の立地は，原材料・部品の供給地点と次の工程の需要地点との間のロジスティクス（物流）費用や，労働コストなどの費用極小化することが主な条件となる。これに対して，小売業の場合には，仕入，販売，アフターケアの各過程を分割することができず，一体的に営まなければならないため，取引費用の極小化だけではなく，立地地点における市場の収益性（規模や特性）がより重要

（主要）な課題となっている。こうしたことから，近年のマイケル・ポーター（M. E. Porter）や川端基夫の立地戦略研究では，「費用削減のチカラ」「収入増大のチカラ」に加えて，「付加価値増大のチカラ」が「場所が有するチカラ」として経営戦略上，重要視されていることを明らかにしている[7]。そして川端は，立地は開発され創造される側面をもつと指摘し，小売業の立地戦略の方向性として，立地選択，立地適応に加えて，立地創造に注目している。従来では小売業立地として注目されてこなかった農村地域を開発して，立地創造を積極的に展開して店舗増加を果たして成長してきた顕著な事例が，米国のウォルマートであり，日本のイオンである。

さらに重ねて小売業の特殊な条件を挙げるならば，近年，グローバル・リテイラー（Global Retailer）と呼ばれる巨大小売企業が成長し，世界的な規模で店舗ネットワークと調達ネットワークを構築しているように，小売業の場合は製造業と異なり，販売（店舗）と調達（物流）の2つのネットワークが複雑に絡み合ってパワーを発揮するため，「ネットワークのチカラ」も重要な武器となっている。店舗だけではなく，サプライチェーンに絡んだ物流・情報流のネットワークのチカラでも，競争優位性を持つ先端企業がウォルマートとイオンである。そこで，ウォルマートとイオンの具体的事例で立地戦略を以下でみていく。

Ⅲ ウォルマートの立地戦略

1 ウォルマートに関する先行研究での成功要因分析レビュー

ウォルマートに関する小原博（2006）や田口冬樹（2005），森龍雄（1990），野口智雄（2002），J. F. Moore（1993），渦原実男（2002）らの先行研究をみると，ウォルマートが急拡大をなし得たのは，競合店が参入しないような片田舎を選んで出店し地域独占を形成したことと，エブリディ・ロープライス（Every Day Low Price，以下，ＥＤＬＰと略称する）で有名になった毎日安売りという低価格戦略であるというのが通説である[8]。このＥＤＬＰを

可能にした要因として，①集中出店と徹底的な物流効率化，②最先端のIT技術を活用した情報システム，③低価格仕入れの実現，④徹底的なコスト管理などがしばしば指摘されてきた。より具体的には，標準化したプロトタイプ店舗のドミナント出店，商品回転率の向上と無駄な在庫の削減，用地費用や広告宣伝費，さらに人件費などのコスト削減を行い，リテイル・リンクを活用して情報の共有化を進めて，効率的なサプライチェーン・マネジメントを行うなど究極のEvery Day Low Cost（毎日低コスト）管理体制により，競争力のあるEDLPのビジネスモデルを構築したことにある。

このEDLPのビジネスモデルは，地域市場環境の変化に適応するマーケティング戦略に従って，小売業態（ストアー・フォーマット）開発という形で具現化してきた。創業者サム・ウォルトン（S. Walton）は，最初に着手したバラエティストアの限界を痛感し，1962年にディスカウントストア業態を開発したのを手始めに，会員制のホールセールクラブ業態であるサムズ・クラブ（Sam's Club），スーパーマーケットを併設したスーパーセンター業態であるウォルマート・スーパーセンター（Wal-Mart Supercenter），さらにスーパーマーケットであるネイバーフッド・マーケット（Neighborhood Markets）など，次々と革新的に業態開発を積み重ねてきた。90年代からは，広い商圏の多くの顧客をスーパーセンターで呼び込み，自社のスーパーセンター間の隙間は，ネイバーフッド・マーケットで草刈り場的に根こそぎ獲得する市場浸透戦略を採るなど，小売業態ミックスを効果的に展開している。こうした点から，ウォルマートの業態革新は，立地戦略に根ざして生み出されたといえよう。

② 立地戦略と業態開発

成功要因で述べたように，ウォルマートのEDLPの背後には徹底した低コスト管理体制があり，そしてその背後の1つには当該市場文化に対してコスト・パーフォマンスが最も高い店舗立地という事態が存在している。店舗立地によって市場環境が異なるため，望ましい小売業態・ビジネスモデルは規定される。よってウォルマートの場合，立地戦略革新は，成功ビジネスモ

デルの根幹を形成する非常に重要な経営戦略である。

　従来から小売業の場合，人口の多い都会や都市の商圏に出店するのが店舗立地戦略の主流であったが，ウォルマートは反対に人口の少ない地域を狙った立地戦略を取り，セオリー破りを行った。これには当時，先行していたＫマートがすでに大都市に出店し，好立地を確保済みであったためという競争条件にも拠るが，元々，ウォルマートの場合は，創業の時点からアーカンソー州ロージャーのカントリー（農村部）に１号店を開店して以来，カントリー出店にこだわってきたことに起因する。カントリーは田舎であるため無店舗地域であることも多くあり，競争相手があまり進出してこないことで，独占的に小商圏内の消費者を根こそぎ吸引することができたのである。このように，ウォルマートのカントリーや人口の少ない地方小都市中心の立地戦略が，革新的なマーケティング戦略であった。

　歴史的に詳細に業態開発をみていくと，最初のバラエティストアは，「ソフトグッズなどの非耐久消費財を中心に多様な日用雑貨を低価格で販売する小売業で，家具や大型家電は取り扱わないし，部門ごとに分かれた売場構成ももたない」，いわば日用雑貨店であった。これに対して，ディスカウントストアは，「衣料品を中心とした多様な非食品を低コスト・オペレーションによりセルフサービス方式で低価格販売する小売業」であるが，ウォルマートがこのディスカウントストアを目指したのは，農村の消費者へ，多様な商品を身近な店で，低価格で一括して提供することであった。ディスカウントストア業態には，Ｋマートやターゲットに代表される都市型ディスカウントストア（ファッション的で比較的高級な商品を品揃え）とウォルマートのような農村型ディスカウントストア（農村商圏に向けた大衆品や実用品を中心とした品揃え）があるが，結果的には農村型が支配的となった。これは，ウォルマートが人口5,000人から２万5,000人の小さな町に出店し，大型店舗を構えて，住民の生活をカバーするのに必要な完全な品揃えと，ＥＤＬＰ戦略がコスト競争力のあるより強力な業態を生み出したからである。

③ 多様な店舗形態の組み合わせによるドミナント戦略

　80年代以降のウォルマートは，ディスカウントストアを基礎に，サムズクラブ（会員制の現金持ち帰り卸で，倉庫型店舗で生鮮食品を含む幅広い商品を消費者にも低価格で販売），を開発し，初めて食品を品揃えし，食品ディスカウン・マーチャンダイジングのノウハウを取得した。このことが次のスーパーセンター（ディスカウントストアに大型スーパーマーケットを組み合わせた衣食住フルライン）とネイバーフッド・マーケット業態開発に生かされており，ＱＲ（クイックレスポンス）やＳＣＭ（サプライチェーン・マネジメント）などの小売技術革新を生み出した。

　このようにウォルマートは，非食品を扱うディスカウントストアを基にして，南部の田舎町から都市部の郊外へ，そして米国全土へと拡張していったが，1990年代中葉以降は，サムズクラブ，スーパーセンター，それに隙間を埋めるネイバーフッド・マーケットという4つの業態を組み合わせて，多業態による展開へと転換している。ウォルマートの発展した経緯により，かつてはディスカウントストア中心であったが，ワンストップ・ショッピングの利便性や集客力の向上を図って，スーパーセンターへ業態転換を進めた結果，2009年1月1日現在，業態別の構成比はスーパーセンター2,612店（61.4％），ディスカウントストア891店（20.9％），サムズ602店（14.1％），ネイバーフッド・マーケット153店（3.6％）の順となり，完全に主力業態はスーパーセンターとなってドミナント出店戦略を採っている[9]。

④ 国際立地戦略

　ウォルマートの海外進出要因としては，環境要因によるプッシュ要因とウォルマートの主体的なポジティブ要因が挙げられる。前者としては，近年米国では国内小売市場が成熟化・飽和化し，これ以上の成長が期待できないことに加えて，各自治体による大型店舗の規制がなされているため，出店が困難な状況に追い込まれていることなどにより，海外進出の重要性が高まっていることである。後者としては，多様な業態開発力や自社構築の情報技術力，

大規模購買力・販売力など海外市場における強みを十分備えていることである。ウォルマートの海外進出戦略について，国際立地選択，国際進出モード選択，業態の展開，国際流通戦略の4つの側面から分析していく[10]。

まず第1に，国際立地選択に当たって検討すべき優先事項は，進出国の法的規制や経済状況，社会的インフラ，文化的背景，消費者行動の特性などの環境条件であるため，通説では比較的に参入障壁が低い近隣の同質的市場への進出から開始し，海外経験が蓄積されるにつれて段階的に異質市場に拡張していくパターンを採るものと考えられている。実際，ウォルマートの場合も，1991年にメキシコに出店したのを皮切りに，1992年にカナダ，1993年にアルゼンチン，1995年にブラジルというように，米国周辺の近隣諸国から開始され，国際事業部を中心にして本格的に国際立地戦略を進めている。この背景には，地理的・文化的な近隣性に加え，北米自由貿易協定（ＮＡＦＴＡ）という経済圏の存在も影響していたが，それ以降は，1996年に中国，1997年にインドネシアというようにアジア諸国へ拡張すると同時に同年のドイツ，1999年の英国というようにヨーロッパ諸国へ，市場機会を見出して分散的に進出してきている。

第2に，小売企業の国際進出モードについては，企業の戦略や能力に応じて，合弁や買収，直接投資など，いくつかのタイプが存在する。ウォルマートの場合は，進出国の状況や機会などにより，あらゆるタイプを柔軟に採用している。例えば，合弁（メキシコやブラジル，中国，日本）や買収（カナダやドイツ，韓国，英国），直接投資（アルゼンチン）というようにミックス型の進出モードが採用されてきた。しかし，ウォルマートは進出国においても母国市場で蓄えたノウハウを創造的に移転していくために，莫大な資本力を基盤とする買収による展開に力点を置いており，自らが展開する業態とマッチした企業獲得を狙ってきている。

第3に，業態の展開に関しては，業態自体の競争優位，あるいは他業態との差別的優位性の海外市場での実現の観点から検討される。ウォルマートの場合は，進出モードの決定と同様に，進出国の市場環境に合わせて対応し，多様な業態をポートフォリオ戦略的に展開する「多業態戦略」を採用してい

■図表8-1　ウォルマートの進出先国別の業態店数

Country	Super-markets	Discount Stores	Super-centers	Hyper-markets	Other	Total
Argentina	—	—	22	—	6	28
Brazil[1]	155	—	34	71	85	345
Canada[2]	—	256	56	—	6	318
Chile	46	76	—	75	—	197
China	—	—	132	103	8	243
Costa Rica	25	122	—	6	11	164
El Salvador	30	45	—	2	—	77
Guatemala	29	109	—	6	16	160
Honduras	7	36	—	1	6	50
Japan	264	—	—	106	1	371
Mexico[3]	163	67	154	—	813	1,197
Nicaragua	7	44	—	—	—	51
Puerto Rico	31	7	8	—	10	56
United Kingdom	307	—	30	—	21	358
Grand Total	1,064	762	436	370	983	3,615

(1) "Other" format includes 22 Sam's Clubs, 23 cosh-n-carrystores, 39 combination discount and grocery stores and 1 general merchandise store.
(2) "Other" format includes 6 Sam's Clubs that were closed in March of fiscal 2010.
(3) "Other" format includes 91 Sam's Clubs, 279 combination discount and grocery stores, 83 department stores and 360 restaurants.
（出所）ウォルマートのアニュアル・レポート（2009年1月末現在）。

る。具体的には，図表8-1のウォルマートの進出先国別の業態店数で明らかなように，国際立地戦略においても，商圏分析や市場調査を行い，店舗立地の地域市場環境に対応して，スーパーセンター，ディスカウントストア，サムズ，スーパーマーケットの中から適切な業態を選定して，ドミナント出店展開を行っている。例えば，中国はスーパーセンター，カナダのウールコ（Woolco）はディスカウントストア，日本の西友や英国のアズダ（ＡＳＤＡ）はスーパーマーケットを主力業態にするなど，進出国それぞれの政治・経済・文化・社会・法的規制・競争などの市場環境だけではなく，店舗立地周辺の地域固有の市場環境にも照らし合わせて，補完的に業態の組み合わせをしている。さらに，図表8-2のウォルマート・メキシコ7業態の対象所得層で示したように，すべての所得階層をカバーして，総取りする戦略を採っている。

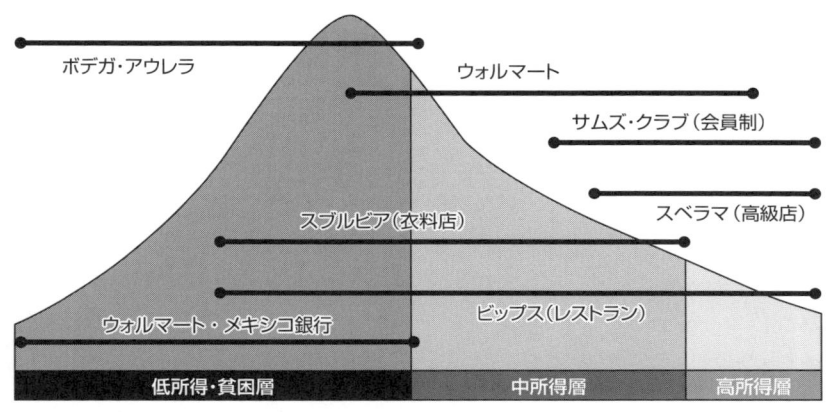

第8章　総合小売業のグローバル戦略

■図表8-2　ウォルマート・メキシコ7業態の対象所得層

- ボデガ・アウレラ
- ウォルマート
- サムズ・クラブ（会員制）
- スブルビア（衣料店）
- スベラマ（高級店）
- ウォルマート・メキシコ銀行
- ビップス（レストラン）

低所得・貧困層　中所得層　高所得層

（出所）『日経ビジネス』2009年7月27日号，29頁。

　第4に，国際流通戦略に関しては，ウォルマートの場合，各進出国において独自の供給システムの構築，海外市場における直接取引関係の構築などグローバル・ソーシングを積極的に展開していることに特徴づけられる。また，こうした供給システムの構築は，情報通信技術の発達によるものとし，全世界のサプライヤーとの電子取引関係を可能にするシステムを展開し，詳細な販売関連データをサプライヤーと共有することで効率化を図っているものといえる。

　以上，ウォルマートの国際立地戦略の事例から，各進出国において自らのコンピタンスを実現するために，如何にしてカスタマイズされた小売システムを構築していくのかという流通戦略の実行能力に成功のカギがあるといえる。

Ⅳ　イオンの立地戦略

（1）総合スーパーの特性

　日本の総合スーパーは，米国からセルフサービス販売方式，チェーンスト

ア理論などの流通ノウハウを導入し，日本の風土と合わせてアレンジして生成された小売業態である。具体的にはスーパーマーケットとセルフサービス・ディスカウント・デパートメントストア，チェーンストア方式などの技術を結合させて業態開発を展開した[11]。総合スーパーは，量販店とか，ＧＭＳ（ゼネラル・マーチャンダイズストアー）とも呼ばれるが，米国のシアーズ（Sears）に代表されるＧＭＳとは，取扱商品に食品が含まれるか否か，PB（プライベート・ブランド商品）の取り扱い比率が高いか低いかによって，業態が異なっている。よって，衣食住の３部門を総合的に品揃えする日本独自の業態として，総合スーパーは発達してきた。今日の大手総合スーパー５社の主なルーツ（出自）をみると，イオンは岡田屋呉服店・フタギ洋品店，イトーヨーカ堂は洋品店の羊華堂，ダイエーは大栄薬品工業，西友は西武百貨店の一部門，ユニーはほていや呉服店・西川屋履物店というように，意外にも食品以外の分野からスーパーマーケット事業に参入し，商品ラインを拡大して，食品，衣料品，薬品，雑貨，住宅用品など総合的に品揃え，店舗規模の拡大，エリアの拡大，組織の整備を図って原型を構築してきたのである。

② 当初の都市型立地戦略

　総合スーパーは1960年代前半からチェーンストア方式で多店舗化戦略を展開するが，その重点は，立地創造と郊外出店戦略であった。高度工業化を背景に，大都市圏域へ人口や産業が集中したため，当初の総合スーパーは，３大都市圏への立地戦略を採った。首都圏，京阪神圏，中京圏などの主要な大都市圏域から大手総合スーパー５社の母体が創業した当時（1950年代後半），その店舗立地は，都市型立地とりわけ中心市街地や駅前立地であった。産業構造の変化や高度成長とともに，鉄道網が整備されるにつれて，人口の都市集中が起こり，駅前に繁華街や商店街など商業集積が形成されたため，大手総合スーパーのほとんどが，60年代前半まで，駅前立地からスタートしたのである。

　その間に，様々な消費者ニーズへの対応として，取扱商品ラインを拡大し，多様な業種にまたがる商品構成を実現し，ワンストップ・ショッピング機能

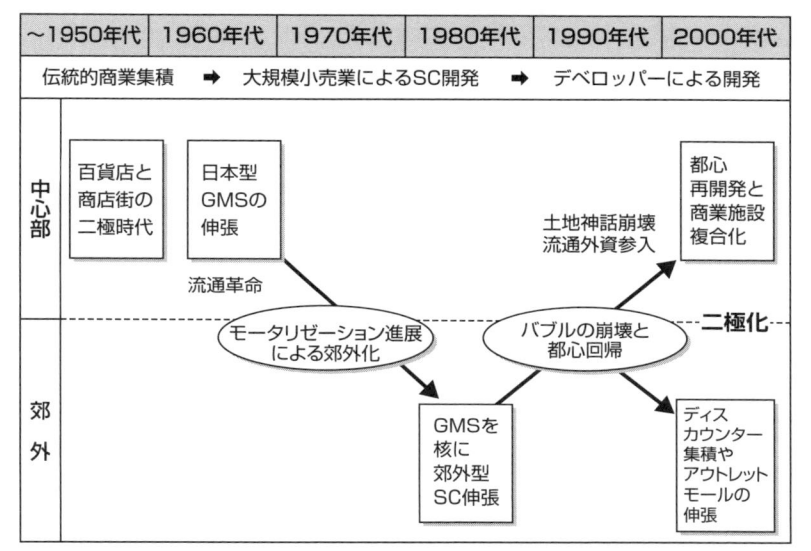

第8章　総合小売業のグローバル戦略

■図表8-3　商業立地の史的展開と二極化

～1950年代	1960年代	1970年代	1980年代	1990年代	2000年代
伝統的商業集積 ➡		大規模小売業によるSC開発		➡ デベロッパーによる開発	

中心部：
- 百貨店と商店街の二極時代
- 日本型GMSの伸張
- 土地神話崩壊／流通外資参入
- 都心再開発と商業施設複合化

流通革命

モータリゼーション進展による郊外化　／　バブルの崩壊と都心回帰

二極化

郊外：
- GMSを核に郊外型SC伸張
- ディスカウンター集積やアウトレットモールの伸張

（出所）池澤威郎（2007）「消費の二極化と小売業態の革新」『オイコノミカ』第43巻第3・4号，100頁。

を強化した。商品部門の総合化と売場面積の拡大，多階層化などにより「疑似百貨店」とも呼ばれるように大型店化し，さらに多店舗展開も推進した。しかし，駅前など繁華街は，土地や建物の価格が高いために，店舗規模の拡大は高コスト（土地代・賃借料）負担となってしまい，低価格販売がしにくくなってしまった。おりしもモータリーゼーションによって，車社会が到来するとともに，都市構造も変化が起こり始めていった。そこで，総合スーパーも新たな店舗立地を求めて，立地戦略を転換していった。

③ 郊外立地戦略への転換

60年代後半からは，都心の地価が高騰したため，より低い地価の立地を求める動きが顕著になり，大都市の周辺部に新たな商業立地が生まれた。居住地の郊外移転やマイカーの普及による生活行動範囲の拡大に対応して，総合スーパーも繁華街の駅前や中心市街地から郊外地域へ立地戦略を転換したのである。道路網（特に高速道路）や駐車場など交通インフラの整備も進展し

たことが，郊外立地戦略を後押しした。こうしたことから，総合スーパーの大都市圏での郊外店舗立地が普及していった。

　さらに3大都市圏だけでなく，県庁所在地を主とした地方の中核都市（当時は，概ね人口20万人以上）には，大量輸送機関が集中し，高度経済成長とともに人口が増加したために，総合スーパーは中核都市から地方のチェーン店舗展開を進めた。これらの地方の中核都市では，周辺の諸都市からの人口流入が大きく，都市圏の拡大とともに成長がみられ，魅力的な商業立地となっていった。当時，大型店の出店を規制していた「第2次百貨店法」は，総合スーパーは規制の対象外であっただけではなく，むしろ流通革命の牽引者，流通近代化の旗手として期待されていたため，追風を受けて地方都市での多店舗チェーン化が進展した。

　総合スーパーは，商品支払回転率の差と短期借入資金に依存して，比較的安価な郊外地に投資し，人口集中地域への立地戦略として出店するようになった。大型店を出店して立地創造し，値上がりする土地を担保にして，さらに出店する行動パターンを採って多店舗化したが，90年代の土地バブル崩壊後，こうした投資行動が財務体質を脆弱化させていった遠因となった。

　1970年代になると，総合スーパーの大型化や多店舗化に対して，地域中小商業者や百貨店からの反対運動が激化し，大規模小売店舗法の施行とともに，総合スーパーの出店への規制が強化された。逆風となったために，総合スーパーは中心市街地での大型店の出店を抑え，規制対象外の小型店であるコンビニエンスストアの多店舗展開に力を注ぐようになった。例えば，その当時，ダイエーはローソンを，イトーヨーカ堂はセブンイレブンを，西友はファミリーマートを，ジャスコ（現在のイオン）はミニストップを，それぞれグループ内のコンビニエンスストアとして育成し，チェーン展開をサポートしてきた（現在は，各社とも総合スーパーから自立して，独立経営を行っている）。

　70年代後半には，人口10万人前後の地方都市まで，都市化現象が伝播したので，これらの地方都市にも積極的に出店するようになった。欧米風ライフスタイルが普及するに従い，総合スーパーは小売業態の主力業態となり，ロードサイドや農村部にも店舗立地を拡大していった。

④ 郊外ショッピングセンター立地戦略

　1960年代末から，店舗立地の郊外化，店舗の大型化とともに，総合スーパーは自らがディベロッパーとして，郊外を中心にショッピングセンター（以下，ＳＣと略称する）を開発し始めた。マイカー客への対応上，郊外に十分な駐車場を備え，多くの専門店や飲食店をテナントとして集め，総合スーパーが核店舗として入店するＳＣが増加した。

　郊外ＳＣ開発のメリットは，第1に，郊外の比較的安価な土地を先行投資により取得したうえで大型ＳＣを出店すると，新たな商業立地創造により地価上昇の利益を獲得できる点である。第2に，郊外ＳＣは，大規模な売場面積と駐車場，サービス施設を保有することから，広い商圏での大きな集客力を発揮できるため，テナントへの有利な条件での賃貸を可能とし，賃貸収入を高めた。また，ＳＣ周辺の地元中小小売業者をテナントとして加入させることで，地元との衝突を回避し，利害の調整にも役立った。第3に，ＳＣは売場面積が広く，テナントが総合スーパーの品揃えを補完することで，比較購買性を高め，商業施設としての魅力を高める効果があった。

　こうしたメリットを享受して，積極的にＳＣ開発に取り組んできたのがイオンである。ＳＣは一般的に商業特性から，3タイプに区分される。第1のタイプは，近隣型（ネイバーフッド）ＳＣで，人口約5万人〜7万人程度を商圏とし，生活必需品や購買頻度の高い商品を中心に品揃えする。第2のタイプは，地域型（コミュニティ）ＳＣで，人口10万人〜30万人の中商圏とし，ワンストップ・ショッピング可能な衣食住に関する幅広い商品を品揃えする。第3のタイプは，広域型（リージョナル）ＳＣで，人口30万人以上の大商圏を対象とし，総合スーパーと百貨店など2つ以上の核店舗を，100店舗以上の専門店が並ぶエンクローズモールで結ぶ構造で，買回り品と専門品を中心に品揃え，さらに時間消費型の映画館や遊園地などのレジャー・サービス施設も保有する。

　イオンでは，大規模小売店舗法の規制緩和を背景に，店舗立地革命の一環として，近隣型ＳＣと地域型ＳＣの開発を進め，近年はさらに広域型ＳＣの

開発にも乗り出している。

越谷レイクタウンＳＣは，日本最大級のＳＣで，本格的なエコＳＣとして2008年に開店した。

⑤ イオンの国際立地戦略

矢作敏行（2007）によれば，企業の国際化戦略には「受動的国際化」（相手に依頼されて出店する，あるいは通常の地理的多角化として国際化する戦略で，本拠地はあくまで国内というスタンス）と「能動的国際化」（自社の将来を積極的に海外に託し，国際的な発展を目指すスタンス）があって，海外の有力総合小売業は，1990年代後半，能動的国際化へギアチェンジしている[12]。ただし，成功のためには，能動的国際化だけでは不十分で，競合相手より優れている自社の強み，つまり経営の優位性を存分に発揮した「発展的国際化」が求められている。海外進出ではリスクが高いため，経営資源の量や質，それをうまく動かす組織能力が重要であり，自社の強みは何かを明確にして，中核事業に経営資源を集中する必要がある。

イオンの場合，東南アジア（マレーシアとタイ）進出は，1985年に進出先国の政府・企業あるいは仲介者からの誘致を契機とした「受動的国際化」として開始し，1987年には香港にも出店した。3カ国・地域の業態移転は，手探りの参入であり，しかもそれぞれの市場特性と環境変化の影響を受けたため，図表8-4のアジアにおける事業展開のとおり，マレーシアではモール型SC，タイでは食品スーパー，香港では総合スーパーというように，現地化で異なる業態を中核事業とする意図せざる結果となっている。

その後，1990年代後半には，中国の広東，青島，深センに進出し，中国と東南アジアに焦点を絞って店舗拡大を行っているように，イオンも「能動的国際化」へ国際化戦略を転換し，強化している。さらに2006年には，中国での出店を加速するために，北京に中国の総代表部を設置し，2007年に北京イオンを設立した。そして，中国を代表するディベロッパー企業・上海上実（集団）有限公司と業務提携し，同社との提携を活かしつつ，イオングループの総力を結集したモール型SCを中心とした街づくりを中国で推進し始めてい

る[13]。まさにイオングループの強みであるSC開発事業を中核に経営資源を集中し，業態開発に本格参入しており，「発展的国際化」に挑戦している。

その象徴として，2008年に北京初の郊外型大型SC，「イオン北京国際商城ショッピングセンター」を開業した。市内最大規模の敷地面積約9万㎡で，北京の中心市街から車で35分の距離にあり，3,000台収容可能な駐車場を備え，モータリゼーションに対応しており，まさに「立地創造」を行うと同時に，新しいライフスタイルを提案をしている。総合スーパーであるジャスコ店を核店舗として，モール内の専門店には，イオンのグループ企業が多数出店し，イオンの専門店事業の総力を挙げた取り組みを行っている。日本の国内市場が縮小傾向にあるため，イオンでは今後，中国事業とASEAN事業を主力事業と捉えて事業展開を進めている。

■図表8-4　イオンの中国およびASEANにおける事業展開

法人名	合計	GMS	SM
イオンマレーシア	28	24	4
イオンタイランド	29	0	29
アセアン事業計	57	24	33
イオンストアーズ香港	11	5	6
広東ジャスコチームストアーズ	12	9	3
青島イオン東泰	7	7	0
イオン華南	8	6	2
北京イオン	3	3	0
中国事業計	41	30	11
海外店舗合計	98	54	44

(注)　イオンストアーズ香港では，他に専門店としてリビングプラザを24店舗，弁当ショップを2店舗運営している。
(出所)　イオン株式会社のWebサイト。http://www.aeon.info/news/2011_2/pdf/111220R_2.pdf（2011年12月20日現在）。

Ⅴ 法的規制と小売企業の対応

　近年，国内市場の成熟化・飽和化ということだけではなく，「人と環境にやさしい街づくり」の観点から，日本も米国もともに，小売企業に対する地域社会の要請が強まり，厳しい法的規制や条例が強化される風潮にある。そのため，ウォルマートもイオンも，ともに国内に大型店や巨大ＳＣの新設が難しくなりつつある。

（1） 米国での法的規制

　かつて，米国の強さは公的規制のない自由な市場にあるのに対して，日本は公的規制が多いために企業の自由な活動が阻害されているとの発想から，規制緩和論が大手を振るってきた。しかし，近年の原田英生らの実証研究や調査から，米国の自由で公正な市場における競争というのは幻想であると主張されるようになってきている[14]。

　1990年代に入ってから，ウォルマートなど大型店の進出は，雇用や税収の減少，地域内経済循環の縮小，社会関係資本の悪化等をもたらす可能性が強く，地元もしくは地域の経済・社会にとって必ずしもプラスとはならないということが論じられるようになり，1990年代の終わりごろから，大型店出店に対する規制を強化する自治体が急速に増加してきている。そのため，スーパーマーケットとディスカウントストアを結合した形態であるスーパーストアの出店を全面的に禁止している自治体もあって，ウォルマートにとっては，国内市場で新規出店が厳しい状況になりつつある。米国では，大型店の出店問題に関する権限は，連邦政府にはなく，州政府にあるが，現実にはこの権限の多くを，4万近くもある市町村等の地方政府に委譲されている。これらの自治体が独自の法を制定して執行しているため，規制の内容も強さもバラバラである。

　自治体では，開発・土地利用規制制度の中核ともいえるゾーニング制度によって，営業時間規制や業種・業態規制，チェーン店規制，退店（空き店舗）

対策の義務化等，経済活動，営業活動に対する規制を行っているケースが多くみられる。さらに環境保護法による規制や景観規制，建築規制なども加わって，多様な規制が張り巡らされている。近年，ウォルマートの急拡大の及ぼす地域経済社会への影響もあって，各地で住民団体や環境保護団体，労働組合等が中心となった出店反対運動が頻発していることに呼応し，こうした視点からの規制を追加・強化する自治体が増加している。

② 日本での法的規制

わが国での大型店の出店に関する規制は，これまで大規模小売店舗法（以前は百貨店法）を中心に実施されてきたが，規制緩和の要請の高まりから，近年は，大規模小売店舗立地法，中心市街地活性化法，改正都市計画法のいわゆる「まちづくり三法」によって行われている。その結果，イオンを中心とする郊外型SCが全国的に増加した半面，中心市街地に立地する百貨店や大型店の相次ぐ閉店，中小零細小売店の激減により商店街の衰退化現象が全国的に広がり，大きな社会問題となっている[15]。

そこで，コンパクトシティ構想による中心市街地の再生を狙い，郊外型SCの規制を強化した「改正まちづくり三法」に見直しを図っている。そのため，郊外型SC開発で成長してきたイオンも戦略転換を迫られ，総合スーパー事業の見直しを図っている。

③ 小売企業の対応

以上，述べてきたように，米国ではウォルマートが今までだれも目につけなかったカントリーに出店し，立地創造で成功して，世界第1位の巨大小売企業に躍進した。一方，日本でもイオンが農村部に郊外型SCを開発し，立地創造で成功して，総合小売業（総合スーパー）のトップ企業に昇りつめた。しかし，日米ともに，国内では大型店の出店に対して，地域社会から批判が強くなり，規制強化のために，店舗展開が厳しくなってきている。そこで，こうした市場環境の変化に，小売企業として両社とも経営戦略を転換することで対応している[16]。

第1に，地域社会との望ましい関係を構築するために，「人と地球にやさしい店づくり」政策を強化し始めている。低価格商品による消費者利益の提供だけでは不十分な時代となったことを受けて，地域社会貢献を前面に出して，環境対策（エコストアやグリーン物流，エコ商品の販売など）や福祉対策（ウォルマートの店内クリニックや奨学金制度，イオンのパート待遇改善策など），低価格商品による消費者利益対策（ウォルマートのロールバック，両社ともに安全・安心・低価格のＰＢ開発など）を実践している。

第2に，小型・中型店舗フォーマットの開発である。ウォルマートはネイバーフッド・マーケット（約3,300㎡）だけでなく，さらに小型のマーケットサイド（約1,300㎡）を開発。一方，イオンは小型スーパー「まいばすけっと」に加えて，小型ディスカウント店のフォーマットも開発している。

第3に，国内市場は飽和状態であるので，海外市場に本格的に進出する。両社とも，中国市場を最重要視して，積極的に店舗展開しているが，ウォルマートはさらにインド，ロシアなど新興市場にも進出準備を進めている。

Ⅵ　おわりに

本章では，ウォルマートとイオンの立地戦略を中心に，総合小売業のグローバル戦略を解明した。小売業は立地産業といわれるように，小売マーケティングでは，立地戦略が重要である。そこで小売立地の先行研究をレビューして，工業立地との相違を指摘したうえで，「費用削減のチカラ」「収入増大のチカラ」に加えて，「付加価値増大のチカラ」が「場所が有するチカラ」として経営戦略上，重要視されていることを明らかにした。さらに，近年，立地選択，立地適応に加えて，立地創造が注目されており，従来では小売立地として注目されてこなかった農村地域を開発して立地創造で成長してきた顕著な事例が，米国のウォルマートであり，日本のイオンであるといえる。

ウォルマートは米国南部の農村地域へのドミナント出店で，地域のニーズを総取りする形で，低価格訴求の業態を開発し，スーパーセンター，サムズ，スーパーマーケットの店舗ミックスで全米の覇者となった。一方，イオンも

農村部や郊外にモール型SC業態を開発し，核店舗として総合スーパーのジャスコ，テナントでモールを形成する独特のビジネスモデルを構築した。両社とも，国内で開発した競争力のあるビジネスモデルを携えて，海外出店し，小売の国際化を推進していることを明らかにした。

ウォルマート，イオンともに，母国市場規模が大きいために，カルフールやテスコなど総合小売業のなかでは，比較的海外売上高比率が高いとはいえなかった。しかし，ウォルマートは，2009年2月に，国際事業部門の責任者であったマイク・デューク（Mike Duke）がＣＥＯ（最高経営責任者）に就任したことでも明らかなように，今後は国際事業を拡大強化の方針で，真にグローバル小売業に向かって発展するものと考えられる[17]。イオンも「グローバル10構想」で明記しているように，全世界で10位以内にランクされるようなグローバル小売業を目指している。コンビニエンスストアの覇者日本のセブン＆アイやドイツのメトロを含めて，総合小売業のグローバル競争が益々激化しつつある。

こうしたグローバル化は，新興国や発展途上国の流通の近代化や生活の質の向上に寄与するとともに，非常に利便性の高い流通システムの構築実現を可能にしつつある。それとともに，小売企業の果たす役割が非常に大きくなり，経済面・環境面・社会面を含めた広義の社会的責任の遂行が求められている。今後は，持続的成長（サステナビリティ）に向けた経営が望まれており，具体的な小売業態の開発やビジネスモデルの構築が緊急の課題である。

注

（1） 渦原実男（1990）「商品及びマーケティング概念拡張論の吟味―Kotlerの所説を中心に―」『旭川大学紀要』第30号，1-39頁を参照。
（2） 高橋郁夫（2008）「国際化時代の我が国のマーケティング研究―その現状と課題―」慶應義塾大学『三田商学研究』第51巻第4号，88頁を参照。
（3） 陳海権（2004）『日本流通企業の戦略的革新』日本僑報社，188-190頁を参照。
（4） 関根孝（2009）『小売競争の視点』同文舘出版，木地節郎（1975）『小売商業の集積と立地』大明堂，K.ジョーンズ他著，藤田直晴他監訳（1992）『商業環境と立地戦略』大明堂，ブライアンJ. L.ベリーほか著，奥野隆史ほか共訳（1992）『小売立地の理論と応用』大明堂を参照。
（5） 佐藤俊雄（1998）『マーケティング地理学』同文舘出版を参照。

第 2 部　実践編

（ 6 ）　川端基夫（2000）『小売業の海外進出と戦略―国際立地の理論と実態―』新評論を参照。
（ 7 ）　M. E. Porter（1990）*The Competitive Advantage of Nations,* Macmilan（土岐ほか訳（1992）『国の競争優位』ダイヤモンド社および川端基夫（2008）『立地ウォーズ―企業・地域の成長戦略と「場所のチカラ」―』新評論を参照。田村正紀（2008）『立地創造―イノベータ行動と商業中心地の興亡―』白桃書房を参照。
（ 8 ）　小原博（2006）「第 1 章　ウォルマート」マーケティング史研究会編『現代アメリカのビックストア』同文舘出版，1-22頁および田口冬樹（2005）「ウォルマートの経営戦略：成長のプロセスと競争優位の源泉について―」専修大学『経営学論集』第81号，1-51頁を参照。森龍雄（1990）『ウォルマートの成長戦略』商業界，7-300頁を参照。J. F. Moore（1993）「ウォルマート　ビジネス生態系の戦略」『ダイヤモンド・ハーバード・ビジネス・レビュー』1993年 8 ・ 9 月号，野口智雄（2002）『ウォルマートは日本の流通をこう変える』ビジネス社も参照。
（ 9 ）　ウォルマートの2009年 1 月期のアニュアル・レポート参照。
（10）　ウォルマートの国際立地戦略については，白石善章・鳥羽達郎（2003）「小売企業の総合型業態による海外戦略―ウォルマートの海外展開を通じて―」『流通科学大学論集流通・経営編』第16巻第 1 号，83-107頁を参照した。
（11）　渦原実男（2007）「総合スーパーのマーケティングと経営課題」『日米流通業のマーケティング革新』同文舘出版，75-87頁を参照。
（12）　矢作敏行（2007）「第 4 章　イオンの東南アジア戦略」「第 5 章　イオンの中国戦略」『小売国際化のプロセス』有斐閣，122-181頁を参照。
（13）　最新の情報は，イオンの広報（2009）『イオン・マガジン』第26号を参照。
（14）　原田英生（2008）『アメリカの大型店問題―小売業をめぐる公的制度と市場主義幻想』有斐閣を参照。
（15）　渦原実男（2007）「第 3 章　まちづくりと小売商業政策」『日米流通業のマーケティング革新』同文舘出版，43-74頁に改正まちづくり三法の問題を詳述している。
（16）　最近のウォルマートの経営戦略転換については，渦原実男（2008）「ウォルマートの経営戦略転換とマーケティング」西南学院大学『商学論集』第55巻 2 ・ 3 合併号，89-114頁を参照。
（17）　ウォルマートのWebサイトを参照。国際立地戦略とともに，Sustainabilityも重視してきている。

結章

総括と今後の研究課題
─国際競争力のある小売ビジネスモデル開発に向けて─

　本書の第1部の理論編では，第1章で小売マーケティングの主要論点であるマーケティング・ミックスや業態論，イノベーション論などを整理し，体系化に向けた私案を試みた。第2章ではイノベーション視点を取り入れた研究の必要性を主張したうえで，業態ライフサイクル論と小売イノベーション論を結合した私案を提示している。

　こうした試論の検証を，実践編では専門店型小売業と総合小売業の事例において具体的に行っている。すでに拙著（2007）『日米流通業のマーケティング革新』（同文舘出版）の「第7章 米国での小売業態革新の研究」で，労働集約的な産業から1990年代以降は様々なイノベーションを導入した情報武装型知識産業へ質的な変化が生じていることを明らかにしたが，本書ではさらに深化させる形で，業態ライフサイクルと小売イノベーション論の説明を実証している。積極的にイノベーションを導入して最強のビジネスモデルを構築したのが，第2部の実践編で取り上げたように，専門店型小売業では，第3章のユニクロ，第4章のニトリ，第5章の無印良品であり，総合小売業では第6章のイオン，第7章の米国のウォルマートであった。

I　専門店型小売業のマーケティングとイノベーション

1　ユニクロとニトリ，無印良品のイノベーションの特徴

(1) ＳＰＡモデル構築の共通性と完全自前主義面での相違

　そこでユニクロとニトリ，無印良品の専門店型小売業3社におけるイノベーションの特徴を整理し，まとめた。3社はそれぞれアパレル，家具・イン

テリア，生活雑貨の専門のカテゴリーにおいて，豊富な品揃えと低価格訴求を可能にしたＳＰＡのビジネスモデルを構築し，チェーン店舗展開するなど商品開発やマーケティング，イノベーションの卓越さを発揮してきた戦略面では共通性がみられる。従来，中小企業が大半を占めていた専門店において，カリスマ創業者・オーナーのリーダーシップで，ここ20～30年間に急成長して成功した点などでも共通性が多く，マスコミにも度々取り上げられ，ベンチマーキングされるスター企業である。

　ただし，ＳＰＡビジネスモデルの活用の方法には，各社それぞれ相違がみられる。無印良品ではＳＰＡのビジネスモデルを，シンプルな素材と独特のデザイン，コンセプトづくりの面で活用したため，3社のなかではいち早くブレイクしたが，「わけあって安い。」の発信テーマのとおり，低価格よりも品質やデザインの優秀さを訴求してきた。その点に関していえば，ＳＰＡビジネスモデルを開発して，高品質で低価格を強烈に訴求して成功した先駆者はユニクロであり，ＳＰＡを別名「ユニクロ方式」と呼ばれるまでに一般に知られるようにした功績は非常に大きかったといえる。ＳＰＡ化の本質は，「商品企画から製造，物流，販売までの工程を自社で一貫してコントロールし，店頭とサプライチェーンを最短距離でつなぐことによって，もたらされるメリットの数々を最大限にビジネスに活かす」ことにある。全体最適を目指してマネジメントしているが，ユニクロと無印良品の場合，製造工場は協力工場であり，物流や貿易業務は商社に委託している。こうした意味でいえば，商品企画から製造工場，物流，貿易，販売まで最も自前主義を徹底しているのは，ニトリであることから，ニトリの場合，敢えてＳＰＡを「製造・物流・小売業」であることを強調しており，その成果として「ニトリの値下げ宣言」を次々と連発し，低価格で消費者利益還元に繋げている。ニトリが最も生産・物流過程まで垂直統合した完成度の高いシステムを構築しており，一番大きなリスクを負っているといえよう。

(2) 商品開発のコンセプト，経営理念と経営戦略の相違

　無印良品の創業者の堤清二は文化にこだわりと信念を貫いてきたため，そ

のキャッチコピー「わけあって安い。」のコンセプトで有名になったように，無印良品の場合，企業提案型のライフスタイル・マーケティングで一世を風靡してきた。しかし，経営不振に陥ってから脱出するために，顧客とコラボレーションした顧客共創マーケティングに転換してから，ヒット商品を生み出すようになり成果を出している。こうした独自の商品開発に顧客が参加する仕組みは，「ユーザー・イノベーション」と呼ばれ，無印良品の経営理念を具現化した経営戦略の根幹をなしている。

　同じようにニトリも「欧米並みの豊かさ」をという創業者のロマン（志）を実現させるために，「お，ねだん以上。ニトリ」のキャッチコピーで顧客を魅了してきた。低価格だけではなく品質の良さも合わせて訴求しているが，これを実行たらしめるために自動車メーカーの幹部技術者をヘッドハンティングし，品質管理を充実させている。

　ユニクロも「お取替えOK」をCMで訴求していたが，「安かろう，悪かろう」のイメージを払拭させるために，社名やロゴマーク，CMなど変更して，「高品質だけど低価格」が定着してきた。有名デザイナーと契約して，機能性だけでなくファッション性などの向上も図ってきた。

(3) 海外戦略の相違

　海外生産戦略では，3社とも低コスト生産を目指して，国内工場からアジアを中心とした海外工場に移転してきた。近年は中国での人件費の上昇とともに，さらに人件費の安い東南アジア方面の諸国へ移転する傾向は3社とも共通している。ニトリは当初からインドネシア，ベトナムでの工場生産にこだわってきたが，先見の明があったといえる。それは同じSPAビジネスモデルといっても，ニトリだけが自社工場で自前主義のためであろう。

　海外出店戦略では，3社のなかで真っ先に着手したのは，1991年に英国ロンドンに出店した無印良品であったが，ドミナント出店戦略が失敗し撤退した。その反省から，再上陸に際しては，大都市に1店舗ずつ，ゆっくりブランド浸透と黒字化を図りながら2号店を出店する方式に転換し，近年，好転しており，2011年2月現在，19カ国・地域に134店舗を出店している。2014

年に連結利益に占める海外事業の割合を20％まで引き上げる計画で，そのための物流施設や人材の育成など整備し始めている。

　これに対して，2001年に英国ロンドン初出店と後発であったユニクロは，近年，積極的に海外出店を増加させており，2011年9月末現在，11の国・地域で181店舗と，店舗数では無印良品を追い越している。特に中国，東南アジアを中心に，毎年200〜300店舗出店し，2020年に海外事業売上高3兆円（中国で1兆円，その他のアジアで1兆円，欧米で1兆円）を計画し，世界最大のＳＰＡグループになる目標を掲げている。そのためのグローバル・サプライチェーンや人材の育成など環境を整えつつある。

　一番遅れたのがニトリで，2007年に台湾の高雄に1号店を出店し，2011年2月末現在，台湾に7店舗を展開している。似鳥社長は欧米への出店計画をもっており，将来は中国に大量出店の可能性もある。

② ユニクロとニトリ，無印良品の経営課題

(1) ヒット商品の開発

　3社とも低価格とともに品質の良さを訴求して成功してきたが，今後の持続的成長を考えた場合，ヒット商品を生み続ける仕組みを構築する必要がある。無印良品がユニークな顧客参加型商品開発の仕組み「ユーザー・イノベーション」で成功しているが，絶えざる商品開発イノベーションを持続するためには，ユニクロ，ニトリも工夫が必要であろう。

(2) グローバル人材の育成

　3社とも海外生産だけではなく，グローバル・サプライチェーンを構築して，海外出店を増加させていく計画であるので，それを担うグローバル人材の育成も最優先課題である。ユニクロは，社内公用語の英語化や外国人の大量採用で話題となっているが，全く同様に無印良品，ニトリも海外生産・海外出店は強化しており，現地幹部・スタッフなど人材の育成は急務である。

(3) インターネットの活用

　インターネットを広告宣伝や通信販売，顧客との双方向のコミュニケーション，仕入れ調達取引など多岐にわたる活用方法が開発されているが，各社ともにさらに進化させる必要がある。例えば，通販売上高では，ユニクロが先行し，無印良品が続き，ニトリがやや遅れ気味である。ニトリの主力の家具・インテリアというかさ張る商品特性のためと考えられるが，返品保証制度を整備しているので，インターネット通販も増加させられる条件は完備できている。広告宣伝はユニクロが著名タレントを登用し，カラフルなデザイン，コピーで，印象深く効果的かつ有効に莫大な投資をしている。顧客との双方向のコミュニケーションでは，無印良品が顧客とコラボしての戦略的商品開発で，優れたビジネスモデルを構築している。

(4) ＣＳＲ経営の強化

　3社ともすでにＣＳＲ経営では一定の評価を得ており，評判の良い企業経営をしてきたが，さらに時代に合った形で，次々と強化を図る必要がある。3社のなかでも，無印良品は創業の時から商品開発のコンセプトとして，素材の選択，生産工程の見直し，包装の簡易化の3つの方針を今も一貫しており，環境にやさしい経営のお手本の企業である。現在は，環境的側面，社会的側面，経済的側面のトリプル・ボトムラインの達成が要請されており，ハードルが高くなってきている。

(5) カリスマ創業者の後継問題

　3社ともカリスマ創業者の強烈なリーダーシップで成長してきた。無印良品だけがいち早く，本流の後継で順調に世代交代できているが，ユニクロの柳井正社長，ニトリの似鳥昭雄社長とも60歳代で，企業の持続的発展のためには，次の後継体制構想を考えるべき時期になっている。

Ⅱ 総合小売業のマーケティングとイノベーション

① ウォルマートとイオンのイノベーションの特徴

　次に総合小売業同士での国際比較研究の観点から，米国のウォルマートと日本のイオンを取り上げて，両社のイノベーションの特徴を整理し，まとめとしたい。

　ウォルマートとイオンは，衣食住の総合的な品揃えを行う業態を複数内包し，その業態の組み合わせでドミナント出店し，絶えず店舗のスクラップ・アンド・ビルドでイノベーションを行いながら地域の消費を総取りする戦略面では共通性がみられる。さらに両社とも，従来，小売立地として注目されなかった農村地域を開発し，立地創造を媒介として成長した点も共通性がみられる。

　ただし，次のような特徴や相違点も挙げられる。ウォルマートは，情報通信技術や物流技術など先駆的に導入して低コスト経営を実現し，その成果としてEDLP（エブリディ・ロープライス）の低価格販売モデルを構築した。それとともにディスカウントストア，ホールセールクラブ，スーパーセンター，スーパーマーケットなど店舗フォーマットを組み合わせた多業態戦略を採っているが，ディスカウントストアからスーパーセンターへの業態転換も進め，ワンストップ・ショッピングの利便性と価格競争力のあるスーパーセンターを海外出店の主力業態としている。

　一方のイオンは，総合小売業が苦境のなか，郊外地や農村地域にモール型ショッピングセンター（SC）を開発し，総合スーパーのジャスコを中核に，食品スーパーやスーパーセンター，ミニスーパー，コンビニエンスストアなどの店舗フォーマットの組み合わせで競争優位性を発揮するようになった。イオンは提携や合併で創設した経緯から，企業文化にイノベーションを受容する伝統的精神を持ち合わせていたために，店舗のスクラップ・アンド・ビルドを積極的に行いつつ新業態を開発し，グループの結束力と，情報化や物

流合理化，ＰＢ商品開発などを重視したイノベーションに特徴がみられる。こうしたことからグループでの競争力のあるモール型SCを，海外出店の主力として展開している。

② ウォルマートとイオンの経営課題

　ウォルマートとイオンは，総合小売業として日米のトップ企業の地位にあるだけではなく，世界的なリーディング・カンパニーでもあって，国際的な影響力を保持している。これからも国際競争力のある総合小売業として発展し続けていくためには，ＣＳＲ経営体制の下で，絶えざるイノベーションを導入し，小売ビジネスモデルを開発し，経営革新を推進していくことが肝要である。そのための経営課題を挙げていきたい。環境的側面と社会的側面，経済的側面の3面トリプル・ボトムラインのクリアが必要とされるため，これに従って列挙していく。

(1) 環境的側面

　第1に，環境的側面では，「地球環境にやさしい」店舗である業態開発である。いわゆるエコストアやエコ・ショッピングセンターの開発は緊急の課題である。日本の民主党鳩山元首相が温暖化対策を優先課題に挙げたのと同様，米国でも民主党オバマ大統領がグリーン・ニュー・ディール政策を公約しており，環境保全に真正面から取り組むことが求められている。すべての産業やビジネスにおいて，環境対策は必須の経営課題であり，小売業も当然である。小売業の特性として，消費者である地域住民が店舗に来店することから，住民と協働した住民参加型の環境活動を直接行えるゆえ，効果がみえやすく，その成果が長期的良好な関係性構築により，収益に良い効果をもたらすことも期待できる。

　本文で上述したように，ウォルマートもイオンも出店反対運動など激しい社会的批判を受けてきた反省から，近年，環境対策に真剣な取り組みがみられるが，さらなる企業努力が要請されており，重要な経営課題である。

(2) 社会的側面

　第2に，社会的側面では，人にやさしい経営である。両社とも，ＥＤＬＰを実現するために，低コスト経営モデルを構築してきた。過度な人件費削減が，パートやアルバイト，非正規雇用の低賃金労働者を多数生みだし，所得格差社会の元凶企業のようにみなされてしまい，これが全国各地のコミュニティからの出店反対運動の激化になったことを教訓とする必要がある。小売業全般に低賃金体質があって，待遇が悪いために優秀な人材が集まらず，社会的地位も低いままできたが，そろそろ見直す時代になったといわざるを得ない。

　従業員の福利厚生や待遇改善，特に販売員の多数を占める女性の結婚後や出産後の働きやすい勤務条件の改善は当然のこととして，ハンディキャップのある人を含めたすべての老若男女にとって買い物しやすい空間づくりも重要な経営課題となっている。

(3) 経済的側面

　第3に，経済的側面では，さらに無駄な取引や省資源化に取り組み，低コスト経営で利益を確保できるビジネスモデルの構築である。商業の歴史を紐解けば，シアーズやＡ＆Ｐのように，米国の売上高トップで一世を風靡した企業も，いつしか官僚的で変化に対応できない大企業病になってしまい，衰退した事例は多く見受けられる。現在，断トツの売上高第1位のウォルマートであっても，市場に柔軟に対応しなければ持続的な発展は続けていけなくなる恐れがある。イオンも同様である。絶えざるイノベーションを行い，経営革新できるシステムが必要である。

(4) 業態の見直しや新業態の開発

　第4に，両社とも，業態の見直しや新業態の開発が必要である。日米ともに国内市場では，既存業態の集客力維持が困難になる傾向にあって，新しい客層の開拓と新ビジネスモデルの構築が不可欠となっている。例えば，ウォルマートでは，顧客層の引き上げによる拡大を狙って，清潔で買いやすい店

舗設計，少しファッション性のある品揃え，低価格のＰＢの強化を図り始めている。イオンも総合スーパー業態の見直し，低価格ＰＢを主体としたディスカウント業態の開発，都市型小型店舗の開発，郊外型ＳＣの再活性化が課題である。

(5) 海外戦略

　第5に，両社とも，成長機会を海外市場開拓に向ける必要があり，ウォルマートはＢＲＩＣs（ブラジル，ロシア，インド，中国）を標的に，イオンもアジア，特に中国とASEAN事業に活路を求めている。両社とも，それぞれ独自の強力なビジネスモデルを構築して，国内市場を制覇したのであるが，今後はさらに真のグローバル小売業への進化したビジネスモデル構築が重要課題である。

Ⅲ 今後の研究課題

　本書では，小売マーケティングの体系化への試論として，実務での代表的企業としてユニクロ，ニトリ，無印良品の専門店型小売業とイオン，ウォルマートの総合小売業での実践例を幾つか取り上げてきた。特に業態開発やビジネスモデルの構築に焦点を当てて考察した。今日の消費市場では，小売業態のライフサイクルは短縮化しており，新業態の開発とともに，絶えざるイノベーションを継続していかないと，衰退の危機に陥る時代となっている。そこで，最後に，今後の研究課題を幾つか列挙していく。

　第1に，現在の日本や米国のような成熟化した社会では，企業ごとに独自のフォーマットをつくり出す事例が多く，その結果，業態の解体化や融合化など顕著になって，業態として括り難くなっている。例えば，イオン方式やイトーヨーカ堂方式，ユニクロ方式のように，個別企業単位でビジネスモデルを考察する必要もある。米国でも同様であろう。

　第2に，小売業は物品販売サービス業ともいわれるように，サービス業としての側面も併せもっている。そこで，サービス・イノベーションを促進し

て生産性向上を図ることも必要とされるため，サービス業に製造業の科学および技術を取り入れ，サービス業を科学的に捉えるというサービス・サイエンスやサービス工学への関心が強まっている。製造業と小売業の融合が新しいイノベーションの形を創り出すこともあり，小売業分野への科学的・工学的アプローチに日本でも関心が集まっており，本格的な研究が始まっているが，さらなる研究の進化が課題である。また，モノの流通という側面に対しては，情報とリンクさせて，ウォルマートもイオンも世界的にみても最高水準の効率的なＳＣＭを構築してきた。こうしたグローバル・ロジスティクスを一層向上させるためにも，物流（ロジスティクス）工学の面からの研究も重要課題である。今後は，情報科学や人間工学など学際的な研究を深めることも課題である。

【参考文献】

邦文献（50音順）

青木均（2008）『小売業態の国際移転の研究―国際移転に伴う小売業態の変容―』成文堂。

青木幸広・岸志津江・田中洋編著（2000）『ブランド構築と広告戦略』日経広告研究所。

朝岡敏行・関川靖編著（2007）『消費者サイドの経済学』同文舘出版。

浅羽茂・新田都志子（2004）『ビジネスシステム・レボリューション―小売業は進化する―』ＮＴＴ出版。

東伸一（2011）「衣料品専門店業態の市場戦略と業務システムに関する研究」青山学院大学『青山経営論集』第46巻第1号。

渥美俊一・高橋喜代春ほか（1974）『講座「チェーンストアの実務」別巻2　アメリカのチェーンストア―その見方と学び方―』実務教育出版。

渥美俊一（1994）『デイスカウンティング』実務教育出版。

阿部真也・三国英実・但馬末雄・片桐誠士・前田重朗編著（1995）『流通研究の現状と課題』ミネルヴァ書房。

イオン株式会社編『イオン案内』。

イオン株式会社の広報誌『AEON　magazine』。

池尾恭一（1989）「第3章　消費者行動と小売競争」石原武政・池尾恭一・佐藤善信共著『商業学』有斐閣Ｓシリーズ。

石井淳蔵（1997）「マーケティングにおけるイノベーション研究の課題と展望」『ビジネス・レビュー』第45巻第1号。

石井淳蔵（1999）『ブランド―価値の創造―』岩波新書。

石原武政（2000）「小売業における業態革新」『商業組織の内部編成』千倉書房。

石原靖廣（2001）『変わり続けるアメリカ小売業』商業界。

飯泉梓（2007）「強さの研究　ニトリ　効率性は自前で磨く」日経BP社『日経ビジネス』2007年8月20日号。

伊藤元重（2001）『流通は進化する―日本経済の明日を読む―』中央公論新社。

伊藤元重（2005）『成熟市場の成功法則―12人の経営者が語る「勝利の方程式」』ＰＨＰ研究所。

今井賢一編著（1986）『イノベーションと組織』東洋経済新報社。

岩永忠康（2005）『マーケティング戦略論』（増補改訂版）五絃舎。

岩永忠康監修（2009）『流通国際化研究の現段階』同友館。

上田隆穂（2008）「これからの価格戦略」財団法人流通経済研究所編『流通情報』2008年6月号。

上原征彦（2000）『マーケティング戦略論』有斐閣。

臼井秀彰（2004）「小売業のロジスティックス戦略　ニトリ」輸送経済新聞社『流通設計21』2004年9月号。

渦原実男（1989）「生活者志向のインテリア・マーケティングの研究―基本概念と旭川家具産業の事例研究―」旭川大学『地域研究所年報』第12号。
渦原実男（1996）「総合ディスカウントストアの特性の研究」西南学院大学『商学論集』第43巻第2号。
渦原実男（1999）「米国でのマーケティング環境の変化と小売業の対応―小売環境の現状分析とトイザラスを中心に―」西南学院大学『商学論集』第46巻第2号。
渦原実男（2001）「米国におけるGMS小売業態の衰退化と新たな取り組み―シアーズ（Sears）社での小売技術開発の試みを中心に―」西南学院大学『商学論集』第47巻第3号。
渦原実男（2001）「米国小売業のイノベーションと業態開発」鈴木武編『現代流通論』多賀出版。
渦原実男（2002）「米国ウォルマート社の小売業態開発の展開」西南学院大学『商学論集』第48巻第3・4合併号。
渦原実男（2003）「小売業態展開の理論的考察」『日本流通学会年報（2003年度）』第16号。
渦原実男（2004）「小売の国際化，国際比較研究の動向と課題」『日本流通学会年報（2004年度）』第17号。
渦原実男（2005）「小売のマーケティングイノベーションの研究」『日本流通学会年報（2005年度）』第18号。
渦原実男（2005）「小売業の国際マーケティングと消費者適応」渡辺好章編著『流通・マーケティング』慶應義塾大学出版会。
渦原実男（2006）「米国での小売業態革新の研究」西南学院大学『商学論集』第53巻第2号。
渦原実男（2007）『日米流通業のマーケティング革新』同文舘出版。
渦原実男（2008）「第1章 流通と消費者」岩永忠康・佐々木保幸編『流通と消費者』慶應義塾大学出版会。
宇野マーケティング研究会編（1982）『現代マーケティング試論』実教出版。
NHK仕事学のすすめ制作班編（2010）『柳井正　わがドラッカー流経営論』日本放送出版協会。
大滝精一・金井一頼・山田英夫・岩田智（1997）『経営戦略』有斐閣。
大野尚弘（2002）「流通戦略におけるプライベート・ブランド研究の視角」姫路独協大学『経済情報学論集』第16号。
大野尚弘（2003）「ＰＢ開発の発想―価格と品質の問題を中心に―」姫路独協大学『経済情報学論集』第17号。
大野尚弘（2004）「ＰＢ開発における諸問題とその取り組み」姫路独協大学『経済情報学論集』第19号。
大橋正彦（1995）『小売業のマーケティング』中央経済社。
岡田卓也（2007）『岡田卓也の十章』商業界。

参考文献

緒方知行（2009）「いま「ニトリ」がおもしろい！ 新しい需要と市場と顧客を創造する「安さ」の実証事例」オフィス2020『2020Value　Creator』第291号．
小川孔輔（1999）『マーケティング情報革命』有斐閣．
小川孔輔（2003）『ブランド・リレーションシップ』同文舘出版．
小川孔輔（2009）『マーケティング入門』日本経済新聞社．
小川進（1993）「小売商業形態変化研究の現状と課題」『経営・研究年報』第39号，神戸大学経営学部．
小川進（2000）『イノベーションの発生論理―メーカー主導の開発体制を超えて―』千倉書房．
小川進（2006）『競争的共創論』白桃書房．
尾崎久仁博（1998）「小売システムの発展に関する分析枠組み―イノベーションと影響要因を中心に―」大阪市立大学経済研究所『季刊経済研究』第21巻第3号．
尾崎久仁博（1998）『流通パートナーシップ論』中央経済社．
小樽商科大学ビジネススクール編（2010）『ＭＢＡのためのケース分析』（改訂版）同文舘出版．
ボブ・オルテガ著，長谷川真実訳（2000）『ウォルマート　世界最強流通業の光と影』日経ＢＰ社．
カーサ ブルータス特別編集（2003）『無印良品の秘密⁉』マガジンハウス．
加藤勇夫（1982）『マーケティング・アプローチ論』（増補版）白桃書房．
加藤鉱（2009）『まやかしだらけのプライベートブランド』講談社．
加藤司（2002）「流通組織の動態」大阪市立大学商学部編『流通』有斐閣．
金子哲雄（2007）「ホームファッションストアの現状と今後の展望」流通システム開発センター『流通とシステム』第131号．
兼村栄哲（1993）「小売業態の生起・発展に関する理論仮説の再検討―小売業態の類型化を前提として―」早稲田大学『商学研究科紀要』第36号．
川嶋幸太郎（2008）『なぜユニクロだけが売れるのか』ぱる出版．
川嶋幸太郎（2009）『柳井正の進化し続ける言葉』ぱる出版．
川端基夫（2000）『小売業の海外進出と戦略』新評論．
川端基夫（2005）『アジア市場のコンテキスト』新評論．
川端基夫（2008）『立地ウォーズ―企業・地域の成長戦略と「場所のチカラ」』新評論．
金顕哲（2001）『コンビニエンス・ストア業態の革新』有斐閣．
ビル・クィン著，太田直子訳（2003）『ウォルマートがアメリカをそして世界を破壊する』成甲書房．
国友隆一（2008）『無印良品が大切にしているたった一つの考え方』ぱる出版．
久保村隆祐・原田俊夫編（1993）『商業学を学ぶ』（第2版）有斐閣．
久保村隆祐編（2005）『商学通論』（六訂版）同文舘出版．
熊沢孝（2008）「第8章　イケア」マーケティング史研究会編『ヨーロッパのトップ小売業』同文舘出版，209-229頁．

クレイトン・クリステンセン，マイケル・レイナー共著，櫻井祐子訳（2003）『イノベーションへの解―利益ある成長に向けて―』翔泳社．
黒田重雄（2007）「マーケティング研究における最近の一つの論争―ＡＭＡによる2004年定義をめぐって―」『北海学園大学経営論集』第5巻第2号．
河野英俊（2005）「ホームファッションストアの現状について―先を読んだ生活スタイル提案が差別化を生む―」流通システム開発センター『流通とシステム』第123号，28-35頁．
小島健輔（2010）『ユニクロ症候群』東洋経済新報社．
後藤こず恵（2005）「イギリスにおけるＰＢロイヤルティの構造」財団法人流通経済研究所編『流通情報』2005年9月号．
P. コトラー・E.L.ロベルト著，井関利明監訳（1995）『ソーシャル・マーケティング』ダイヤモンド社．
P. コトラー・G. アームストロング著，恩蔵直人監修，月谷真紀訳（1999）『コトラーのマーケティング入門』（第4版）ピアソンエデュケーション．
P. コトラー著，木村達也訳（2000）『コトラーの戦略マーケティング』ダイヤモンド社．
P. コトラー・N. リー著，恩蔵直人監修，早稲田大学大学院恩蔵研究室訳（2007）『社会的責任のマーケティング』東洋経済新報社．
P. コトラー・N. リー著，スカイライトコンサルティング訳（2007）『社会が変わるマーケティング』英治出版．
小原博（2005）『日本流通マーケティング史』中央経済社．
小原博（2006）「第1章ウォルマート」マーケティング史研究会編『現代アメリカのビッグストア』同文舘出版．
小宮路雅博編著（2005）『現代の小売流通』同文舘出版．
小山周三（1997）「ヨーロッパ小売業とサプライヤーの新たな関係の構築」流通産業研究所『ＲＩＲＩ流通産業』1997年7月号．
小山周二（2003）「総合スーパー企業の現状と課題」木綿良行・三村優美子編『日本的流通の再生』中央経済社．
近藤公彦（1998）「小売商業形態論の課題―業態変動のミクロ基礎―」日本商業学会『流通研究』第1巻第2号．
近藤文男・中野安編（1997）『日米の流通イノベーション』中央経済社．
齋藤孝浩（2009）「ファッション流通のパラダイムシフト」流通システム開発センター『流通とシステム』第139号．
坂川裕司（1997）「小売機関発展論の体系的研究枠組み―文献展望を通じて」神戸大学大学院経営研究会『六甲台論集』第43巻第3号．
坂本秀夫（2001）『現代流通の解読』同友館．
桜井多恵子（2011）「ＳＰＡの手引　住居用品」『販売革新』2011年5月号．
笹川洋平（1994）「小売商業形態展開研究の再検討――一つの文献研究―」『福岡大学商学論叢』第38巻第4号．

佐藤善信（1993）「有力メーカーとパワー・リテーラーの戦略的同盟：Ｐ＆Ｇとウォルマートの動向を中心に（１）（２）（３）」財団法人流通経済研究所編『流通情報』第287号，第288号，第289号．

佐藤善信（1994）「Ｐ＆Ｇとウォルマートの戦略的同盟：その後の問題点（１）（２）」財団法人流通経済研究所編『流通情報』第303号，第304号．

ジャスコ株式会社編（2000）『ジャスコ三十年史』．

嶋口充輝（2000）『マーケティング・パラダイム』有斐閣．

島田陽介（2005）「なぜウォルマートは日本で成功しないのか？」カナリア書房．

清水聰（2004）『消費者視点の小売戦略』千倉書房．

Ｊ.Ａ.シュンペーター著，塩野谷祐一・中山伊知郎・東畑精一訳（1977）『経済発展の理論』（上）岩波書店．

商業界編（1998）『販売革新８月号別冊「21世紀の躍進するチェーンストアの全貌」』．

商業界（2008）『販売革新』第46巻，40-41頁．

商業界（2009）『イオン・スタディ』．

商業界（2011）『販売革新』第49巻，62-73頁．

白石善章（1977）「小売商業形態展開の理論―『小売の輪』論と『真空地帯』論―」『季刊消費と流通』第１巻第１号．

白石善章（1994）「市場過程における重層的競争」『長崎県立大学論集』第27巻第２・３号．

白石善章・鳥羽達郎（2002）「小売企業の総合型業態による海外戦略―ウォルマートの海外展開を通じて―」『流通科学大学論集流通・経営編』第16巻第１号．

鈴木孝之（1995）「日本のホームファニシング業界の現状とニトリの革新的成長戦略」ダイヤモンド・フリードマン社『ゼネラル・マーチャンダイザー』1995年２月号．

鈴木孝之（2008）『イオンが仕掛ける流通大再編』日本実業出版社．

鈴木安昭（1978）「小売形態の多様化」『季刊消費と流通』第２巻第１号．

鈴木安昭（2001）『日本の商業問題』有斐閣．

鈴木豊（2001）『チェーンストアの知識』日本経済新聞社．

Ｋ.Ｅ.ストーン著，渡辺俊幸訳（1997）「『超大型店』とどう戦うか―ウォルマート進出市場のケーススタディ―」ビジネス社．

清尾龍治郎（2000）『小売業ＢtoＢ　巨大連合が世界市場を支配する』ダイヤモンド社．

関根孝（2009）「小売機構」久保村隆祐編『商学通論』（七訂版）同文舘出版，57-58頁．

関根孝（1985）「小売営業形態展開の理論的考察」『東京都立商科短期大学研究論叢』第31号．

関根孝（1999）「プライベート・ブランドと小売市場」専修大学『商学論集』第69号．

関根孝（2000）『小売競争の視点』同文舘出版．

高嶋克義（1986）「ＰＢとデュアル・ブランド政策」神戸大学大学院研究会『六甲台論集』第32巻第４号．

高嶋克義（2002）「第９章　小売業者によるＰＢ開発」『現代商業学』有斐閣．

高嶋克義編（2000）『日本型マーケティング』千倉書房。
高嶋克義・桑原秀史（2008）「第1章 マーケティングの考え方 マーケティングの定義」『現代マーケティング論』有斐閣。
高橋郁夫（2008）「マーケティング研究の今とこれから」『日本商業学会第58回全国大会報告要旨集』。
高橋郁夫（2004）『増補 消費者購買行動----小売マーケティングへの写像』，千倉書房。
田島義博・原田英生編（1997）『ゼミナール流通入門』日本経済新聞社。
竹内慶司（2001）『商店経営学の分析枠組』同友館。
W. R. ダビンドソン，A. D. ベイツ，S. J. バス著，藤原肇訳（1977）「小売ライフサイクルにみる小売業の成長と衰退」『ダイヤモンド・ハーバード・ビジネス』1977年3月・4月号。
建野堅誠（2001）「スーパーの日本的展開とマーケティング」マーケティング史研究会編『日本流通産業史』同文舘出版。
田村正紀（2001）『流通原理』千倉書房。
田村正紀（2008）『業態の盛衰―現代流通の激流―』千倉書房。
田村正紀（2008）『立地創造―イノベータ行動と商業中心地の興亡―』千倉書房。
月泉博（2006）『ユニクロvsしまむら』日本経済新聞社。
月泉博（2010）「ユニクロ，ニトリ，ダイソーはなぜ支持されるのか」『販売革新』2010年2月号。
角田正博（1998）『アメリカの小売業 流通革新の主役たち』ぱる出版。
土井教之（1994）「プライベート・ブランド，競争および公共政策―英国の事例を中心として―」関西学院大学『経済学論究』第48巻第3号。
堂野崎衛（2003）「プライベート・ブランドの発展と動因」中央大学大学院経済学・商学研究科篇『論究』第35巻第1号。
堂野崎衛（2004）「イギリス食品小売業によるプライベート・ブランド商品戦略―イギリス競争委員会の報告書を中心として―」中央大学『大学院研究年報』第33号。
外川洋子（2001）「メガ小売業の発展とグローバル商品調達機構」『生活起点』第37巻。
徳永豊（1992）『アメリカの流通業の歴史に学ぶ』（第2版）中央経済社。
鳥羽達郎（2001）「小売業態の革新性に関する一考察」神戸商科大学大学院『星陵台論集』第33巻第3号。
P.F.ドラッカー著，小林宏治監訳，上田淳生・佐々木実智男訳（1985）『イノベーションと企業家精神』ダイヤモンド社。
中西正雄（1996）「小売の輪は本当に回るのか」関西学院大学『商学論究』第43巻第2・3・4号。
中野安（1997）「巨大小売業の発展と流通革新：日米比較」近藤文男・中野安編著『日米の流通イノベーション』中央経済社。
中村久人（2004）「イオン㈱の国際化戦略（1）―マレーシアとタイへの進出―」東洋大学『経営論集』第63号。

中村久人(2005)「イオン㈱の国際化戦略(2)—マレーシアとタイへの進出—」東洋大学『経営論集』第65号.
梛野順三(2006)『無印良品を復活させたしまむら商法—体質を激変させる究極の「ムダ取り」の真髄』ぱる出版.
那須幸雄(2005)「マーケティングの新定義(2004年)について」『文教大学国際学部紀要』第16巻第1号.
波形克彦(1995)『新版 最新レポート アメリカの流通業』二期出版.
波形克彦編著(2000)『21世紀を勝ち抜く経営戦略②(小売業)』経林書房.
波形克彦・小林勇治(2001)『アメリカ流通業の「IT活用」成功事例』経林書房.
西川立一(2009)「消費を拓く専門店 ニトリ 32年度3兆円構想を掲げる」ストアーズ社『ストアーズレポート』2009年9月,58-59頁.
西川立一(2010)「ホームファッション進化論」『販売革新』2010年12月号,44-54頁.
西牟田克巳(1996)「ビックストア5社のPB開発の現状と課題」流通産業研究所『RIRI流通産業』1996年6月号.
西村順二(2009)「製造卸による小売業展開における競争構造の変化—SPAの源流—」石井淳蔵・向山雅夫編著『小売業の業態革新』中央経済社.
西村秀幸(2001)『どうしてもユニクロに勝てない無印良品』エール出版.
新田都志子(1997)「小売業の商品政策におけるプライベート・ブランドの一考察—消費者の購買に影響を及ぼす製品カテゴリー特性と消費者属性」学習院大学大学院『研究論集』第7巻第1号.
新田都志子(2000)「小売業者ブランドの発展段階と戦略課題」日本マーケティング協会『季刊マーケティングジャーナル』第77号.
似鳥昭雄(2009)「これからの店づくり,人づくり,商品づくり」北海学園大学経営学部『北海道発流通・サービスの未来』中西出版.
似鳥昭雄(2011)「不況をチャンスに変える」NHKテレビテキスト『仕事学のすすめ』NHK出版.
沼上幹(2000)『マーケティング戦略』有斐閣.
根本重之(1995)『プライベート・ブランド:NBとPBの競争戦略』中央経済社.
根本重之(2007)「日本におけるナショナル・ブランドとプライベート・ブランドの競争」財団法人流通経済研究所編『流通情報』2007年10月号.
野口智雄(1995)『価格破壊時代のPB戦略』日本経済新聞社.
野中郁次郎・竹内弘高(1996)『知識創造企業』東洋経済新報社.
野中郁次郎・勝見明(2004)『イノベーションの本質』日経BP社.
野村総合研究所(2006)「欧州における水平から垂直統合の進展」『2001年の流通』.
『日経ビジネス』2006年7月10日号.
橋本昌也(1995)「米国ホームファニシング業界の動向と新潮流」ダイヤモンド・フリードマン社『ゼネラル・マーチャンダイザー』1995年2月号.
林薫(2008)「総合スーパー業界」流通システム開発センター『流通とシステム』第

135号。
林廣茂（1999）『国境を越えるマーケティングの移転―日本のマーケティング移転理論構築の試み』同文舘出版。
原田保（1998）『小売進化論』大学教育出版。
原田保・古賀広志編著（2002）『マーケティングイノベーション』千倉書房。
原田英生（2008）『アメリカの大型店問題―小売業をめぐる公的制度と市場主義幻想』有斐閣。
J. バリー（1997）「英国食品小売業における小売ブランドの開発と経営」流通産業研究所『ＲＩＲＩ流通産業』1997年7月号。
L. ハンナ・和田一夫（2001）『見えざる手の反逆―チャンドラー学派批判』有斐閣。
日川佳三（1999）「ニトリ 急成長に負けないシステム」『日経コミュニケーション』1999年12月6日号。
C. フィシュマン著，中野雅司監訳，三本木亮訳（2007）『ウォルマートに呑み込まれる世界』ダイヤモンド社。
福田順子（1994）「業態成立のメカニズム」『マーケティング・ジャーナル』第14巻第1号。
藤川佳則（2007）「サービス・ドミナント・ロジック―【価値共創】の視点からみた日本企業の機会と課題―」『日本マーケティングジャーナル』第107号。
藤川佳則・吉川恵美子（2007）「顧客との価値共創によるサービス・イノベーション」『日本マーケティングジャーナル』第105号。
藤平吉郎・西川立一・加藤直美・横島宏一（2010）「ホームファッション進化論」商業界『販売革新』2010年10月号。
二神康郎（2000）『欧州小売業の世界戦略』商業界。
普遊舎（2010）『格安家具量販店完全ガイド』2010年3月。
S. ブラウン著，竹内慶司訳（1996）「『小売の輪』理論の"輪"理論」名古屋経済大学・市邨学園短期大学『経済経営論集』第3巻第2号。
S. L. ホランダー著，嶋口充輝訳（1979）「小売の輪仮説について」『季刊消費と流通』第3巻第1号。
B. スタンリー編，CRMグループ監訳（2001）『CRMの構築と実践―eビジネス時代の顧客戦略―』東洋経済新報社。
ボストン・コンサルティング・グループ（2000）『戦略マーケティング』ダイヤモンド社。
ボランタリー・インターインダストリー・コマース・スタンダード・アソシエイション，流通経済研究所（1999）『ＣＰＦＲロードマップ』流通経済研究所。
堀越比呂志（2008）「マーケティング研究における【理論化への関心】と歴史の個別性への関心」『日本商業学会第58回全国大会報告要旨集』。
本田栄二（2010）『最新インテリア業界の動向とカラクリがよくわかる本』秀和システム。

W. H. マーカード著，石渡淳元訳（2008）『WAL-MART　エグい会社に知恵で勝つ！』インデックス・コミュニケーションズ。
M. P. マクネア・E. G. メイ著，清水猛訳（1982）『小売の輪は回る—米国の小売形態の発展』有斐閣。
松本大吾（2007）「リレーションシップ・コミュニケーションにおける相互作用概念の精緻化」早稲田大学大学院『商学研究科紀要』第65号。
三上富三郎（1968）『小売業成長の動向—アメリカの小売革命—』同文舘出版。
溝上幸伸（2000）『無印良品ｖｓユニクロ』ぱる出版。
南知恵子（2005）『リレーションシップ・マーケティング』千倉書房。
南知恵子（2009）「第7章 ザラのＳＰＡ戦略とグローバル化」向山雅夫・崔相鉄『小売企業の国際展開』中央経済社。
宮内拓智（2001）「小売マーケティングの国際比較—小売業態の視点から—」日本流通学会『流通』第14号。
向山雅夫（1996）『ピュア・グローバルへの着地』千倉書房。
向山雅夫（2001）「プライベートブランド開発の新構図と商業者機能」同志社大学商学会『同志社商学』第53巻第1号。
森龍雄（1990）『ウォルマートの成長戦略』商業界。
柳井正（2003）『一勝九敗』新潮社。
柳井正（2009）『成功は一日で捨て去れ』新潮社。
柳井正（2009）『ユニクロ思考術』新潮社。
矢作敏行（1994）『コンビニエンス・ストア・システムの革新性』日本経済新聞社。
矢作敏行（1996）「ＰＢ戦略の枠組と展開」久保村隆祐・流通問題研究協会編『第二次流通革命—21世紀への課題—』日本経済新聞社。
矢作敏行（1999）「英国プライベート・ブランドの発展過程（上）」法政大学『経営志林』第36巻第3号。
矢作敏行（2000）「英国プライベート・ブランドの発展過程（下）」法政大学『経営志林』第36巻第4号。
矢作敏行編著（2000）『欧州の小売イノベーション』白桃書房。
矢作敏行（2004）「チェーンストア」石原武政・矢作敏行編『日本の流通100年』有斐閣。
矢作敏行（2007）『小売国際化プロセス—理論とケースで考える—』有斐閣。
矢作敏行（2009）「事例研究：ニトリの急成長・高収益を生み出すバリューチェーン構築」法政大学『経営志林』第46巻3号。
矢作敏行（2011）「第5章 ニトリ：製・販・配統合型バリューチェーンの構築」矢作敏行編著『日本の優秀小売企業の底力』日本経済新聞社。
ヤフーバリューインサイト株式会社（2009）『「プライベートブランド」に関する調査〈詳細レポート〉』ヤフーバリューインサイト株式会社。
山本敏久（2003）「イオングループのマーチャンダイジング変革」立命館大学『経営学』

第42巻第1号。

山本敏久(2003)「イオングループにおけるパートナーシップの展開」立命館大学『経営学』第42巻第4号。

山本敏久(2004)「GMSの発展と現状」三浦一郎編『流通と顧客創造』高菅出版。

山本崇雄(2002)「わが国グローバル小売企業の国際戦略の展開―イオンをケースとして―」『世界経済評論』第46巻第10号。

R.ユングブルート著,瀬野文教訳(2007)『IKEA 超巨大小売業,成功の秘訣』日本経済新聞社。

米倉誠一郎(1997)「イノベーション研究宣言―経営史学におけるイノベーション研究―」一橋大学『ビジネスレビュー』第45巻第1号。

陸海権(2004)『日本流通企業の戦略革新』日本僑報社。

流通経済研究所(2006)『アメリカ流通概要資料集2006年度版』流通経済研究所。

流通経済研究所(2009)『プライベート・ブランド商品の購入実態に関する調査報告書〈インターネット調査〉』流通経済研究所。

D.ロス・矢作敏行編,外川洋子監訳(2001)『アジア発グローバル小売競争』日本経済新聞社。

和田充夫(1998)『関係性マーケティングの構図』有斐閣。

和田充夫(2002)『ブランド価値共創』同文舘出版。

渡辺米英(2006)『無印良品の「改革」』商業界。

洋文献 (アルファベット順)

Alderson, W. (1965) *Dynamic Marketing Behavior*, Richard Irwin, Inc.

Alexander, N. (1997) *International Retailing*, Blackwell.

AKehurst, G. (1995) *Internationalisation of Retailing*, Frank Cass&Co.

Berens, J.S. (1980) "Capital Requirement and Retail Institutional Innovation," Lamb, C.W. and Dunne, P.M.ed.,*Theoretical Developments in Marketing*, American Marketing Association, pp.248-256.

Basker, E. (2007) "The Causes and Consequences of Wal-Mart's Growth"*Journal of Economic Perspectives*, Vol.21, No3, Summer 2007, pp.177-198.

Brown, S. (1987) "Institutional change in retailing: a review and synthesis" *European Journal of Marketing*,Vol.21, No.6. pp.5-36.

Brown, S. (1987) "An Integrated Approach to Retail Change :The Multi-Polarisation Model, *Service Industry Journal*, Vol.6, No.2, pp.153-164.

Brown, S. (1988) "The Wheel of the Retailing" *International Journal of Retailng*, Vol.3, No.1, p.30.

Davidson, W.R. and Doody,A.F. (1963) "The future of Discounting", *Journal of Marketing*, January,Vol.27,No.1, pp.36-39.

Davidson, W.R., Bates,A.D. and Bass,S.J. (1976) "The Retail life cycle", *Harvard*

Business Review, Vol.54, November-December, pp.89-96.

Dresmann, A.C.R. (1968) "Patterns of Evolution in Retailing," *Journal of Retailing*, Vol.44, No.1, Spring, pp.64-81.

Fortune (2005) "World's Most Admired Companies", Vol.151, No.4, March 7, pp.36-39.

Fortune (2005) "The Fortune 500", Vol.151, No.7, April 18, pp.36-56.

Fortune (2005) "The Fortune Global 500", Vol.152, No.2, July 25, pp.60-68.

Fortune (2006) "The Green Machine", Vol.154, No.3, August 7, pp.36-44.

Fortune (2007) "Global 500", Vol.156, No.2, July 23, pp.74-103.

Gilbert, D. (2003) *Retail Marketing Management*, Second Edition,Prentice- Hall,p.35.

Gist, R.R. (1968) *Retailing：Concepts and Decisions*, John Wiley and Sons, Inc., pp.106-109.

Hartley, R.F. (1990) *Marketing Successes*, 2th ed., John Wiley&Sons,Inc..

Hartley, R.F. (1998) *Marketing Mistakes and Successes*, 7th ed., John Wiley&Sons, Inc..

Hollander, S.C. (1966) "Notes on the Retail Accordion," *Journal of Retailing*, Vol.42, Summer, pp.29-40.

Hollander, S.C. (1960) "The Wheel of Retailing," *Journal of Marketing*, Vol.24, pp.37-42.

Izraeli, D. (1973) "The three wheels of retailing：a theoretical note," *European Journal of Marketing*, Vol.7, No.1, pp.70-74.

Kent, T. and Omar, O. (2003) *Retailing*, Palgrave Macmillan,p.155.

Kotler, P. (1980) *Marketing Management :Analysis, planning, and Control*, 4th edition,Prentice-Hall.

Kotler, P. and Roberto,E.L. (1989) *Social Marketing：Strategies for Changing Public Behavior*, Free Press.

Kotler, P. (1991) *Marketing Management*, Seventh Edition, Prentice-Hall.

Kotler, P. (1999) *Marketing Management*, Prentice-Hall.

Kotler, P. (1999) *Kotler on Marketing*, The Free Press.

Kotler, P. and Lee, N. (2004) *Corporate Social Responsibility*, Wiley.

Kotler, P. and Lee, N. (2007) *Marketing in the Public Sector*, Pearson Education.

Kraft, M. and Mantrala, M.K., (2006) *Retailing in the 21st Century*, Springer.

Laaksonen, H. and Reynolds, J. (1994), "Own Brands in food retailing across Europe", *Journal of Brand Management*.

Lazer, W. and Kelley,E.J. (1973) "Marketing's Changing Social Role：Conceptual Foundations, "in Lazer, W., Kelley, E.J., and Richard, D.,eds. *Social Marketing Perspectives and Viewpoints, Irwin*, pp.3-12.

Levy, M. and Weitz, B. (2001) Retailing *Management*, 4th ed., McGraw-Hill Irwin.

Lewison, D.M. (1991) *Retailing*, 4th ed., Macmillan Publishing.
Mason, J.B., Mayer, M.L. and Wilkinson, J.B. (1993) *Modern Retailing: Theory and Practice*, 6th ed., Richard, Irwin.
McGoldrick, P.J. and Gary, D. (1995) *International Retailing*, Pitman Publishing.
McNair, M.P. (1958) "Significant Trends and Developments in the Postwar Period", in *Competitive Distribution in a Free, High-Level Economy and its Implications for the University*, Smith, A.B.,ed., University of Pittsburgh,pp.1-18.
Nielsen, O. (1966) "Developments in Retailing", in M.Kjaer-Hansen (ed.) *Reading in Danish Theory of Marketing*, North-Holland.
Pederson, J. P. (1999) "Wal-Mart Stores, Inc." *International Directory of Company Histories*,Vol.26, St.James Press.
Porter, M. E. (1990) *The Competitive Advantage of Nations*, Macmilan.
Regan, W.J. (1964) "The Stages of Retail Development,"in Cox, R.,Alderson,W. and Shapiro,S.J., ed., *Theory in Marketing*, Second Series, Richard, D.Irwin, pp.139-153.
Vance, S. S. and Scott, R. V. (1994) *Wal-Mart: A History of Sam Walton's Retail Phenomenon*, Twayne.
Stern,L.W. and El-Ansary, A. (1977) *Marketing Channels*, Prentice-Hall Inc., pp.246-248.
Sternquist, B. (1998) *International Retailing*, Fairchild Publications, pp.183-202.
Tedlow, R.S. (1990) *New and Improved: The Story of Mass Marketing in America*, Basic Books.
Vargo, S. L. and Lusch, R. F. (2004) "Evolving to a New Dominant Logic for Marketing" *Journal of Marketing*,Vol.68, pp.84-102.
Wal-Mart (2007) Annual Report.
Wal-Mart (2008) Annual Report.
Walton, S. with Huey, J. (1992) *Sam Walton: Made in America My Story*, Bantam Books.
Westerman, P. (2001) *Data Warehousing: Using the Wal-Mart Model*, Morgan Kaufmann Publishers.

各章の研究報告リスト（＊印は査読付き論文）

第1章　小売マーケティングの研究
拙稿（2011）「小売マーケティングの概念の研究」西南学院大学『商学論集』第58巻第2号，27-52頁，2011年9月。

第2章　小売業態展開とイノベーションの理論的研究
拙稿（2010）「小売業態展開とイノベーションの理論的研究」日本消費経済学会『日本消費経済学会年報』第32集，29-35頁，2010年3月。

第3章　小売マーケティングと流通イノベーション―ユニクロのＳＰＡビジネスモデルの構築―
＊拙稿（2011）「小売マーケティングと流通イノベーション―ユニクロのＳＰＡビジネスモデルの構築―」日本産業科学学会『研究論叢』第16号，27-32頁，2011年3月。（査読付き論文）

第4章　ニトリのビジネスモデルの研究
＊「ニトリのビジネスモデルの研究」（日本産業科学学会第17回全国大会，愛知学院大学，2011年7月24日）で報告し，日本産業科学学会『研究論叢』第17号，掲載許諾済み。（査読付き論文）

第5章　無印良品のマーケティングとイノベーション
日本産業科学学会九州部会（2011年12月10日，九州産業大学）において，論題「無印良品のマーケティングとイノベーション」で研究報告した。

第6章　イオンの小売業態の展開とイノベーション
＊拙稿（2010）「イオンのプライベート・ブランド戦略」日本産業科学学会『研究論叢』第15号，17-21頁，2010年3月。（査読付き論文）

第7章　米国ウォルマートの経営戦略転換
＊拙稿（2009）「米国ウォルマートの経営戦略転換」日本産業科学学会『研究論叢』第14号，19-28頁，2009年3月。（査読付き論文）

第8章　総合小売業のグローバル戦略
拙稿（2009）「第4章　小売企業のマーケティング革新と立地戦略」岩永忠康監修『流通国際化研究の現段階』同友館，101-121頁で，一部を報告した。

視察調査リスト

1．ウォルマートなど米国小売業の調査

　2008年11月7日～13日に，流通業専門コンサルタントで株式会社エレガント・ソサエティ取締役社長の若林哲史氏の案内で，ロサンゼルスとラスベガス地区の小売業訪問調査（ヒヤリング並びに資料収集）を行った。ウォルマートは，ラスベガス地区のスーパーセンター（エコストア）の店舗で，11月10日に，アシスタント・マネージャーのPaul（ポウル）氏へインタビュー調査をした。また，カリフォルニア州GlendoraとChino Hillsのウォルマート2店舗，サムズ1店舗を視察した。他に，両地区のディスカウントストアやGMS，百貨店，ドラッグストア，スーパーマーケット，コンビニエンス・ストアなど多様な小売業態を視察した。その後も，毎月，若林氏より，ウォルマートをはじめ，最新の米国流通業の情報提供を受けている。成果は，第7章を中心に，第8章，結章に活かしている。

2．イオンの本社・首都圏の新業態とエコ型ショッピングセンター，ＰＢ戦略調査

　2009年6月30日～7月1日に，イオンの本社と首都圏の新業態の視察をした。30日に都市型小型スーパーの「まいばすけっと」目黒八雲店と都市型小型ディスカウントストア実験店舗「アコレ」千川店田中博一店長を視察し，新業態の取り組み状況をインタビュー調査した。30日はイオン本社のコーポレート・コミュニケーション部の末次賢一部長，星田剛氏，山平敦子氏と面談した。7月1日はイオンのＰＢ開発専門会社・イオントップバリュ㈱の堀井健治取締役商品本部長にインタビュー調査をした。最新のエコストアのイオン越谷レイクタウンショッピングセンターでは，視察とともに合田正典事業本部長にインタビュー調査をした。成果は第6章，第8章に活かしている。

3．イオンの中国，香港の視察調査

　2009年7月8日～15日に，イオンの中国現地法人の視察調査を行い，経営トップの総経理にインタビュー調査を行った。8日は香港で福本裕副総経理に，9日は深センで井上進総経理，10日は広州で三浦隆司総経理，11日は青島で阿川総経理，石黒忠明商品本部本部長，12日と13日は北京で鈴木順二副総経理と現地法人のイオンの店舗を視察同行してもらい，現場の店長や開発担当者に，随時インタビュー調査を行った。成果は第8章に活かした。

4．イオンの東南アジア（タイとマレーシア）の視察調査

　2009年7月18日～21日に，イオンの東南アジアの視察調査を行い，経営トップの社長にインタビュー調査を行った。18日はタイのバンコクで，イオンタイランドの柴田英二社長，山根賢一営業統括部長にインタビュー調査をした。19日と20日はイオンマレーシアの増田泰朗副社長とともに視察し，インタビュー調査を行った。成果は第8章に活かした。

事項索引

数字・欧文

4P·· 4, 13, 178
7P·· 13

ABCマート·· 92
AMA（American Marketing Association）
·· 5, 139, 178

BRICs·· 207

CSR（Corporate Social Responsibility）
·· 4, 17, 153, 161, 169
CSR活動·· 122
CSR経営··············· 168, 169, 173, 203, 205

EDLC（Every Day Low Cost）··········· 134
EDLP（Every Day Low Price）
················· 132, 138, 154, 165, 181, 204, 206
EDLP戦略·· 183

Facebook······································ 76, 116

GAP··· 60

H&M··· 60, 76
Hennes&Mauritz······························ 60

ICT（Information & Communication Technology）························ 21, 127
ICタグ·· 164
IKEA·· 88, 91
Inditex··· 60

JIT··· 67
JMA（Japan Marketing Association）········· 7

LOHAS··· 161

MUJI··· 97

NAFTA··· 185
NB（National Brand）··········· 101, 139, 156
NPO·· 170

PB（Private Brand）····· 14, 101, 127, 131, 139, 140, 156, 188
PB戦略·· 165
Place（プレイス）政策···························· 15
POS（販売時点情報管理）システム········· 105
Price（価格）政策································ 14
Product（製品）政策···························· 14
Promotion（プロモーション）政策··········· 14

QR··· 67, 184

RFID·· 166

SC··· 191
SCM（Supply Chain Management）
························· 127, 155, 166, 182, 184
SNS·· 76, 116
SPA（製造小売業）····· 59, 60, 79, 87, 106, 200
SPAビジネスモデル················· 62, 69, 200

UNIQLO·· 62

ZARA··· 60, 76

ア行

アメリカ・マーケティング協会（AMA）
·· 5, 139, 178

イケア（IKEA） 88, 91
イノベーション（革新） 18, 21, 42
イノベーション戦略 98, 109
イノベーション力 127
イノベーター 33
イメージ戦略 66
インストア・クリニック 172
インターネット通販 75, 203
インターネット販売 19
インディテックス（Inditex） 60
インフラ基盤 133

営業形態 31
エコ商品 196
エコストア 151, 159, 172, 196, 205
エコロジカル・マーケティング 17
エブリディ・ローコスト（EDLC） 134
エブリディ・ロープライス（EDLP）
 132, 138, 154, 165, 181, 204, 206

オンラインショップ 15

カ行

海外出店戦略 201
改正中心市街地活性化法 20
改正都市計画法 20, 195
改正まちづくり三法 20, 149, 195
価格政策 14
価格訴求型PB 142
価値共創 21, 98
価値共創マーケティング 109
価値主導のマーケティング3.0 4
価値訴求型PB 142
カテゴリーキラー 79, 93, 131, 138
カテゴリーマネージャー 111
ガバナンス 132
カリスマ 200, 203
環境対策 205
環境にやさしい経営 203
環境マネジメントシステム 169
環境理論 33, 39, 42, 52

関係管理 6
関係性マーケティング 5, 178
カンバン方式 67

企業形態 31
企業の社会的責任（CSR）
 4, 17, 153, 161, 169
企業倫理 132, 169
技術移転 22
技術フロンティア 46
業種 27
業種店 28
業態 27
業態開発 207
業態店 28, 32
業態ライフサイクル 51
業態ライフサイクル論 27, 52, 199
協働型マーケティング 10
近隣型（ネイバーフッド）SC 137, 191

クイックレスポンス（QR） 67, 184
グッドデザイン賞 120, 125
くらしの良品研究所 115, 116
グリーン・ニュー・ディール政策 205
グリーン・マーケティング 17
グリーン化 170
グリーン購買 169
グリーン物流 169, 196
グローバル経営 76
グローバル・サプライチェーン 202
グローバル・サポート体制 90
グローバル生産 84
グローバル・ソーシング 127, 166, 187
グローバル・パートナーシップ 59, 90
グローバル・パートナーシップ経営 70
グローバル・ビジネス論 180
グローバルブランド事業 76
グローバル・マーチャンダイジング 133
グローバル・リテイラー 181
グローバル・ロジスティクス 208

現地一貫生産·····105

広域型（リージョナル）SC·····137, 191
郊外出店戦略·····188
郊外立地戦略·····190
公正な取引·····20
合弁·····185
小売アコーディオン仮説·····35
小売イノベーション·····44
小売イノベーション・モデル·····44
小売イノベーション論·····27, 42, 52, 199
小売引力の法則（ハウ・モデル）·····180
小売業態（フォーマット）·····12, 30
小売業態研究·····21
小売業態ミックス·····159, 182
小売業態ライフサイクル仮説·····38, 39
小売の技術ミックス·····49, 50
小売の輪仮説·····33
小売マーケティング·····3, 5, 21, 177
小売マーケティング・ミックス
　（小売ミックス）·····3, 12, 13, 21, 178
小売3つの輪仮説·····36
コーズ・マーケティング·····17
コーズ・リレイティッド・マーケティング
　·····17
コーポレートガバナンス·····169
顧客共創マーケティング·····201
顧客視点の商品開発·····88
顧客に対する技術·····49
顧客の創造·····16, 43
国際進出モード·····185
国際マーケティング·····180
国際立地戦略·····185, 187
国際流通戦略·····187
コトラーのマーケティング3.0·····4
コミュニティ·····206
コミュニティSC·····137, 191
コミュニティーセンター機能·····132
コラボレーション·····166
コングロマーチャント·····138
コンシューマリズム·····16, 17

コンセプト·····102
コンセプト戦略·····107
コンパクトシティ構想·····195
コンフリクト（衝突）理論·····33, 40, 42, 52

サ行

サービス・イノベーション·····207
サービス工学·····208
サービス・サイエンス·····208
サービス・ドミナント・ロジック·····9
サービス・マーケティング·····3, 5, 177
サイクル（循環）理論·····33, 42, 52
サスティナブル・マーケティング·····17
サステナビリティー・ストラテジー·····170
サプライチェーン・マネジメント（SCM）
　·····15, 68, 127, 155, 166, 182, 184
ザラ（ZARA）·····60, 76

ジェネリック・ブランド（GB）·····140
持続的成長（サステナビリティ）·····197
持続的成長経営·····153, 177
持続的な競争優位性·····84
品揃え形成（Assortment）·····14
社会貢献活動·····132
社会的利益·····18
ジャストインタイム（JIT）·····67
集積の理論·····180
受動的国際化·····192
商業論·····12
衝撃—防衛的後退—認知—適応モデル·····41
常時低価格（EDLP）
　·····132, 139, 154, 165, 181, 204, 206
消費者運動·····16
消費者起点·····19, 21
消費者起点の流通·····22
消費者利益·····16
商品取扱い技術·····32
情報通信技術（ICT）·····21, 127
ショッピングセンター（SC）·····191
新業態の創造·····84
真空地帯仮説·····35

垂直統合の深化 84
スクラップ・アンド・ビルド 129, 135, 149, 204
ステークホルダー（利害関係者） 17, 153, 173
ストア・アイデンティティ 83
ストア・ブランド（SB） 140
ストアー・フォーマット 182

生活文化創造サービス業 20
生産段階の統合 84
製造小売業（SPA） 59, 60, 79, 87, 106, 200
製造・物流・小売業 88, 200
製品政策 14
接客サービス 167
選好分布曲線 35
選択と集中 150
戦略的商品開発 203
戦略的同盟 134
戦略的パートナーシップ契約 66, 70

創造的破壊 43, 135
ソーシャル・ネットワーキング・サービス（SNS） 76, 116
ソーシャル・マーケティング 3, 5, 17
ゾーニング制度 194
組織形態 31

タ行

ターゲット戦略 122
第1世代SPA 72
大規模小売店舗法 20, 130, 136, 190, 191, 195
大規模小売店舗立地法 20, 137, 195
第2次百貨店法 190
第2世代SPA 72
タイポロジー（類型学） 32
多業態戦略 185, 204
匠プロジェクト 68
多次元対極原理 41
多店舗化戦略 188

地域型（コミュニティ）SC 137, 191
地域貢献活動 132
地域社会（への）貢献 169, 172
地球環境保全性 18
地産地消 133
知識創造理論 43
チャイナ・リスク問題 68
中間マージンのカット 88
中心市街地活性化法 195
中心地理論 180
中範囲の理論 41
直接投資 185

ツイッター 116

提携・合併 129, 130
低コストオペレーション 165
低コスト経営 89, 204, 206
データウェアハウス 155, 166
電子商取引 15
店舗開発戦略 108
店舗ネットワーク 179
店舗網配置戦略 179
店舗や取引関係の技術 49

トータルコーディネーション 89
独自企画商品（PB） 14
ドミナント出店 84, 186, 196, 204
ドミナント出店戦略 184, 201
トリプル・ボトムライン 169, 203, 205

ナ行

内部通報制度 132
ナショナル・ブランド（NB） 101, 139, 156
ナショナルチェーン 90, 130
ナレッジ（知識） 166

日米構造協議 136
日本型にアレンジ 22, 92
日本型ビジネスモデル 22
日本マーケティング協会（JMA） 7

ネイバーフッドSC 137, 191
ネットストア 119
ネットワークのチカラ 181

能動的国際化 192
ノーブランド商品 101

ハ行

バーチャル・カンパニー 70
ハイ・ロー（High Low） 154
買収 185
ハウ・モデル（小売引力の法則） 180
場所のチカラ 178
発展的国際化 192, 193
パラダイム・チェンジ 4, 9
パラダイムシフト 72
ハンディキャップ 206
販売コンセプト 11
販売時点情報管理システム 105

ヒートテック 66
非営利組織（NPO） 170
ビジネスイノベーション 80
ビジネスモデル 15, 79, 197, 207
ビジネスモデル（を）構築 51, 87, 135
人にやさしい経営 206
百貨店法 195

ファーストリテイリング 62
ファストファッション 61, 73
ファッション流通 72
ファニシングストア 83
フェイスブック（Facebook）..... 76, 116
フォーマット（小売業態） 12, 30
物流（ロジスティクス）工学 208
物流センター網 84
物流ネットワーク 134
物流の効率化 88
プライベート・ブランド（PB）
.... 101, 127, 131, 139, 140, 156, 188
ブランディング 107

ブランドイメージ 107, 146
ブランド戦略 107
ブランドロイヤリティ 97
フリースブーム 65
プレイス政策 15
プレミアムPB 142
プレミアム・ブランド 99, 165
プロシューマー化 19
プロダクト・ライフサイクル
　（Product Life Cycle）....................... 38
プロモーション政策 14

ヘネス・アンド・モーリッツ
　（Hennes＆Mauritz）......................... 60
弁証法的発展論 40
ベンチマーキング 106, 200
返品保証 167

法令遵守 18, 169
ポートフォリオ 185
ホームセンター 81
ホームファッション 81, 83, 92
ホームファッションストア 79, 81, 83
ホームファニシング 88, 91
ホームファニシングストア 81, 83
北米自由貿易協定（NAFTA）............ 185

マ行

マーケティング概念が拡張 10
マーケティング・コンセプト 10, 11
マーケティング（サービス）・ドミナント・
　ロジック 9
マーケティングの定義 5
マーケティング・マネジメント ... 3, 4, 17
マーケティング・ミックス 12, 13
マーチャンダイジング 8, 11, 108, 132
マイバッグ 122
まちづくり三法 195
マネジリアル・マーケティング 11, 16
マルチフォーマット 138
マルチブランド 142

ミクシィ……………………………………… 76

ムジグラム ………………………………… 112
ムジラー …………………………………97, 99
無印良品 …………………………………92, 97
無線ICタグ（RFID）……………………… 166

メガコンペティション（大競争）……… 131

モータリゼーション…………………189, 193
モール型ショッピングセンター
　（モール型SC）………………………… 204
モノづくりコミュニティ ………………… 112

ヤ行

優越的地位の濫用 ………………………… 20
ユーザー・イノベーション ………113, 201, 202
ユニクロ（UNIQLO）……………………… 62
ユニクロ方式 ……………………59, 200, 207

ラ行

ライフスタイル …………………………… 87
ライフスタイル・マーケティング
　………………………………98, 106, 201
ライフスタイル提案型ビジネス………… 98
ライフライン ……………………………… 133
ランキングMD …………………………… 111

リージョナルSC ……………………… 137, 191

リーマンショック…………………………85, 90
利害関係者（ステークホルダー）
　……………………………………17, 153, 173
立地産業 …………………………………… 196
立地戦略 ……………… 167, 177, 179, 183, 196
立地創造 ……………… 188, 193, 195, 196, 204
リテイル・リンク ……………… 155, 166, 182
流通イノベーション ……………………… 79
流通革命 …………………………………… 129
良品計画 …………………………………93, 97
リレーションシップ・マーケティング……6, 9

類型学（タイポロジー）………………… 32

連邦制経営 …………………………… 130, 133

ローカル化戦略 …………………………… 179
ロケーション（Location）……………… 15
ロジスティクス ………………… 15, 132, 180
ロジスティクス革新 ……………………… 127
ロジスティクス工学 ……………………… 208
ロハス（LOHAS）………………………… 161
ロマン（志）………………………………86, 201

ワ行

ワンストップ・ショッピング
　………………………………36, 184, 188, 204
ワン・トゥ・ワン・マーケティング…5, 6, 44

人名索引

Alderson, W.（W. オルダーソン）……… 13

Brown, S.（S. ブラウン）……………… 33, 41
Bucklin, L. P.（L. P. バックリン）……… 39

Darwin, C.（C. ダーウィン）…………… 39
Davidson, W. R.（W. R. ダヴィッドソン）… 38
Dressman, A. C. R.（A. C. R. ドリースマン）
　………………………………………… 39
Drucker, P. F.（P. F. ドラッカー）… 16, 43, 84

El-Ansary, A. L.（A. L. エル・アンサリー）
　………………………………………… 41

Fisher, D.（D. フィッシャー）…………… 60
藤川佳則 ………………………………… 10
藤原秀次郎 ……………………………… 110

Gist, R. R.（R. R. ジスト）……………… 40

原田英生 ………………………………… 194
Hollander, S. C.（S. C. ホーランダー）…… 36
Hower, R. M.（R. M. ハウアー）………… 35

池尾恭一 ………………………………… 13
石原武政 ………………………… 12, 14, 32
石井淳蔵 ………………………………… 44
Izraeli, D.（D. イズラエリ）……………… 36

加藤勇夫 ………………………………… 4
川端基夫 ………………………………… 181
Kelley, E. J.（E. J. ケリー）……………… 17
小原博 …………………………………… 181
Kotler, P.（P. コトラー）
　………………… 3, 4, 12, 13, 16, 17, 29, 177

Lazer, W.（W. レイザー）………………… 17
Levy, M.（M. レビー）……………… 12, 29
Lusch, R. F.（R. F. ラッシュ）…………… 10

松井忠三 ………………………………… 110
McCarthy, E. J.（E. J. マッカーシー）…… 13
McNair, M. P.（M. P. マクネア）………… 33
Merton, R. K.（R. K. マートン）………… 41
三浦一 …………………………………… 9
三浦信 …………………………………… 9
Moore, J. F.（J. F. ムーア）……………… 181
森龍雄 …………………………………… 181
向山雅夫 ………………………………… 30

中田信哉 ………………………………… 30
中西正雄 ………………………………… 46
中野安 …………………………………… 47
那須幸雄 ……………………………… 5, 6
Nielsen, O.（O. ニールセン）…………… 34
似鳥昭雄 ……………………… 84, 94, 203
野口智雄 ………………………………… 181
野中郁次郎 ……………………………… 43

小川進 …………………………………… 44
大橋正彦 ……………………………… 9, 29, 30
尾崎久仁博 ……………………………… 47

Porter, M. E.（M. E. ポーター）………… 181

齋藤雅通 ………………………………… 13
Sander, J.（J. サンダー）………………… 70
Schumpeter, J. A.（J. A. シュンペーター）
　………………………………………… 43, 135
関根孝 …………………………………… 41
嶋口充輝 ……………………………… 4, 9
清水滋 …………………………………… 9

Stern, L. W.（L. W. スターン）……………… 41
鈴木安昭 ……………………………………… 30

田口冬樹 ……………………………………… 181
高橋郁夫 ……………………………………… 6, 7
高嶋克義 ……………………………………… 6, 9
竹内弘高 ……………………………………… 43
田村正紀 …………………………………… 41, 49
堤清二 …………………………………… 98, 200

上原征彦 ……………………………………… 10
渦原実男 ……………………………………… 181

Vargo, S. L.（S. L. バーゴ）………………… 10

Wadinambiaratchi, G. H.
　（G. H. ワディナンビアラッチ）………… 39
Walters, D.（D. ウォルターズ）……………… 8
Walton, S.（S. ウォルトン）
　…………………………… 154, 162, 165, 167, 182
Weitz, B. A.（B. A. ワイツ）……………… 29

矢作敏行 ………………………… 12, 30, 45, 46, 192
柳井正 ………………………………… 62, 76, 203
保田芳昭 ……………………………………… 13

【著者紹介】

渦原　実男（うずはら　じつお）
　現　在　西南学院大学商学部教授・大学院経営学研究科教授
　　　　　（商学，流通・マーケティング専攻）　博士（学術）

〔主要著書〕
『日米流通業のマーケティング革新（第2版）』（単著）同文舘出版，2010年。
『流通国際化研究の現段階』（共著）同友館，2009年。
『マーケティングと小売商業』（共著）五絃舎，2008年。
『流通と消費者』（共著）慶應義塾大学出版，2008年。
『市場環境と流通問題』（共著）五絃舎，2004年。
『現代流通の構造・競争・行動』（共著）同文舘出版，2002年。
『現代流通論』（共著）多賀出版，2001年。
『都市小売業の構造と動態』（共著）創成社，1999年。
『現代マーケティング論』（共著）ミネルヴァ書房，1998年。
『現代サービス商業概論』（共著）税務経理協会，1996年。
『現代商業政策論』（単著）櫂歌書房，1995年。
『マーケティングと商業政策』（単著）海鳥社，1995年。
その他，論文多数。

〔学会賞〕
『日米流通業のマーケティング革新』の初版（2007年）にて，日本流通学会賞（2008年），日本消費経済学会優秀賞（2008年）。

〔学会での活動〕
日本商業学会理事，日本流通学会編集委員・前理事，日本消費経済学会理事，日本消費者教育学会元理事など。

平成24年2月25日　初版発行
平成31年3月25日　初版6刷発行

《検印省略》
略称：小売イノベ

小売マーケティングとイノベーション

著　者　Ⓒ　渦　原　実　男
発行者　　　中　島　治　久

発行所　**同文舘出版株式会社**
東京都千代田区神田神保町1-41　〒101-0051
電話　営業(03)3294-1801　編集(03)3294-1803
振替　00100-8-42935　http://www.dobunkan.co.jp

Printed in Japan 2012

製版：一企画
印刷・製本：萩原印刷

ISBN978-4-495-64481-9

JCOPY〈出版者著作権管理機構　委託出版物〉
本書の無断複製は著作権法上での例外を除き禁じられています。複製される場合は，そのつど事前に，出版者著作権管理機構（電話 03-5244-5088, FAX 03-5244-5089, e-mail: info@jcopy.or.jp）の許諾を得てください。